2020年教育部人文社会科学研究青年基金项目"'一带一路'倡议在德国的传播及策略研究"【20YJCGJW013】成果

"一带一路"倡议在德国的传播研究

邹 露/著

华中师范大学出版社

新出图证(鄂)字 10 号
图书在版编目(CIP)数据

"一带一路"倡议在德国的传播研究／邹露著．—武汉：华中师范大学出版社，2023.10(2024.11 重印)
ISBN 978-7-5769-0318-8

Ⅰ.①一… Ⅱ.①邹… Ⅲ.①"一带一路"－国际合作－新闻报道－研究－德国 Ⅳ.①G219.516

中国国家版本馆 CIP 数据核字(2023)第 195243 号

"一带一路"倡议在德国的传播研究

Ⓒ 邹 露 著

责任编辑：王中宝	责任校对：巴 铭	封面设计：罗明波
编 辑 室：学术出版中心		电话：027-67867792
出版发行：华中师范大学出版社		
社址：湖北省武汉市洪山区珞喻路 152 号		邮编：430079
电话：027-67863246(发行部)		传真：027-67863291
网址：http://press.ccnu.edu.cn		电子邮箱：press@mail.ccnu.edu.cn
印刷：广东虎彩云印刷有限公司		督印：刘 敏
开本：710mm×1000mm 1/16		印张：16.5
版次：2023 年 10 月第 1 版		印次：2024 年 11 月第 3 次印刷
字数：250 千字		定价：59.00 元

欢迎上网查询、购书

敬告读者：欢迎举报盗版，请打举报电话 027-67867353

理解国际传播的实质与策略（代序）

我们所处的时代是一个风云变幻、转型发展的时代。国家间的信息传播复杂且充满意识形态色彩，彼此关切的是自己国家的核心利益和发展空间。因此，国际传播中如何增强话语权、提升传播力，实际上就是怎样创造良好的国际舆论环境、树立良好的国家形象，以利于国家经济社会更好地发展。

通过国际传播形塑国家形象，有不同的理论观念。人们熟悉的有本质主义和建构主义两种。本质主义（essentialism）重视把握对象的实际存在状态。它认为实体是一切事物的主体，主体不依赖于其他东西而独立存在，而其他东西则依赖于主体，所以只有认识了实体，才会认识其他的东西。这就是所谓"事物的本质就是事物的根本属性，事物的其他属性是从事物的本质中引申或派生出来的"[1]。换句话说，实体是一切存在与观念的支撑物。建构主义（constructivism）理论认为，认识既不能看作在主体内部结构中预先决定了的，也不能看作客体的预先存在着的特性中预先决定了的。认识起因于主客体之间的相互作用[2]。这种观点将认识看作一个认知主体与认知对象之间的动态建构关系。建构主义认为知识是由认知主体主动建构的。认知主体可以被视为一个由全部个体构成的共同体。而知识是在协商的个体间流动，借助个体与他人的交往互动获得意义建构。

两种理论观念指导着不同的形塑国家形象的实践路径。在本质主义看来，有什么样的国家实力，包括政治、经济、文化、科技、军事、外交等，才有什么样的国家实力地位，才能呈现出与之相适应的国家形象。国家形象是基于国家自身现实状况而自我设定、自我建构并对外传播的形

---

[1] 苗力田. 亚里士多德全集：第一卷 [M]. 北京：中国人民大学出版社，1990.
[2] 皮亚杰. 发生认识论原理 [M]. 王宪钿，等译. 北京：商务印书馆，1985.

象。但是建构主义则认为，一个国家的实力和这个国家在国际上的形象并不完全呈正相关关系。国家形象是与媒介传播相联系的。例如，西方国家以市场经济扩张为先导，以强大的文化工业为后备，以先进的信息技术和设备为渠道，利用他们掌握的话语霸权，向广大第三世界国家人民极力输出其价值观，将自己描绘成自由的国度、民主的天堂，美化其国家形象；而对发展中国家采取妖魔化策略，将发展中国家的形象描绘得面目可憎，成为疾病蔓延、毒品泛滥、经济落后、贪腐成风、侵犯人权、威权统治的国度。可见，国家形象的构建，除了国家实力和实力地位，与媒介主动地形塑也直接相关。

形塑国家形象是一个复杂的系统工程，需要国家间关系包括民众间关系的互动，需要树立良好形象方的主动作为，还需要大众媒体传播积极有效的参与。这中间又有一个跨文化传播的问题。

通俗地讲，跨文化传播指的是不同文化间信息的传递和相互交流。不同文化的媒体如何通过新闻呈现对方，就成了一个值得关注与深入探讨的话题。它涉及语言、价值观、信仰、制度体制等方面的差异。也就是说，在跨文化传播中，它有一个意识形态立场在主导信息的传播。在当前国际环境下，西方国家基于不同的价值观念而不遗余力地保护本国的利益，使得建立在地理疆域基础上的民族国家的角色越来越凸显，因而传播也就具有浓厚的意识形态色彩。从邹露对 2013 年至 2022 年 9 年间德国媒体对"一带一路"的报道研究可以看到，德国媒体主要意在塑造"一带一路"的负面形象。德国媒体承认"一带一路"给德国和欧洲经济注入动力，但认为"一带一路"对中国的利好大于对包括德国在内的欧洲国家的利好，并且有加剧欧盟分裂的倾向，对他国造成经济依赖，不利于全球秩序的维护[1]。这种传播倾向在表达时大多数情况下不是直白的，而是经过了精心的乔装打扮，将倾向性隐藏在信源的选择上，让人看上去似乎是客观可信的。有学者对《纽约时报》有关奥巴马访华的话题进行分析发现，68 条引语有 33 条来自美国政府或官员，另有 8 条来自美国的专家或学者，来自中

---

[1] 邹露. 德国媒体对"一带一路"倡议的新闻建构 [J]. 新闻与传播评论，2023(1)：57-75.

国的消息源共 37 条，但来自中国政府或官员的信源只有 3 处，其他 34 处信源来自独立的个人或专家①。同样有学者对法国新闻网站 5 个月的有关中国议题报道的信源进行分析发现，外国通讯社是网站新闻信息源的第一大来源，而中国传媒所占比例甚至低于普通中国公民②。这种报道手法几乎是西方国家常规的传播技巧。

邹露的《"一带一路"倡议在德国的传播研究》一书，是精通德语的她在多年关注德国媒体相关报道基础上的研究成果。该书选取德国 8 家主流媒体在传播理念、框架层面对"一带一路"倡议 9 年间的报道进行分析，给我们描绘出德国媒体在中国议题上的总体传播状况，涉及传播的诸多因素，如政府立场、智库立场、经济利益、安全利益、社会认同、文化认同以及媒体政治倾向等，归纳起来，它们是基于霸权秩序的权力性话语、基于信仰传统的道德性话语、基于意识形态的价值性话语展开的传播。这种探讨条分缕析，丝丝入扣，使我们能够清晰地看到一个立体的、真实的德国媒体影像，因而是我们认识德国媒体的一个很好的样本。

了解国外媒体传播所形塑的中国形象，探讨影响这些形象形成过程中的各种因素，从建构主义的视角提出建设性的应对策略，也是邹露著作研究的鹄的。在对德国媒体有关"一带一路"的议题报道进行框架分析之后，作者提出了"优化对德传播理念、明确传播原则、完善传播方式、创新传播策略"的对策建议，这是讲好中国故事、形塑良好国家形象、做好跨文化传播的需要，也是本研究富有建设性的成果。

廖声武（中国新闻史学会常务理事，湖北大学新闻传播学院教授，博士生导师）

---

① 戴元光，邵静. 美国报人的中国观：《纽约时报》涉华政治类报道研究 [M] //单波，刘学. 全球媒介的跨文化传播幻像. 上海：上海交通大学出版社，2015.

② 肖珺，徐璇子. 法国新闻网站中的中国形象研究 [M] //单波，刘学. 全球媒介的跨文化传播幻像. 上海：上海交通大学出版社，2015.

前　言

2013年秋，中国国家主席习近平在出访中亚和东南亚国家期间，先后提出共建"丝绸之路经济带"和"21世纪海上丝绸之路"的重大倡议，旨在借用古代丝绸之路的历史符号，积极发展与沿线国家的经济合作伙伴关系，共同打造政治互信、经济融合、文化包容的利益共同体、命运共同体和责任共同体。"一带一路"倡议自提出以来，秉持和平合作、开放包容、互学互鉴、互利共赢的丝路精神，持续推进沿线国家政策沟通、设施联通、贸易畅通、资金融通、民心相通，已经由理念转化为行动，从愿景转变为现实，成为当今世界范围最广、规模最大的国际合作平台，取得了实打实、沉甸甸的成就，得到了国际社会高度关注。

在共建"一带一路"的征程上，媒体始终是不可或缺的记录者、参与者和推动者，是筑牢共建"一带一路"民意基础的重要桥梁，也是展示共建"一带一路"合作成果的重要窗口，在"一带一路"的国际传播布局中发挥着至关重要的作用。随着推动共建"一带一路"进入高质量发展阶段，"一带一路"的国际传播工作也面临新的机遇和挑战。

"加强国际传播能力建设，全面提升国际传播效能，形成同我国综合国力和国际地位相匹配的国际话语权"是党的二十大的重要部署，"采用贴近不同区域、不同国家、不同群体受众的精准传播方式，推进中国故事和中国声音的全球化表达、区域化表达、分众化表达"是中央政治局第三十次集体学习的着重强调。作为构建人类命运共同体的重要实践平台，"一带一路"是向世界传播中国声音的重要载体，是构建中国话语体系的重要内核，也是提升我国国际话语权和文化软实力的重要路径。欧洲是"一带一路"的终点，德国是欧洲的核心大国，"一带一路"在德国的传播，对其在德国乃至欧洲的实施具有重要影响，对欧洲乃至全球舆论具有一定引导作用。如何推动"一带一路"在德国的传播，既是我国加强国际传播能力建设的重要课题，也是共建"一带一路"高质量发展的应有之义。

基于"一带一路"的战略意义和国际传播的现实需要，本书提出并试图解答以下问题："一带一路"在德国的总体传播态势如何？德国媒体对"一带一路"的新闻建构具有何种表征与成因？中德媒体在"一带一路"的传播理念、框架层面体现出何种共性与差异？中国媒体的"一带一路"对德传播策略有何适用性与局限性？应遵循何种理念、原则，采用何种方式、策略，以推动全面、立体、真实的"一带一路"形象落地德国？

新闻框架是媒体建构"一带一路"新闻的准则和展示"一带一路"形象的窗口，映射并影响着主流认知和价值判断。本书选取德国主流媒体的"一带一路"新闻框架为主要研究对象，试图探讨报道了什么、如何报道、为何如此报道。基于框架理论和国际关系理论，借鉴把关人理论、话语权力、批评话语分析和国家利益论、角色理论、外交文化等理论视角，从文本层面进行框架拆解和提炼，从语境层面进行意义解读和归因分析。基于8家德国主流媒体和8家中国主流对外传播媒体的"一带一路"报道语料，综合运用内容分析法、层次分析法、对比分析法等研究方法，对"一带一路"9年来在德国的传播情况进行定量和定性分析。在此基础上，透视德国媒体的传播倾向，针对困境根源寻求化解之道。

在文本层面，结合坦卡德的框架列表、臧国仁的三层框架划分和甘耐姆的四个维度理论，对样本进行类目编码，设定框架分析的五个维度，即报道数量、主题、叙事、符号、立场，对8家德国媒体进行纵向分析和横向对比，以呈现德媒报道的整体特征与个体差异；接着对中德媒体报道进行对比分析，揭示各自的传播规律及差异。在语境层面，从国家、社会、媒体三个层面对德国媒体的"一带一路"框架成因进行分析，分别从国家经济、政治、安全利益、社会主流意识形态、文化价值观等方面，剖析影响德媒框架的外部环境因素；从媒体的报道风格、话语权力和政治属性等方面，分析德媒框架形成的内部环境。在此基础上，从传播理念、传播原则、传播方式、传播策略上提出对策以提升我国对德传播效能。

研究发现，德国主流媒体对"一带一路"的传播大致经历了观察期（2013—2016年）、上行期（2017—2018年）、高峰期（2019年）和回落期

(2020年至今)四个阶段,当前仍是德媒关注的重点涉华议题。其关注度随重大事件起伏,总体传播力度较弱,各媒体关注程度不同,但报道重点相似,态度立场较为一致。

德国主流媒体对"一带一路"主题框架的搭建主要从经济利益得失、政治意图揣测、意识形态批判的角度开始;叙事框架具有重事件细节、轻基本信息,重分析评价、轻背景介绍的特点;符号框架以母语优先、先入为主和讽刺意图为主要特征。从框架中提炼出"一带一路"形象包含的7个意识形态包裹,分别是专制主义、野心勃勃、保护主义、削弱欧盟、救世主、债务陷阱和经济力量。

德国主流媒体的"一带一路"框架既是主流认知的写照,也发挥着塑造主流认知的作用,描绘了"一带一路"倡议提出至今德国主流认知图景:①"一带一路"的性质:经济和地缘政治大项目,源于具有贸易通道价值的古代丝绸之路;②中国的意图:扩大全球影响力、成为超级大国,互利互惠、合作共赢;③对中国的影响:塑造威望,扩大影响,使他国形成依赖;④对欧洲的影响:中欧合作加强、德国和欧盟从中受益,充当欧洲救世主;⑤欧洲的立场:造成欧盟分裂,要遏制中国对欧盟的影响力、减少欧洲对中国的依赖;⑥对全球的影响:引发军备竞赛及不信任,输出中国意识形态,对中国制度的认同增加。

"一带一路"在德国遭遇传播困境,显性问题是话语困境,隐性问题是认同困境。话语困境隐没于新闻框架之中,主题层面突出排斥框架,叙事层面侧重批评框架,符号层面偏向冲突框架,无不体现出德媒报道的选择性和倾向性,左右着"一带一路"在德国的定义和诠释。认同困境是话语困境的根源,表现为德媒对"一带一路"的排斥态度。认同困境是德国主流意识形态长期内化为媒体认知结构的逻辑复现,主要受国家利益、社会认同及媒体特性影响。

德国主流媒体对"一带一路"的框架建构,在理念层面凸显出零和博弈框架,在制度层面凸显出二元对立框架,在实践层面凸显出冲突—合作框架,不仅会影响德国乃至其他欧洲国家受众对"一带一路"的认知和态度,还会塑造一种解读其他中国议题的思维模式。这提示我们,既要关注媒体利益站位和报道风格,也要跳出德国媒体话语体系的框限,站在宏观视角去审视德国的"一带一路"观，把握好宏观与微观、中国与世界的关系。

中德主流媒体在"一带一路"传播力度、新闻框架和立场倾向等方面存在较大差异。要突破"一带一路"在德国的传播困境，我国媒体既要提升海外适应能力，也要增强对外传播主动性，不能完全寄希望于德媒做出改变。我国媒体要因地制宜，针对德媒框架特征和德国传播环境制定相应的传播策略。

我们要用好各方面资源和力量开展国际传播，不断提升国际传播效能，更加积极主动地讲好中国故事、传播好中国声音，增强中华文明传播力影响力，努力构建中国话语体系，突破西方话语体系的封锁，以构建政治互信、经济融合、文化包容的全球传播环境。这是改善"一带一路"海外形象的根本方法，也是提升我国文化软实力的必然路径。

在国际局势发生深刻复杂变化及中欧实力此消彼长的背景下，"一带一路"在德国的传播环境日趋复杂。但我们不必夸大当前传播困境的负面效应，要充分认识"一带一路"在德国的传播有着良好的基础和广阔的前景，坚定对外传播自信。

"一带一路"在德国的传播是一个较新的课题，研究过程面临诸多困难。一则由于现有国际传播领域研究成果尚未以德国为研究重点，因而可参考文献较少，研究方法与结论存在一定局限性；二则研究涉及8家德国主流媒体以及8家中国主流媒体，数据整理和分析对方法可操作性和准确性的要求较高，增加了分析的复杂性；三则在复杂的国际环境背景下中德/中欧关系走向不断变化，"一带一路"在德国的传播态势和新闻框架也随之变化，我国国际传播能力建设仍在不断探索与完善中，因此研究结论具有一定开放性。

面对上述问题，笔者尝试在理论和方法论方面进行融合创新，力图为我国对德传播实践提供新的研究思路和分析依据，同时深知研究方法与所得结论仍需在今后的研究中不断打磨、修改、完善。本研究权当抛砖引玉，期待更多学者关注该研究领域，共同为以中国式现代化全面推进中华民族伟大复兴营造有利外部舆论环境，为推动构建人类命运共同体作出积极贡献。

本课题始于新冠疫情暴发初期，在工作和生活面临重重困难、科研条件和出版环境亦受影响的背景下，得以顺利地进行下来，离不开诸多方面帮助和支持。在此，我要真挚地向我的家人道一声谢谢，感谢你们在我工作和生活遇到巨大困难的时期，给予我全方位的呵护和襄助。同时，要特别感谢湖北大学新闻传播学院教授、博士生导师廖声武先生欣然为拙著作序。还要感谢相关专家、学者的悉心指导，以及同事、好友的热情鼓励，因为有了你们，我的科研之路才走得愈发坚定与自信。最后，感谢北京第二外国语学院国别与区域研究分类发展项目提供出版资助，让本书得以呈现在您面前。由于水平所限，书中难免存在各种错误，恭请方家不吝指正。

目 录

导论 …………………………………………………………… 1
 一、研究价值 ……………………………………………… 1
 二、国内外研究现状和趋势 ……………………………… 5
 三、研究思路和框架 ……………………………………… 18
 四、研究重点与难点 ……………………………………… 22
 五、研究方法与研究设计 ………………………………… 24

第一章 基本理论评述 ……………………………………… 27
 一、框架理论 ……………………………………………… 27
 二、国际关系理论 ………………………………………… 38

第二章 "一带一路"倡议在德国的传播环境 …………… 47
 一、制度环境 ……………………………………………… 48
 二、媒体类型 ……………………………………………… 50
 三、主流媒体 ……………………………………………… 59

第三章 "一带一路"倡议在德国媒体中的传播态势 …… 62
 一、"一带一路"在各媒体中的传播情况 ……………… 63
 二、"一带一路"在德国媒体中的总体传播态势 ……… 89

第四章 德国媒体对"一带一路"倡议的新闻建构 ……… 94
 一、主题框架 ……………………………………………… 95
 二、叙事框架 ……………………………………………… 103
 三、符号框架 ……………………………………………… 107
 四、形象框架 ……………………………………………… 110

第五章 "一带一路"倡议在德国的传播困境 …………… 114
 一、"一带一路"在德国媒体中的话语困境 …………… 114
 二、"一带一路"在德国媒体中的认同困境 …………… 118

三、"一带一路"在德国受众中的传播效果 ………………… 121

第六章　"一带一路"倡议在德国传播的影响因素 …………… 127
　　一、国家层面：利益导向 …………………………………… 127
　　二、社会层面：认同缺失 …………………………………… 146
　　三、媒体层面：权力工具 …………………………………… 151

第七章　中德媒体"一带一路"传播框架对比分析 …………… 159
　　一、中国媒体的"一带一路"对德传播框架 ………………… 159
　　二、中德媒体"一带一路"传播框架对比 …………………… 189
　　三、中国媒体对德传播框架的适用性与局限性 …………… 198

第八章　推进"一带一路"倡议在德国的传播 ………………… 203
　　一、"一带一路"对德传播基础 ……………………………… 203
　　二、"一带一路"对德传播理念 ……………………………… 205
　　三、"一带一路"对德传播原则 ……………………………… 209
　　四、"一带一路"对德传播方式 ……………………………… 213
　　五、"一带一路"对德传播策略 ……………………………… 218
　　六、结语与展望 ……………………………………………… 226

参考文献 …………………………………………………………… 229

导　　论

一、研究价值

"驼铃古道丝绸路，胡马犹闻唐汉风。"古代横贯东西、连接欧亚的丝绸之路，打开了中国同中亚、欧洲友好交往的新窗口。2000多年后，一列列满载集装箱的中欧班列，在欧亚大陆穿梭飞驰，成为推进"一带一路"建设的"钢铁驼队"，为古老丝路注入勃勃生机。

"丝绸之路"这一名称（德文 die Seidenstraße）最早由德国地理学家费迪南·冯·李希霍芬（Ferdinand von Richthofen）提出，1877年他在《中国——亲身旅行和据此所作研究的成果》一书中，将公元前114年至公元127年间中国与中亚、印度间以丝绸贸易为媒介的这条西域交通要道命名为"丝绸之路"，这一名词很快被广泛采纳和运用。后来，德国历史学家阿尔伯特·郝尔曼（Albert Herrmann）在1910年出版的《中国与叙利亚之间的古代丝绸之路》一书中，进一步把丝绸之路延伸到小亚细亚和地中海西岸，确定了丝绸之路的基本内涵，即中国古代经过中亚通往南亚、西亚以及欧洲、北非的陆上贸易交往的通道[①]。

基于古代丝绸之路的历史符号，2013年9月和10月，中国国家主席习近平在出访中亚和东南亚国家期间，先后提出共建"丝绸之路经济带"和"21世纪海上丝绸之路"的重大倡议，得到国际社会高度关注。"一带一路"是一项合作发展的理念和倡议，它高举和平发展的旗帜，主动与丝路沿途国家分享优质产能，共商项目投资、共建基础设施、共享合作成果，实现"五通"（即政策沟通、设施联通、贸易畅通、资金融通、民心相

---

① 百度百科. 丝绸之路 [EB/OL]. [2020-11-26]. https://baike.baidu.com/item/丝绸之路/434?fr=aladdin#reference-[2]-5028598-wrap.

通),共同打造政治互信、经济融合、文化包容的利益共同体、命运共同体和责任共同体,推动建立持久和平、普遍安全、共同繁荣的和谐世界。

欧洲是"一带一路"的终点,世界第四大经济体德国作为欧洲的核心大国,在欧洲和世界舞台上扮演着重要的领导者和参与者角色,对"一带一路"在欧洲的推进具有重要影响。在"一带一路"倡议提出之初,德国是西方国家中最早表示欢迎的国家之一,也是亚投行创始成员国和最大境外出资国,德国杜伊斯堡和汉堡是中欧班列在欧洲的重要枢纽。在欧亚地区大面积断航停航、全球经济和供应链受到新冠疫情冲击的背景下,中欧班列却实现逆势增长,2020年5月开行量和发货量均创历史新高,成为亚欧大陆之间名副其实的"生命之路"①。

然而,"一带一路"在德国的传播效果不尽如人意。笔者对德国媒体报道数量的历时统计结果表明,德国媒体对"一带一路"的传播大致经历了观察期(2013—2016年)、上行期(2017—2018年)、高峰期(2019年)和回落期(2020年至今)四个阶段,现在"一带一路"仍是媒体关注的重点涉华议题。出于国际与国内、利益与观念等多种原因,德国媒体对"一带一路"的新闻建构具有一定偏向性,使之陷入较为明显的传播困境。德国主流媒体是主流社会对"一带一路"的认知、看法和态度的反射镜,在引导社会舆论、加深受众认知方面发挥着重要作用,不仅影响本地传播效果,对欧洲舆论走向也具有一定的引导作用和示范效应。如果"一带一路"在德国得不到广泛认同,将不利于它在欧洲的推进和实施。

随着"一带一路"影响力的不断提升以及在国际媒体中的广泛传播,加强我国国际传播能力建设成为亟待解决的重要课题。2021年5月31日,习近平总书记在主持中央政治局第三十次集体学习时强调,要采用贴近不同区域、不同国家、不同群体受众的精准传播方式,推进中国故事和中国声音的全球化表达、区域化表达、分众化表达,增强国际传播的亲和力和实效性②。就德国在欧洲的地位和影响力而言,理应成为"一带一路"精

---

① 彭大伟. 中国驻德国大使:"一带一路"是"生命之路",更是"机遇之路". [EB/OL] (2020-07-08) [2020-11-26]. https://www.chinanews.com/gj/2020/07-08/9232208.shtml.

② 习近平在中共中央政治局第三十次集体学习时强调 加强和改进国际传播工作 展示真实立体全面的中国 [N]. 人民日报,2021-06-02 (1).

准化传播的重点对象。

为了深入了解"一带一路"在德国的传播情况，推动"一带一路"在德国的有效传播，本研究基于跨学科、多元化的理论与方法论，综合运用新闻传播和国际关系等领域的相关理论，对8家德国主流媒体的"一带一路"报道进行定性与定量分析，总结并提炼"一带一路"新闻框架，剖析德媒中的"一带一路"形象，透视德媒的传播倾向，解析传播困境并进行归因分析。在此基础上，将8家德国主流媒体与8家中国主流媒体的"一带一路"传播框架进行比较，从而获得对策启示，以期为我国提升国际传播效能和国际传播话语权、增强文化软实力营造更好的外部环境。

（一）理论价值

"一带一路"倡议涉及众多国家、地区及庞杂的受众群体，加强区域化、分众化传播是提升对外传播有效性的基础和保障。然而，"一带一路"在德国的媒体图景尚不清晰，目前学术界的研究视角、维度、理论深度等有待进一步挖掘。德国媒体如何传播"一带一路"？"一带一路"在德国媒体中被塑造为何种形象？缘何遭受诸多误解和质疑？德国媒体的传播框架与中国媒体有何不同？中国应如何提升对德传播能力以走出传播困境？本书力图研究并回答这些问题，并在研究视角和方法上有所创新。

第一，课题视角新。选取8家德国主流媒体历年报道作为语料分析来源，以8家中国主流对外传播媒体历年报道作为对比参照，从框架理论视角探索"一带一路"在德国的传播情况，从政治、经济、安全、价值观、文化等视角挖掘框架建构的深层动因，从国别比较视角解读中德媒体传播特征，在此基础上探索提升"一带一路"对德传播效能的方法，多元化研究视角保证了研究的厚度和维度。

第二，理论运用新。研究巧妙融合了新闻传播学、国际关系学的诸多理论视角与方法，克服了交叉学科研究难的问题，具有一定的可行性和可操作性。综合运用国际关系理论（如国家利益论、角色理论）、德国外交文化理论（如克制文化）、传播学理论（如框架理论、把关人理论）、语言学理论（如批评话语分析）等对"一带一路"在德国的传播表象及成因进行深入剖析，从融合的理论视角对问题进行尽可能全面的查摆。

第三，方法融合新。针对课题涉及的不同问题采用不同的研究方法：

对德国媒体的传播态势和框架研究，通过建立德国媒体的"一带一路"新闻报道语料库，结合内容分析法、框架分析法展开；对德国媒体"一带一路"新闻框架的归因分析，采用层次分析法；对中德媒体"一带一路"传播框架的对比研究，通过建立中国媒体的"一带一路"新闻报道语料库，用比较分析法展开；在国际传播对策研究中，采用从宏观到微观、抽象到具体的视角进行探索。

"一带一路"在德国的传播课题涉及政治、经济、外交、文化、社会等各方面，对外语能力和新闻传播学、国际关系、国际政治理论基础均有一定要求，当前学界研究成果中较少涉及此领域。因此，本研究具有一定学术填白意义，并为新闻传播学和国际问题研究领域的融合提供新的视角和方法。

（二）应用价值

随着德国在欧洲和国际舞台的地位不断提升，其对欧盟对华决策的影响力不断增强，德国媒体的传播偏好对本地乃至欧洲舆论环境的影响力也在增强，媒体图景反映并影响着欧洲主流"一带一路"观。目前"一带一路"在德国的推进遭遇到各种舆论阻力，甚至有媒体借此参与对华"媒体战"，在这种背景下，研究"一带一路"在德国的传播课题，对研判局势、查摆问题和对策制定具有重要的现实意义。

首先，在逆全球化和民粹主义兴起，难民涌入、英国脱欧等问题久拖未决，新冠疫情、俄乌冲突又给欧洲国家造成严重冲击的背景下，德国媒体对"一带一路"提出诸多质疑和批判，其动机无法脱离国际环境、欧盟局势和本国政治、经济等利益因素。从国际和国内视角切入，分析影响德国媒体建构"一带一路"新闻框架的内外部因素，把握"一带一路"在德国遭遇传播困境的症结，有利于从国际和国内、政府和媒体、经济和政治等不同层面思考对策。研究过程涉及德国内政、外交、文化、社会等各方面情况，可为我国研判德国对华政策走向、制定对德或对欧政策提供参考依据。

其次，德国作为世界第四大经济体、欧盟的领头羊，对"一带一路"在欧洲的推进和传播发挥着重要作用。作为我国区域化、分众化传播的重要对象，对德传播课题研究可为我国精准化国际传播能力提升提供更多观察视角和参考依据。"一带一路"在德传播的研究思路与方法，可为"一带一路"在其他国家或地区的传播，以及其他涉华议题在德传播研究，提供参考借鉴。具体而言，框架分析主要从主题、内容、表达等方面展开，归因分析从宏观和微观层面入手，宏观层面即上述国际环境分析，微观层面即从国家、社会与媒体层面展开。

再次，分析中国媒体对德传播框架的可行性与局限性，对查摆问题、思考对策具有一定必要性。在此基础上，从理念、原则、方式、策略四个方面提出分众化、精准化传播对策，对于塑造良好的"一带一路"国际形象，提升"一带一路"国际传播话语权，推动"一带一路"在德国乃至欧洲的实施具有一定的实践指导意义。

二、国内外研究现状和趋势

（一）国内研究现状和趋势

"一带一路"倡议自提出以来成为国内学术界的研究热点。在国家数字图书馆检索关键词"一带一路"，得到搜索结果图书5500部，最早的图书出现于2015年，也就是"一带一路"提出后的两年。在中国知网上检索主题关键词"一带一路"，得到学术期刊文章8.22万篇，学位论文2.14万篇，其中最早的文章发表于2014年①。随着世界各国及媒体对"一带一路"关注度的不断增加，国内学者在国际传播领域的研究也如雨后春笋般不断涌现，结出了丰硕的果实。

在"一带一路"图书检索结果基础上，增加关键词"传播"或"媒体"进行检索，共得到检索结果59条，其中绝大多数图书标题中含"一带一路"，主要涉及四个方面：一是"一带一路"对外话语体系研究，如《"一带一路"与全球传播》（毛伟，2020），《"一带一路"倡议对阿传播的话语体系构建（西亚篇）》（姜克银，2020），《"一带一路"话语传播实践研究》（刘立华，2019）等；二是"一带一路"对外传播媒介研究，如《"一带一路"背景下国际新媒体的沟通与合作》（高晓华，2020），《"一带一路"国家媒体指南》（唐世鼎，2018）等；三是"一带一路"对外文化

---

① 研究现状的数据检索时间为2022年7月22日。

传播研究，如《"一带一路"对外文化传播研究》（王丽，2020），《"一带一路"与中华文化国际传播》（孙宜学，2019），《"一带一路"视角下的文化交流与传播》（郑通涛，2017）等；四是"一带一路"对外传播人才培养研究，如《"一带一路"背景下复合型外语人才培养与文化传播研究》（黄玉梅，2019），《"一带一路"视角下的人才培养研究》（郑通涛，2017）等。

此外，"一带一路"往往以子课题形式出现在大量中国国家形象研究著作中，如历年的《国家形象蓝皮书：中国国家形象传播报告》（张昆、张明新，2019—2020），《中国国家形象的全球传播效果研究》（徐明华，2019），《镜像中的中国国家形象》（刘琛、张玉宁等，2015），《中国国家形象：全球传播时代建构主义的解读》（李智，2011），《美国的中国形象1931—1949》（T. 克里斯托弗·杰斯普森著，姜智芹译，2010），《中国国家形象的塑造和传播》（吴友富，2009），《国家形象建构中的传播策略》（段鹏，2007），《天朝遥远：西方的中国形象研究》（周宁，2006），《中国国家形象的国际传播现状与对策》（刘继南、何辉等，2006）等。这些著作多视角、多维度地分析了当代中国国家形象的海外传播现状，为本研究提供了思路和启示。

在中国知网上检索主题关键词"一带一路"和"传播"，得到11168条检索结果，其中学术期刊6999条，学位论文2455篇；将关键词换为"一带一路"和"媒体"，得到检索结果6633条，其中学术期刊3974条，学位论文1831篇。经过对标题的进一步观察，发现部分"媒体"关键词下的文章与"传播"关键词下检索结果重叠。在传播学领域，"一带一路"主题相关期刊文章主要涉及对外传播战略路径、话语体系及世界各国媒体的报道框架、新闻话语等方面，具体如下：

第一，"一带一路"对外传播战略与路径。文章《从塑"强国"形象到讲"好国"故事："一带一路"国际传播的重点转向》（钟新、令倩，2019）提出，"一带一路"国际传播重点可以从塑造"强"国形象转向创造和讲述"好国家"故事；《"一带一路"背景下我国对外传播的创新路径研究》（史安斌、盛阳，2017）提出，打造全球化时代的中国故事2.0版、践行"复调传播"的新策略、探索信息可视化的新手段；《"一带一路"国家战略的传播困境及突围策略》（黄俊、董小玉，2015）认为，要构建主动型传播模式，发挥中外自媒体强大的舆论辐射及传播力，提高传播的有效性与针对性。

第二，"一带一路"的对外传播话语体系和策略。文章《"一带一路"对外传播话语体系建构的融媒体路径》（杨达、熊雪晖，2020）提出，克服当前对外传播话语体系建构难点，可运用平台建设、内容塑造的融媒体创新逻辑，设定突破并解决难点的中长期目标；《"一带一路"对外话语体系建设的问题与思考》（孙敬鑫，2019）提出，中国要着力缩小当前"一带一路"对外话语体系中对内与对外、官方与学者、国内与国外的鸿沟，确保"一带一路"话语内容的平衡和立体；《全球多语种媒体视野中的"一带一路"传播研究》（周亭、程南昌，2017）指出，"一带一路"已成为世界认知和认同中国价值观的重要议题，但境外媒体报道多集中在宏观层面，对重点工程的报道未能进入对象国媒体的议程。

第三，外国媒体对"一带一路"的报道框架及倾向，涉及俄、巴、印、德、美、阿等国，以及中西方、中外对比研究。相关文章有：《"他者"的建构：俄罗斯主流媒体"一带一路"报道的话语策略分析——以〈俄罗斯报〉〈生意人报〉为例》（朱玺、石萌，2022），《巴基斯坦主流媒体"一带一路"报道探析》（吴明华、王丽帆，2021），《自塑与他塑：中印主流媒体对"一带一路"倡议的形象构建比较——以"一带一路"国际合作高峰论坛为中心》（李金云，2021），《新闻框架如何影响"一带一路"传播效果——一项中外比较的实验研究》（张莉、蒋淑君、宋晶，2019），《意义探索与意图查核——"一带一路"倡议五年来西方主流媒体报道LDA主题模型分析》（金苗、自国天然、纪娇娇，2019），《德国媒体视阈下的"一带一路"解读》（蔡馥谣，2017），《美国主流媒体〈华盛顿邮报〉视野中的中国"一带一路"战略——基于〈华盛顿邮报〉相关报道的批评性话语分析》（朱桂生、黄建滨，2016），《阿拉伯媒体的"一带一路"报道倾向研究》（黄慧，2016），等等。

第四，"一带一路"战略背景下中国文化对外传播。相关文章有：《"一带一路"背景下中国文化典籍在匈牙利的传播研究》（佟若琳、谷双、赵茗羽，2022），《跨越太平洋的传播与对接——"一带一路"倡议在拉美地区的受众认知度研究》（刘滢、毛伟、吴潇，2020），《一带一路视域下中医药文化的海外传播研究》（肖晓霞、萧樱霞、张洪雷，2019），《"一带一路"战略下中国武术文化"走出去"的思考》（丁传伟、李臣，2017），《"一带一路"背景下文化传播与交流合作战略及其对策》（隗斌贤，2016），等等。此外，也涉及中国电影、舞龙、茶文化等中国文化要素的对外传播研究。

在传播学领域，"一带一路"主题相关学位论文主要涉及：①中国主流媒体的"一带一路"新闻框架研究，如《〈人民日报〉（海外版）的"一带一路"新闻框架》（王思晴，2019），《中国主流媒体的"一带一路"对外传播研究——基于〈中国日报〉的话语分析》（徐钦，2018）；②外国主流媒体的"一带一路"新闻框架研究，如《英国主流媒体关于中国"一带一路"倡议的报道框架研究——以〈卫报〉〈每日电讯报〉〈泰晤士报〉为例》（曾一珺，2019），《德国媒体"一带一路"报道框架分析》（韩非，2018）；③中外主流媒体的"一带一路"新闻框架对比研究，如《中美主流媒体"一带一路"报道框架的比较分析——以〈纽约时报〉和〈人民日报〉为例》（凌佳佳，2018），《框架理论视野下的中法主流媒体"一带一路"倡议报道对比研究》（尧红梅，2018）；④"一带一路"视域下中国文化的跨文化传播，如《"一带一路"背景下荆楚中医药文化对外传播研究》（毛和荣，2021），《"一带一路"背景下武术国际传播路径研究》（石牙牙，2018），《浅析"一带一路"背景下汉语在中亚地区的传播现状——以哈萨克斯坦为例》（马苏，2017）。

在"一带一路"和"传播"的检索结果基础上增加关键字"德国"或"中德"，得到约10篇匹配度较高的文章，主题涵盖"一带一路"在德国的受众认知（4篇）、智库立场（1篇）、舆情研究（2篇）、媒体框架（1篇）以及中国形象研究（2篇），主要集中在以下三个方面：

第一，德国政府和智库对"一带一路"的总体认知和评价。主要观点有：①德国政府对"一带一路"做出了积极表态，德方看到其推动中德关系发展的巨大潜力（郑春荣，2016）；②德国智库对"一带一路"的态度肯定与质疑兼有，对中国的角色认知呈多维性和多元化特点（詹霞，2018）；③"一带一路"受到德国经济方面的支持和政治方面的疑虑，但在该倡议框架下存在进一步推动合作共赢的广阔空间（［德］塞巴斯蒂安·哈尼施，2018）；④德国既想在经济上参与"一带一路"合作，又对"一带一路"倡议中可能存在的地缘政治因素心有余悸（于芳，2020）。

第二，德国媒体中的中国形象。主要包括：①通过语料库分析德国主流媒体对中国"一带一路"的认知，认为德国媒体延续了批判风格，表现出对中国崛起的隐忧（李莎莎，2019）；②通过对媒体报道的话语分析得出中国多面体形象，如政治雄心形象、经济谋利形象、社会共利和迎合形象（李智、李逸萌，2018）；③通过对个别媒体如《焦点在线》的"一带一路"报道分析，发现媒体的误解和怀疑态度以及与中国威胁论、中国崩溃论挂钩的倾向（蔡馥谣，2017）。

第三，"一带一路"框架下中德具体合作。主要包括：①"一带一路"背景下中德产业合作研究（张建平，2016）；②中德农业科技合作研究（俞建飞、姜爱良，2018）；③中德科技创新合作（潘亚玲、妮莎，2018）；④中医药在德国的发展研究（袁宏伟、戴京璋，2019）。

综上可见，当前国内学术界在"一带一路"国际传播领域研究成果丰富，涉及传播战略、话语建构、媒体框架、文化传播等方面。海外媒体研究囊括美、俄、印、巴、德等国媒体，其中对"一带一路"在德国的传播研究较少，这一课题在研究视角、维度、理论深度等方面尚有很大探索空间。

（二）国外研究现状和趋势

在国外各大文献数据库（ProQuest, Taylor&Francis, EBSCO, De Gruyter）中检索图书、期刊等文献信息，用学术文献常用的"一带一路"英文关键词"Belt and Road"以及德文关键词如"die neue Seidenstraße"进行检索，可得出数十万条结果①。由于各数据库检索条件设置不同，因此采用不同方法进行归类分析。

---

① 本文对国内外文献的梳理方法略有差异。由于国内研究成果脉络清晰，文献综述部分对国内文献抓取聚焦"一带一路"的国际传播领域，而国外文献对"一带一路"国际传播领域关注度不高，但其他领域的研究有一定的启示意义，故国外文献中"一带一路"泛主题梳理占一定篇幅。

在 ProQuest 数据库上用"一带一路"常用英文表述"Belt and Road"进行检索，得到英文图书 23.7 万条，期刊文章 3.4 万条。对检索结果按照相关性排序进行初步观察，发现以"一带一路"为标题的英文图书和期刊文章千余条，"一带一路"在大多数图书和文章中只是被顺带提及，绝大多数检索结果与"一带一路"相关性较低。用"一带一路"常用德文表达"die neue Seidenstraße"进行检索，得出德文图书 1636 条，期刊文章 27 条，有一部分文献与英文检索结果重合。进一步观察检索结果，发现德文图书类成果关联度较高的有 10 个，其中 3 个以"一带一路"为题。

根据相关性排序对上述英、德文检索结果进行观察与梳理，发现图书类成果涉及政治、经济、能源、环境、历史、文化、教育、地理、生物、医学、企业管理等多个领域，其中与"一带一路"主题相关性较高的是政治和经济领域，主要探讨两方面：一是从理论层面分析"一带一路"的战略意义和意图，二是从实践层面分析"一带一路"造成的影响及应对方法。具体包括：①"一带一路"的战略意义和意图，如《"一带一路"倡议：中国的经济冷战威胁》一书中提到，"一带一路"倡议背后的目标是在短时间内在经济上称霸世界，确保中国成为世界上最强大的国家（Jerry M. Rosenberg，2022）[1]；《"一带一路"倡议在东非：通往中国的霸权之路？》探讨"一带一路"倡议在东非的实施情况，将"一带一路"视为习近平时代中国的核心地缘政治和地缘经济项目（Simon Züfle，2022）[2]；《"一带一路"：数字化与战略挑战》认为"一带一路"是中国不满足于地缘政治领导地位，力争成为世界第一强国的战略，欧洲、德国等对此持怀疑态度（Wilhelm Schmeisser 等，2018）[3]。②"一带一路"的影响和他国应对，如《中国对西方的影响：北京如何入股我们的经济》（Christian

---

[1] ROSENBERG J. The Belt and Road Initiative: the threat of an economic cold war with China [M]. Lanham: Lexington Books, 2022.

[2] ZÜFLE S. Die Seidenstraßeninitiative in Ostafrika: Auf dem Weg zu einer Hegemonie Chinas? [EB/OL]. (2022-06-25) [2022-08-21]. https://link.springer.com/book/10.1007/978-3-658-38280-3.

[3] SCHMEISSER W, KAZIULIA Y, ORTMEIER H, et al. Die neue Seidenstraße: Digitalisierung und strategische Herausforderungen [M]. Tübingen: UVK Verlagsgesellschaft GmbH, 2018.

Geinitz，2022）①，《中国：未来模式还是噩梦？伙伴关系与对抗之间的欧洲》（Gerhard Stahl，2022）②，探讨"一带一路"框架下中国经济对西方的影响；《韩国、钢铁丝绸之路和"一带一路"倡议：软实力和硬实力方法》探讨韩国和德国等中等强国如何从欧亚大陆更紧密的经济和政治联系中受益，特别是中国主导的"一带一路"倡议（Ralph M. Wrobel，2022）③。③"一带一路"叙事，如《战略叙事、本体安全与全球政策：对中国"一带一路"倡议的回应》分析论证了战略叙事有助于全球政策协调，以及说服其他国家加入"一带一路"倡议，前提是做出令人信服的物质收益承诺，同时避免损害他们的本体安全（Thomas Colley，Carolijn van Noort，2022）④。

在 ProQuest 上用"一带一路"英文表述检索得到的期刊文章中，以"一带一路"为题的有 30 篇，用德文表达检索得到的期刊文章标题均不含"一带一路"。"一带一路"主题文章主要涉及：①环境影响，如《2000—2020 年"一带一路"地区 PM2.5 暴露浓度》（Shenxin Li 等，2020）⑤、《FDI 对"一带一路"沿线国家二氧化碳排放的门槛效应》（Ying Nie 等，2022）⑥；②经济影响，如《新丝绸之路：全球供应链的机遇与进一步发展

---

① GEINITZ C. Chinas Griff nach dem Westen: Wie sich Peking in unsere Wirtschaft einkauft [M]. München: C. H. Beck, 2022.

② STAHL G. China: Zukunftsmodell oder Albtraum? Europa zwischen Partnerschaft und Konfrontation [M]. Bonn: Verlag J. H. W. Dietz Nachf, 2022.

③ WROBEL R, SELIGER B. Korea, the Iron Silk Road and the Belt and Road Initiative: soft power and hard power approaches [M]. Frankfurt am Main: Peter Lang GmbH, 2022.

④ COLLEY T, VAN NOORT C. Strategic narratives, ontological security and global policy: responses to China's Belt and Road Initiative [M]. Cham, Switzerland: Palgrave Macmillan, 2022.

⑤ LI S X, SHAFI S, ZOU B, et al. PM2.5 concentration exposure over the Belt and Road region from 2000 to 2020 [EB/OL]. (2022-03-01) [2022-07-22]. https://www.mdpi.com/1660-4601/19/5/2852.

⑥ NIE Y, LIU Q J, LIU R, et al. The threshold effect of FDI on CO_2 emission in Belt and Road countries [EB/OL]. (2022-03-16) [2022-07-22]. https://www.mdpi.com/1660-4601/19/6/3523.

的挑战》（Norbert Wagener 等，2020）①、《"一带一路"内陆地区跨境物流路径优化研究》（Fengjie Xie 等，2022）②；③能源生态影响，如《能源进口依赖网络演化及其影响因素——以"一带一路"沿线国家和地区为例》（Qingru Sun 等，2022）③、《基于数字经济调节效应的全球化对"一带一路"沿线国家可再生能源发展的影响》（Yu Zhang 等，2022）④。此外，还涉及对土地、旅游、疾病等方面的研究，但很少涉及政治方面。

  在前文搜索结果基础上进一步缩小范围，在"Belt and Road"后加上"Germany"和"media/communication"进行检索，得到图书词条数分别为128554/123030，期刊文章词条5701/3259；在"die neue Seidenstraße"的基础上加上"Deutschland"和"Medien/Kommunikation"，得到图书1169/1185部，期刊文章6/1篇，这两部分检索结果多有重合。通读有关媒体或传播方面的"一带一路"研究文献，发现主要涉及媒体框架和话语策略研究，相关度较高的文章有：《美国主流媒体对"一带一路"与人类命运共同体的报道研究——以美国三大主流媒体为例》（Congjuan Yu, Jing Yan，2020）⑤、《菲律宾媒体对中国"一带一路"倡议的描绘》（Lucio

---

① WAGENER N, ARITUA B, ZHU T. The new silk road: opportunities for global supply chains and challenges for further development [EB/OL]. （2022-03-30）[2022-07-22]. https://www.proquest.com/docview/2537690018?pq-origsite=primo.

② XIE F J, FENG R C, ZHOU X Y. Research on the optimization of cross-border logistics paths of the "Belt and Road" in the inland regions [EB/OL]. （2022-01-13）[2022-07-22]. https://www.proquest.com/docview/2622088106/1963FA2F069A41AEPQ/1.

③ SUN Q R, GAO X Y, SI J J, et al. The evolution of the energy import dependence network and its influencing factors: taking countries and regions along the Belt and Road as an example [J]. Journal of business economics and management, 2022, 23 (1): 105-130.

④ ZHANG Y, LE S, JIN W, et al. The impact of globalization on renewable energy development in the countries along the Belt and Road based on the moderating effect of the digital economy [EB/OL]. （2022-05-16）[2022-07-22]. https://www.proquest.com/docview/2670457258/63D5E3F9769C454APQ/1.

⑤ YU C J, YAN J. Research on the coverage of the Belt and Road Initiative and a community with shared future for mankind by mainstream media in the United States - taking the three major mainstream media in the United States as an example [J]. Journal of contemporary educational research, 2020, 4 (8): 72-78.

Blanco Pitlo，2019）①、《突发公共卫生事件中英文世界媒体对中国国家形象的塑造》（Dian Zhang，2022）②，几乎不涉及德国媒体。

在 Taylor&Francis 数据库上用"Belt and Road"进行检索，检索时间段选择 2013—2022 年，得到图书 7540 部，期刊论文 10765 篇。在此结果基础上增加检索词"Germany"，得到图书 14110 部，期刊论文 3151 篇，再增加检索词"communication/media"，得到图书 23774/27752 部，期刊论文 1385/1863 篇，发现图书数据模糊性强，检索关键词越精确，得到的检索量反而越大，可见检索数据只能提供宽泛的参考。

根据相关性排序对检索结果进行观察与梳理，发现图书类研究成果主要涉及：①全球化视角，如《"一带一路"手册》（Cai Fang, Peter Nolan，2019），从历史背景、概念解读、"五路"（和平之路、繁荣之路、开放之路、创新之路、文明之路）和六大经济走廊、中国外交特色、相关国际行动计划、案例研究等角度，对"一带一路"做了全方位解读和介绍③；《"一带一路"倡议：通向包容性全球化的途径》（Weidong Liu，2019）以全球化的视角审视"一带一路"倡议提出和实施的大背景，认为它并非取代现有的国际合作机制，而是呼吁改革和发展新自由主义全球化，开启包容性全球化的新时代④。②区域化视角，如《中国"一带一路"倡议的影响：从亚洲到欧洲》（Jeremy Garlick，2019）从宏观和微观层面剖析了中国通过"一带一路"倡议融合欧亚大陆的意图，评估它多大程度上可以改变国际关系，对其潜在影响进行批判性分析⑤；《欧盟和中国的"一带一路"：影响、参与和竞争》（Vassilis Ntousas, Stephen Minas，2021）考察

---

① PITLO L B. Philippine media portrayal of China's Belt and Road Initiative [J]. Asian politics & policy, 2019, 11 (1)：172-177.

② ZHANG D. The construction of national image of China by English world media in public health emergencies [J]. Journal of environmental and public health, 2022 (4)：1-8.

③ FANG C, NOLAN P. Routledge handbook of the Belt and Road [M]. London：Routledge, 2019.

④ LIU W D. The Belt and Road Initiative：a pathway towards inclusive globalization [M]. London：Routledge, 2019.

⑤ GARLICK J. The impact of China's Belt and Road Initiative：from Asia to Europe [M]. London：Routledge, 2019.

"一带一路"作为中国全球治理方案的性质，探讨欧盟参与"一带一路"的关键要素①；《"一带一路"倡议中的地区》（Jonathan Fulton，2020）考察中国与特定区域国家之间的关系，包括东南亚、中亚、南亚、波斯湾、非洲之角和中欧/东欧，分析与美国的合作效果等问题②。③传播学视角，如《中国对"一带一路"倡议的传播：丝绸之路和基础设施叙事》（Carolijn van Noort，2021）探讨中国如何通过基础设施和丝绸之路的叙事提升"一带一路"的国际政治传播，认为通过精心选择基础设施模式和丝绸之路表征，对"一带一路"倡议的审美生发，提升了中国作为基础设施和标准制定国的形象，唤起了友好合作关系的历史延续，并塑造了中国的身份认同，为中国话语、媒体战略和基础设施传播等提供参考借鉴③；《"一带一路"手册》指明媒体的重要性，提出"一带一路"不仅要求基础设施互联互通，更需要文化、媒体、体育、科技、人才和历史记忆的交流，帮助消除壁垒，增进友谊，恢复共识，而"讲好中国故事、传播中国声音"是增进人与人之间理解的重要途径，中国重视在政府间合作框架中增加人文交流合作内容。

期刊论文主要涉及：①"一带一路"具体合作研究，主题有中德产业合作、外商直接投资、金融发展、铁路网络建设等。②国别区域研究，如马来西亚对"一带一路"倡议的回应，中国与中亚国家"一带一路"争端的解决，"一带一路"倡议下的西亚新丝绸之路等。③对"一带一路"的思辨性分析，如中国对"一带一路"倡议的态度，对中国"一带一路"倡议的思考，亚洲区域经济一体化的缺席，对中国"一带一路"争端解决观点的批判性考察等。④"一带一路"的中外媒体叙事与话语策略研究，如《"一带一路"政治媒体话语框架分析：以中国、澳大利亚、印度、日本、英国和美国为例》（Hai Yang，Baldwin Van Gorp，2021）基于文化框架和

---

① NTOUSAS V, MINAS S. The European Union and China's Belt and Road: impact, engagement and competition [M]. London: Routledge, 2021.

② FULTON J. Regions in the Belt and Road Initiative [M]. London: Routledge, 2020.

③ VAN NOORT C. China's communication of the Belt and Road Initiative: Silk Road and infrastructure Narratives [M]. London: Routledge, 2021.

内容分析，创建了中国、印度、美国、日本、英国和澳大利亚的"一带一路"政治和媒体传播语料库，从五个维度识别、重构、并置了14个文化嵌入框架，据此揭示构成中国对"一带一路"话语合法性的核心主张①；《地缘与帝国语境下的"一带一路"中国叙事》(James D. Sidaway, Chih Yuan Woon, 2017)回顾了近年"一带一路"的中文书写，检视这些叙事如何与中国的地缘政治及战略叙事相衔接，反思国家、帝国与地缘政治之间过往与当下关系，并着手制定回应"一带一路"的范畴②；《古为今用：中国"一带一路"宣传中的历史修正主义》(Eyck Freymann, 2021)讨论了蕴含"一带一路"意识形态和历史主张的三种宣传素材——面向国内观众的纪录片、国家历史教科书和面向英语观众的短片，认为英语宣传的叙事更加温和，将中国塑造成一个爱好和平、尊重差异、通过促进全球化和自由贸易来维护现有国际秩序的大国，历史叙事则凸显了中国领导人的全球野心③；《希望与恐惧交织的地缘政治和地缘经济学：中国的三重经济泡沫和"一带一路"的构想》(Ngai-Ling Sum, 2018)提出中国的新地缘经济和地缘政治构想在学术理论、政策修辞和媒体叙事中选择性地表达，通过情绪化、夸大的描述，提供排序逻辑、心智模型、隐喻/比喻，并塑造身份。而国外地缘战略话语将"一带一路"与"中国马歇尔计划"的比喻联系在一起④。

---

① YANG H, VAN GORP B. A frame analysis of political-media discourse on the Belt and Road Initiative: evidence from China, Australia, India, Japan, the United Kingdom, and the United States [EB/OL]. (2021-08-28) [2022-07-22]. https://www.tandfonline.com/doi/full/10.1080/09557571.2021.1968794?af=R&utm_source=researcher_app&utm_medium=referral&utm_campaign=RESR_MRKT_Researcher_inbound.

② SIDAWAY J, WOON C Y. Chinese narratives on "One Belt, One Road" (一带一路) in geopolitical and imperial contexts [J]. The professional geographer, 2017, 69 (4): 591-603.

③ FREYMANN E. Making the past serve the present: historical revisionism in China's One Belt One Road propaganda [J]. Asian affairs, 2021, 52 (1): 18-43.

④ SUM N L. The intertwined geopolitics and geoeconomics of hopes/fears: China's triple economic bubbles and the "One Belt One Road" imaginary [J]. Territory politics governance, 2018, 7 (9): 528-552.

在 EBSCO 数据库上设定检索时间段为 2013—2022 年，输入"一带一路"常用英文表达"Belt and Road"，文献来源类型设置为书籍和学术期刊，得到检索结果 6464 条；输入"一带一路"常用德文表述"die neue Seidenstraße"，得到检索结果 4 条。初步观察发现，"一带一路"主题范围广，涉及经济、政治、能源、环境、金融、教育等多个领域。进一步检索关键词"Belt and Road"和"media/communication"，分别得到 113/316 条检索结果；检索"die neue Seidenstraße"和"Media/Kommunication"，无匹配结果。进一步观察发现，一些新闻传播领域的文献，主要涉及中国和沿线国家的媒体叙事研究，如《新闻生产与解释水平：中国"一带一路"新闻报道的比较分析》（Steve Guo，Dan Wang，2021）通过分析中西方 4 家报纸对中国"一带一路"倡议的报道内容，探索新闻生产与解释水平理论之间的关系，发现事件发生地较远导致西方新闻文本比中国报纸使用更高的解释水平①；《讲述中国"一带一路"倡议》（Jinghan Zeng，2019）展示了中国地方政府如何积极运用叙事偏好来影响和（重新）解释中央政府的"一带一路"指导方针，结果出现了各种相互竞争、模棱两可和相互矛盾的"一带一路"政策叙事②。相关度较高的还有《俄罗斯媒体中的中国"一带一路"倡议：叙事策略、图像和隐喻》（Anna Kuteleva，Dmitrii Vasiliev，2021）③、《印刷媒体视角下的中巴经济走廊：巴基斯坦和中国英文报纸的比较分析》（Waqar Ahmad 等，2020）④。

在 De Gruyter 数据库上检索"Belt and Road"，得到 1313 条结果。其中以"一带一路"为题的图书 39 部，以图书章节形式呈现的 803 个，期刊

---

① GUO S, WANG D. News production and construal level: a comparative analysis of the press coverage of China's Belt and Road Initiative [J]. Chinese journal of communication, 2021, 14 (2): 211-230.

② ZENG J H. Narrating China's Belt and Road Initiative [J]. Global policy, 2019, 10 (2): 207-216.

③ KUTELEVA A, VASILIEV D. China's Belt and Road Initiative in Russian media: politics of narratives, images, and metaphors [J]. Eurasian geography & economics 2021, 62 (5-6): 582-606.

④ AHMAD W, ALI S, YASEEN Z. CPEC through the lens of print media: comparative analysis of English newspapers of Pakistan and China [J]. Gomal University journal of research, 2020, 36 (2): 74-83.

论文470篇，参考文献1篇。其中英文文献1250条，德文文献63条，法、西、葡语共13条，其他语种1条。在检索基础上增加检索词"German"和"media/communication"，结果分别为197/236条。在De Gruyter上用"一带一路"常用德文表达"die neue Seidenstraße"，得到120条检索结果，叠加检索词"Media/Kommunikation"，得到23/25条结果。按照相关性高低对检索结果进行梳理，发现图书和期刊论文的范围较广，包括政治、经济、环境、气候、文化、教育等领域，也有少量叙事学的研究，但与"一带一路"相关性较低，如《银幕上的贫民窟：世界电影与贫民窟星球》的第四章"新现实主义叙事"（Igor Krstić，2022）中提出，在德国和奥地利，新现实主义对战后电影制作方式产生了深远的影响①；《论"民族话语"的若干阶段》主张用民族话语的界定来弥补传统民族或文化叙事所造成的恒定性缺失②。

可以看出，国外学术界涉及"一带一路"的研究成果数量较大，但相关性高的研究成果占比不大，也就是说绝大多数研究成果并非"一带一路"主题研究，而是在其他课题研究中涉及"一带一路"。与"一带一路"相关性较高的国外研究成果从理论与实践、全球化与区域化、政治与经济、能源与环境、文化与语言、媒体与叙事等多个角度展开，主要涉及两方面：一是从经济、政治、地缘战略等理论视角分析"一带一路"的战略意义及影响，二是从实践层面探讨经济、环境、能源、生态等合作产生的效应以及其他国家如何回应或应对"一带一路"。其中政治类研究多出现在图书文献中，期刊文章较少关注政治领域。此外，国外学术界对中外媒体的"一带一路"的叙事与话语策略研究也给予了一定关注，囊括中、美、俄、英、菲律宾、巴基斯坦等国媒体，侧重战略叙事，很少涉及德国。

综合对比可见，国内外学术界对"一带一路"的研究趋势有共性也有差异。共性是对"一带一路"的关注度都很高，研究成果十分丰富，差异

---

① KRSTIĆ I. Slums on screen: world cinema and the planet of slums [M]. Edinburgh: Edinburgh University Press, 2022: 91-114.

② HANSEN K. Essay über einige Stationen des „Völkerdiskurses"[J]. Zeitschrift für Kultur- und Kollektivwissenschaft, 2019, 5 (1): 135-158.

是成果分布和研究侧重点不同：国内期刊文章类成果远多于图书类成果，而国外图书类研究多于期刊文章；国内图书类研究成果多为主题研究，而国外图书类研究成果多为非主题研究；国内研究基于"由内而外"的分析逻辑，主要从合作共赢、文明互鉴等视角出发，注重"一带一路"的对外形象塑造，以包容和发展的眼光进行研究；国外研究基于"由外向内"或"由外到外"的思考逻辑，主要从经济、政治、安全战略等层面对"一带一路"的性质、意图和影响进行分析与解读，偏向于从地缘政治角度进行国际关系的考察。

在新闻传播学领域，国内外学术界对"一带一路"研究成果也较为丰富。国内研究涵盖对外传播理念与策略、话语体系建构、媒体新闻框架等方面，国外研究关注叙事与话语策略，尤其关注中国叙事。但从宏观层面看，国内外学术界对这一课题的关注度都不高，较少关注"一带一路"精准传播，更少以德国为研究对象，"一带一路"在德国的传播课题研究在广度和深度上都有待拓展。随着"一带一路"倡议的不断推进，"一带一路"在德国的传播对把握国际话语权、提升海外认同及推动其在欧洲的实施具有越来越重要的意义。

三、研究思路和框架

（一）研究思路

本研究以德国媒体对"一带一路"的新闻建构为研究主线，基于现象描述—理论建构—策略指导的研究逻辑，按照"研究背景与意义分析→国内外研究现状和基本理论评述→德国主流媒体的'一带一路'传播框架（传播态势与新闻建构）→'一带一路'在德国传播的影响因素→中国媒体的'一带一路'对德传播框架→中德媒体的'一带一路'传播框架对比→中国媒体对外传播框架在德国的适用性和局限性→如何推进'一带一路'在德国的正向传播（理念、原则、方式、策略）"的基本思路，描绘"一带一路"在德国的传播图景，并探讨如何制定适当的传播策略，以影响德国社会舆论和社会中的控制力，从而达到塑造良好的"一带一路"国际形象、把握"一带一路"在德国传播话语权的目的。

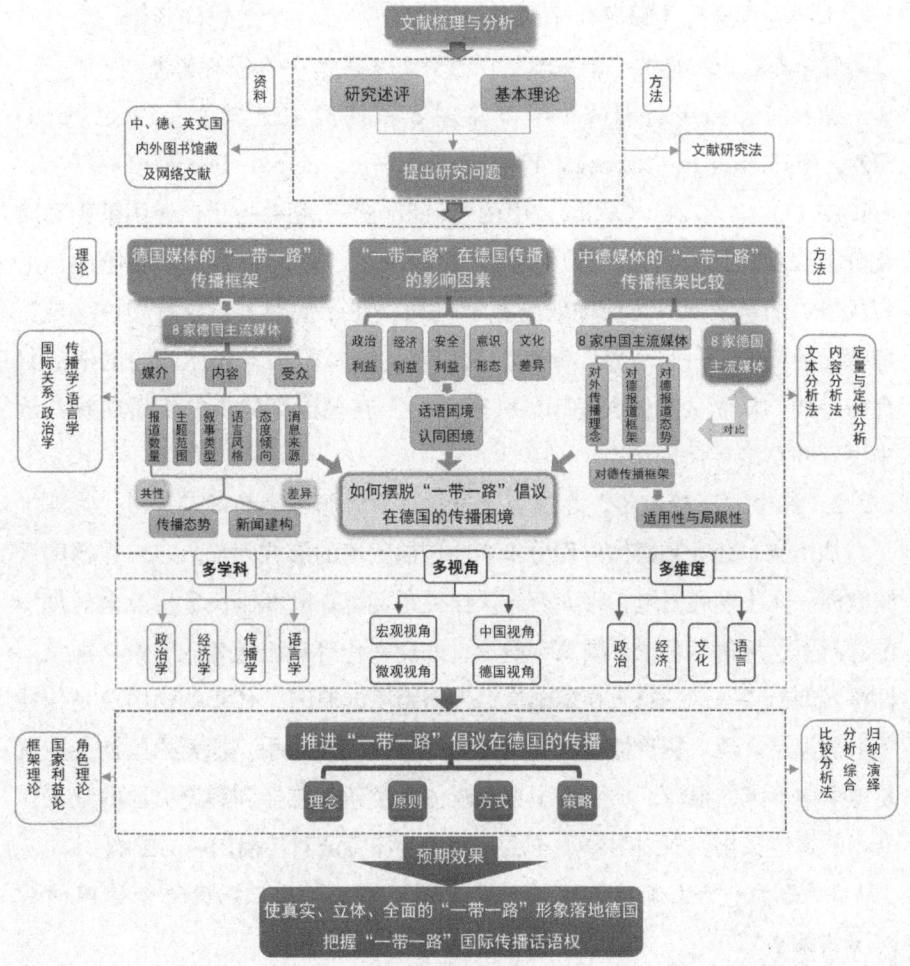

图 1　研究思路图

(二) 研究框架

本研究的主要目标是探索"一带一路"对德传播策略。围绕该目标回答 5 个问题：①"一带一路"在德国的传播现状如何？或遭遇何种困境？②德国媒体对"一带一路"的新闻建构受哪些因素影响？③8 家德国主流媒体与 8 家中国主流媒体之间在传播理念、框架层面体现出何种共性与差异？④中国主流媒体的"一带一路"对外传播策略是否适用于德国国情和舆情？⑤推进"一带一路"在德国的正向传播，应遵循何种理念、原则，在推进方式、策略选择上需要考虑哪些因素，以推动全面、立体、真实的"一带一路"形象落地德国？

本研究大致分为以下 4 个研究要点：

1. 梳理和分析"一带一路"在德国主流媒体中的传播现状

从共时态和历时态两个维度梳理 8 家德国主流媒体（Tagesschau，ZDF，Süddeutsche Zeitung，Frankfurter Allgemeine，Focus，Die Welt，Spiegel Online 和 Zeit Online）中的"一带一路"相关报道，运用量化和质化分析法，从报道数量、报道主题、报道内容、新闻体裁、态度倾向、语言风格、消息来源等方面提取与梳理信息，在此基础上，分析、总结与提炼德国媒体的"一带一路"新闻框架，对比分析德国各媒体新闻框架的共性与差异，从而从整体上呈现"一带一路"在德国媒体中的传播现状，从中发现并总结传播困境。

2. 探索"一带一路"在德国主流媒体中传播不力的深层原因

从国家、社会和媒体层面分析当前传播困境的影响因素。（1）在德国深陷欧洲一体化发展困境、跨大西洋伙伴关系倒退、欧洲难民危机及全球疫情的背景下，从角色理论、国家利益论、外交文化等理论视角入手，从国家层面深入剖析"一带一路"在德国遭遇传播困境的原因。（2）认同困境是传播困境的深层表现，从价值观和文化方面的排他倾向入手，探索德国社会主流价值取向形成的根源。（3）德国主流媒体肩负新闻传播和舆论引导的双重任务，从媒体文化、权力与政治角度，分析媒体特征对传播困境的影响。

3. 基于中德主流媒体的"一带一路"框架对比，探索适合德国的对外传播策略

从共时态和历时态两个维度梳理 8 家主流中国媒体（中国国际广播电台国际在线德文版，中国环球电视网欧洲频道，新华网"一带一路"德语频道，中国一带一路网英文版，中国日报网英文版，人民网德文版，《今日中国》德文版，《北京周报》德文版）的"一带一路"对外传播框架，并对中德媒体框架进行对比分析，在此基础上研判中国媒体对外传播策略在德国本地的适用性和局限性，进而探索能够落地德国的"一带一路"对外传播良策。

4. 总结核心观点并提出对策建议

在上述研究基础上，总结并提出核心观点：

第一，德国主流媒体对"一带一路"的传播大致经历了观察期

(2013—2016年)、上行期(2017—2018年)、高峰期(2019年)和回落期(2020年至今)4个阶段,当前仍是德媒关注的重点涉华议题。德媒对"一带一路"的关注度随重大事件起伏,总体传播力度较弱,各媒体关注程度不同,但报道重点相似,态度立场较为一致。

第二,德国主流媒体对"一带一路"主题框架的搭建主要从经济利益得失、政治意图揣测、意识形态批判角度展开,较少关注全球层面和文化、文明等层面的意义;叙事框架具有重事件细节、轻基本信息,重分析评价、轻背景介绍的特点;符号框架以母语优先、先入为主和讽刺意图为主要特征。从框架中提炼出"一带一路"形象包含的7个意识形态包裹,分别是专制主义、野心勃勃、保护主义、削弱欧盟、救世主、债务陷阱和经济力量。

第三,德国主流媒体的"一带一路"框架既是主流认知的写照,也发挥着塑造主流认知的作用,描绘了"一带一路"倡议提出至今德国主流认知图景:①"一带一路"的性质:经济和地缘政治大项目,源于具有贸易通道价值的古代丝绸之路;②中国的意图:扩大全球影响力、成为超级大国,互利互惠、合作共赢;③对中国的影响:塑造威望,扩大影响,使他国形成依赖;④对欧洲的影响:中欧合作增加、德国和欧盟从中受益,充当欧洲救世主;⑤欧洲的立场:造成欧盟分裂,要遏制中国对欧盟的影响力、减少欧洲对中国的依赖;⑥对全球的影响:引发军备竞赛及不信任,输出中国意识形态,对中国制度的认同增加。

第四,"一带一路"在德国遭遇传播困境,其显性问题是话语困境,隐性问题是认同困境。话语困境隐没于新闻框架之中,主题层面突出排斥框架,叙事层面侧重批评框架,符号层面偏向冲突框架,无不体现出德国主流媒体新闻报道的选择性和倾向性,左右着"一带一路"在德国的定义和诠释。认同困境是话语困境的根源,表现为德国媒体对"一带一路"的排斥态度。认同困境是德国主流意识形态长期内化为媒体认知结构的逻辑复现,主要受国家利益、社会认同及媒体特性影响。

第五,德国媒体对"一带一路"的框架建构,在理念层面凸显出零和博弈框架,在制度层面凸显出二元对立框架,在实践层面凸显出冲突—合作框架,不仅会影响德国乃至其他欧洲国家受众对"一带一路"的认知,还会塑造一种解读其他中国议题的思维模式。这提示我们,既要关注媒体利益站位和报道风格,也要跳出德国媒体话语体系的框限,站在宏观视角去审视德国的"一带一路"观,把握好宏观与微观、中国与世界的关系。

第六,中德主流媒体在"一带一路"的传播力度、新闻框架和态度倾向等方面存在较大差异,因此,我国媒体要因地制宜,针对德媒框架特征和德国传播环境制定相应的传播策略。

据此,提出如下对策建议:

第一,要突破"一带一路"在德国的传播困境,既要提升我国媒体的海外适应能力,也要增强对外传播主动性,不能完全寄希望于德媒作出改变。提升海外适应能力,一要以开放的心态直面质疑和挑战,适当回应德媒的疑虑;二要优化本土化传播策略,克服中国媒体在德国"水土不服"的问题。增强对外传播主动性,就是要在把握"一带一路"传播话语权方面下先手棋、打主动仗,主动转变对外传播理念,稳抓传播优势领域,加强机制融合与合作,优化创新传播策略。

第二,要用好各方面资源和力量开展国际传播,不断提升国际传播效能,更加积极主动地讲好中国故事、传播好中国声音,增强中华文明传播力影响力,努力构建中国话语体系,突破西方话语体系的封锁,以构建政治互信、经济融合、文化包容的全球传播环境。这是改善"一带一路"海外形象的根本方法,也是提升我国文化软实力的必然要求。

第三,在全球局势发生巨大变化及中欧实力此消彼长的背景下,"一带一路"在德国的传播环境日趋复杂。但我们不必夸大当前传播困境的负面效应,要充分认识到"一带一路"在德国的传播有着良好的基础和广阔的前景,坚定对外传播自信。

四、研究重点与难点

(一)拟突破的研究重点

第一,在纵向历史和横向结构上,对8家德国主流媒体2013—2022年的"一带一路"新闻报道进行定量与定性分析,提炼德国媒体的"一带一路"新闻框架,总结"一带一路"在德媒中的传播困境的表征并分析其根源,通过结构分析与对比分析,阐释德国媒体传播策略的共性与差异。

第二,在百年未有之大变局下,风云诡谲的国际与国内环境对德国媒体的"一带一路"新闻建构产生很大影响。综合运用国际关系、国际传播、语言学等理论视角，依托框架理论、国家利益论、批评话语分析，从国际和国内两大层面，对"一带一路"在德国传播的影响因素进行深度剖析。

第三，基于对8家中国主流媒体2013—2022年的"一带一路"新闻报道的定量与定性分析，剖析中德媒体框架的差异，研判中国对外传播策略在德国的适用性和局限性，在此基础上，探索"一带一路"对德传播策略。

（二）拟突破的研究难点

第一，在国内外学术界现有传播学理论研究成果中，涉及德国的研究很少，关于"一带一路"倡议在德国传播的可参考文献也非常少，本研究缺乏相关理论基础和参考资料，研究难度较大。

第二，本研究涉及8家德国主流媒体和8家中国主流媒体，媒体差异较大，数据整理和分析对方法可操作性和准确性的要求较高，增加了分析的复杂性。在所有文本分析中，框架分析的样本量和各媒体差异较大，研究难度也相对较高，要运用定量与定性分析、归纳和演绎相结合的方法，数据和结论须经过反复验证。

第三，基于复杂的国际环境背景下中德关系走向的不断变化，以及中德两国在制度、文化、语言及媒体机制等方面的差异，"一带一路"传播态势和新闻框架处于不断变化之中，因此研究结论具有一定的开放性。

（三）研究难点解决方案

第一，以创新视角融通多种学科理论与方法论。在传播态势分析中，建立中德媒体"一带一路"报道语料库，运用内容分析法对样本进行初步分析；在框架分析中，运用框架分析法和话语分析法，提炼"一带一路"形象框架；在传播困境归因分析中，运用国际关系和政治学、语言学理论，从国际和国内两个层面追本溯源；在对策分析中，通过中德媒体框架对比分析，论证中国媒体对德传播局限性，进而提出可行的"一带一路"对德传播策略。

第二，以定量与定性研究为基础，综合运用归纳和演绎法实施框架分析。传播态势分析需要依据对样本初步特征的判定，设定分类标准，对大量数据进行统计，经过反复检验得出最终结果；框架分析需要设定样本选择标准，从大量媒体报道中筛选出有分析价值的样本，用Nvivo软件进行词频分析，从中提取关键信息并分析其间的关联；要结合媒体特点提出预设框架，用演绎法论证假设的正确性，计算关键词出现的频率和每个框架包含的报道数量，在论证结果基础上，从不同框架维度提炼新闻框架，并对结论做二次论证。

第三，对中德媒体所处的国际、国内环境和制度、价值观等差异进行横向比较分析，从理论和实践、宏观和微观层面探索中德媒体"一带一路"传播规律背后的成因；通过追踪德国对华政策及舆论走向、传播效果及反馈，为思考摆脱困境、提升传播效能的对策提供参考依据，确保研究结论的科学性、时效性和前瞻性。

五、研究方法与研究设计

（一）研究方法

第一，文献研究法。通过政府工作报告、网络资料、图书馆数据等渠道对中、德、英文相关文献资料进行收集、整理和分析，掌握国际关系学、传播学、语言学等相关理论的研究成果和最新进展，追踪与整理中德媒体的"一带一路"相关报道，为理论和实证研究奠定基础。

第二，内容分析法。首先为8家德国媒体和8家中国媒体的"一带一路"报道建立各自的语料库，获得1316篇德媒报道和28493篇中媒报道语料；接着运用定量分析法对所有样本进行内容分析，以呈现各媒体的报道数量分布及总体走向；再使用Nvivo质性分析软件进行词频分析，观察中德媒体关注重点和报道偏好。

第三，框架分析法。首先通过人工抽样确定框架分析样本；接着结合坦卡德的"框架列表"①、臧国仁的三层框架划分②和甘耐姆的四个维度③，

---

① TANKARD J. The empirical approach to the study of media framing [M] // REESE S, GANDY O, GRANT A, et al. Framing public life: perspectives on media and our understanding of the social world. Mahwah: Lawrence Erlbaum Associates, 2001: 95-105.

② 臧国仁. 新闻媒体与消息来源：媒介框架与真实建构之论述 [M]. 台北：三民书局，1999: 34-44.

③ GHANEM S. Filling in the tapestry: the second level of agenda-setting [M] // MCCOMBS M, SHAW D, WEAVER D. Communication and democracy: exploring the intellectual frontiers in agenda-setting theory. Mahwah: Lawrence Erlbaum Associates, 1997: 3-15.

对样本进行类目编码，设定框架分析维度，通过框架分析探寻媒介呈现与传者意图。

第四，层次分析法。由于框架成因错综复杂，采用层次分析法探寻德国媒体"一带一路"框架成因，从国家、社会、媒体三个层面入手，分别从国家经济、政治、安全利益，社会主流意识形态、文化价值观等方面，以及媒体风格、话语权力和政治属性等方面，剖析影响德媒框架形成的外部环境和内部动因。

第五，对比分析法。在框架分析中，先分别对8家德媒和8家中媒进行内部横向对比分析，以呈现各媒体的传播特点；再对中德媒体进行整体纵向对比分析，以揭示两国媒体的"一带一路"传播规律及差异；在此基础上，剖析中国媒体对德传播策略的可行性与局限性，提出对策，以提升对德传播效能。

第六，学科理论交叉运用。本研究涉及多门学科，需综合运用传播学和国际关系理论探索现象与本质。依据框架理论和话语分析理论，分析中德主流媒体的"一带一路"新闻框架特征；从国家利益论、角色理论、外交文化理论、把关人理论、话语权力和批评话语分析等理论视角，探索德媒框架建构的根本动因。

（二）研究设计

基于德国媒体特点及其对"一带一路"报道情况的初步观察，确定研究样本来源为8家德国主流媒体，包括《南德意志报》（*Süddeutsche Zeitung*）、《焦点》（*Focus*）、《明镜》（*Der Spiegel*）、《时代》（*Die Zeit*）、《世界报》（*Die Welt*）、《法兰克福汇报》（*Frankfurter Allgemeine Zeitung*）、德国电视一台新闻广播节目《今日新闻》（*Tagesschau*）和德国电视二台（ZDF）。将样本收集时间段设定为2013年9月7日（"一带一路"提出之日）至2022年6月30日（研究数据收集截止日期）。分别在各媒体门户网站上输入"一带一路"的德文和英文通用表达，得到1316篇德文报道作为分析样本。

首先，摘取1316篇德文报道的标题、导语及发布日期，在此基础上，按照议题相关性提取120篇报道作为框架分析样本。接着，依据扎根理论三阶段编码内涵①，对所有样本进行开放式编码，初步提取样本信息，再基于坦卡德的框架列表、臧国仁的三层框架划分和甘耐姆的四个维度，将样本分析的主要类目设定为 5 个方面，分别为：报道数量、新闻主题、叙事方式、新闻符号、态度立场。其次，逐篇统计报道的主题、标题、关键词、观点/内容、态度倾向（①正面，②中立偏正面，③中立，④中立偏负面，⑤负面）、消息来源、报道时间、报道数量、叙事特点、配图情况等。最后，分别以上述指标的度量来划分新闻报道，分别是：（数量）报道历时分布，（主题）政治、经济、意识形态，（叙事）事件分析与评估型、事件细节描述型、事件基本信息型、事件背景型，（符号）语言运用、修辞手法、图文关系，（立场）正面、中立、负面。

对比研究部分涉及 8 家中国主流媒体的新闻报道分析，采用与德国媒体研究相同的数据采集和类目建构方法进行传播态势和框架分析。样本收集时间段同样设定为 2013 年 9 月 7 日至 2022 年 6 月 30 日，得出中媒报道共 28493 篇。由于中媒报道数量大且各媒体的报道数量差异大，因此框架分析的样本提取标准根据各媒体情况做不同设定。

编码结束后，采用霍斯提（Holsti）公式检验编码信度，最终各编码类目的编码员信度均大于 0.9，本研究信度符合标准。

---

① 王念祖. 扎根理论三阶段编码对主题词提取的应用研究［J］. 图书馆杂志，2018，37（5）：76.

第一章 基本理论评述

一、框架理论

框架理论是研究"一带一路"在德国媒体中的传播规律的重要理论依据。新闻框架既是媒体建构"一带一路"形象的准则,也是对主流认知结果的一种再现,是透视新闻生产规律和媒体态度倾向的窗口,对媒体表明立场、引导舆论、加深受众认知具有重要意义。德国媒体对"一带一路"的框架建构规律,揭示了其基本认知、价值判断和态度立场。

(一) 基本概念

"框架"作为考察人的认知与传播行为的学术概念,最早见于人类学家格雷戈里·贝特森(Gregory Bateson)于 1955 年发表的论文《一项关于玩耍和幻想的理论》中。贝特森认为框架代表了个人组织事件的心理原则与主观过程。他在文章中提出了"元传播"(meta-communication)概念,即人们为了传播而进行传播的行为,包括对所传递符号的界定及其诠释规则的约定。框架指的是就如何理解彼此符号,传受双方相互约定的诠释规则[1]。这是处于具体的物理框架与抽象的数学逻辑框架之间的一个心理学概念[2]。

心理学主要从认知心理的角度来研究框架,将框架视作一个基本模板或资料结构(data structure),它可以把各种各样的信息组织在一起,并且通过更具体的认知因素得以显现。另有一种心理学研究取向认为,框架是在一个特殊的语境中安排信息,以至于一个议题的某些东西在个人的认知

---

[1] 郭庆光. 传播学教程 [M]. 北京:中国人民大学出版社,2011:208.
[2] BATESON G. Steps to an ecology of mind [M]. New York:Ballantine Books,1972:177-193.

资源中占有更大的部分。随之而来的结果是，这一部分东西在影响个人的判断和推断上变得很重要①。换言之，框架是记忆中的认知结构（或称基模 schema），为人们据以了解外界事物的心智代表，若经启用可影响其后续诠释或判断②。

1974年，社会学家欧文·戈夫曼（Erving Goffman）在《框架分析：关于经验组织的一篇文章》(*Frame Analysis: An Essay on the Organization of Experience*) 中，将"框架"作为一个理论概念引入社会学研究。戈夫曼认为"框架"是诠释事物的首要、本源的视角或解释图式……使原本无意义之物变得有意义。框架是人们用来认识和解释外在客观世界的一种认知结构，能够使它的使用者定位、感知、确定和命名那些看似无穷多的事件和信息。因此，框架可被视为个人或组织（包括新闻媒介）对社会事件的主观解释和思考结构③。戈夫曼眼中的"框架"属于个人解释的图式。

戈夫曼对框架的定义有两重含义：第一，框架（frame）作为源自过去经验的知识体系或认知定势预存在大脑中；第二，既有的框架是人们用来建构（framing）对新事物的认识的依据。社会事件本就散布各处，彼此无所归属，通过符号转换始能成为与个人内心有所关联的主观认知。这个转换（或再转换）的过程，就是框架的基础④。换言之，戈夫曼强调框架是人们将社会真实转换为主观思想的重要依据。人们借由框架整合信息、了解事实，其形成与存在均无可避免。斯蒂芬·瑞兹（Stephen D. Reese）在此基础上对框架定义进行了总结：框架是一个持续不变的认知、解释和陈述框式，也是选择、强调和遗漏的稳定不变的范式，通过这样的框架，符号的处理者按照常规来组织话语，对限制在一定范围内的许多事件进行

---

① PAN Z D, KOSICKI G. Framing analysis: an approach to news discourse [J]. Political communication research, 1993, 10 (1): 55-75.

② 黄惠萍. 媒介框架之默认判准效应与阅听人的政策评估：以核四案为例 [J]. 新闻学研究, 2003 (77): 67-105.

③ GOFFMAN E. Frame analysis: an essay on the organization of experience [M]. Boston: Northeastern University Press, 1986: 21.

④ GOFFMAN E. Frame analysis: an essay on the organization of experience [M]. Boston: Northeastern University Press, 1986: 10-11.

归位、理解、确认和标示①。

新闻媒体的框架研究基本上源自戈夫曼的思想。托德·吉特林（Todd Gitlin）在戈夫曼的概念基础上，提出了更明确的定义：框架就是关于存在着什么、发生了什么和有什么意义这些问题上进行选择、强调和呈现时所使用的准则②。这一定义更强调个人在形成框架过程中的活动和作用。与戈夫曼不同的是，吉特林并不认为框架是难以被测量的抽象之物。

威廉·加姆森（William A. Gamson）是框架理论另一位最重要研究者，他认为框架概念有两种内涵：一指界限（boundary），即对社会事件的范围限制，凡纳入框架的实景，都成为人们认知世界中的部分；二指人们用以诠释社会现象的架构（building frame），以此来解释、转述或评议外在世界的活动③。前者代表取材范围，后者则是一种观察事物的世界观。在界限意义下，只有落在镜头范围内的实景，才可能被公众理解，不在此界限之物，则视而不见。因此，各种社会群体都力图使符合自己利益的意义和解释进入媒体框架之中。在架构意义下，人们借由框架建构意义，以了解社会事件发生的原因与脉络④。加姆森把框架定义为一个起到中心组织作用的概念，是人们解释社会现象时使用的一套内在结构。在新闻报道中，框架是新闻报道的"中心思想，为新闻事件赋予意义"⑤。

在大众传播领域，框架被看作是一种被传播者赋予了意义的信息建构活动，传播者通过构筑不同的框架表达自己传播的意愿，并对舆论产生影响。新闻媒介中存在不同的、用以观察、描述媒介事件的方法，传播者在环境中

---

① REESE S, GANDY O, GRANT A, et al. Framing public life: perspectives on media and our understanding of the social world [M]. Mahwah: Lawrence Erlbaum Associates, 2001: 7-31.

② GITLIN T. The Whole world is watching: mass media in the making and unmaking of the new left [M]. Berkeley: University of California Press, 1980: 6-7.

③ GAMSON W, CROTEAU D, HOYNES W, et al. Media images and social construction of reality [J]. Annual review of sociology, 1992 (18): 373-393.

④ 臧国仁. 新闻媒体与消息来源：媒介框架与真实建构之论述 [M]. 台北：三民书局，1999：33.

⑤ GAMSON W, MODIGLIANI A. The changing culture of affirmative action [J]. Research in political sociology, 1987 (3): 137-177.

选择某些素材加以重组而建构社会真实的过程就是框架。伊丽莎白·诺埃尔—诺伊曼（Elisabeth Noelle-Neumann）认为，在现代社会，人们判断周围意见分布状况（意见环境）的主要信息源有两个：一是所处的社会群体，二是大众传播。在超出人们直接感知范围的问题上，大众传播的影响尤其强大。大众传播一手承揽着向人们提供外部世界信息的活动，并且通过复数的渠道每日每时地、累积地报道几乎相同的内容，这种状况不可能不对人们的意见乃至舆论产生重大的影响[1]。

括言之，框架一方面有建构客观现实的意义，是对社会现实的一种再现过程，另一方面是人们认识外界的依据。透过框架的展现，人们才能了解究竟发生了什么事。框架的建构过程指向两类人群：信息生产者和接收者。信息生产者筛选和重组社会现实，并通过符号系统呈现，对信息接收者的思维和认知结构产生一定影响。这个过程含有一定的主观性，并受社会文化等因素影响。信息生产者塑造的框架内化为信息接收者的认知结构，成为其解读和判断外界活动的依据。

（二）新闻框架

托德·吉特林（Todd Gitlin）于20世纪80年代将框架理论引入新闻与传播研究领域，之后得到广泛的应用。塞尔玛·甘耐姆（Salma Ghanem）把媒体的框架分为四个维度：①新闻涉及的话题（内容的取舍）；②外在表现（编辑中的篇幅和位置）；③认知上的属性（被包含进框架的细节）；④感情属性（全篇的基调）[2]。这对观察媒体如何制定框架从而建构新闻意义、为受众提供认知结构提供了理论支撑。

当前传播学视野下的框架研究主要集中于三个领域：①从新闻生产角度来研究媒体框架如何被建构，即媒介框架（media frame）；②从内容研究角度来考察媒体框架是什么，即新闻框架（news frame）；③从效果研究

---

[1] NOELLE-NEUMANN E. Return to the concept of powerful mass media [J]. Studies of broadcasting, 1973 (9): 67-112.

[2] GHANEM S. Filling in the tapestry: the second level of agenda-setting [M] // MCCOMBS M, SHAW D, WEAVER D. Communication and democracy: exploring the intellectual frontiers in agenda-setting theory. Mahwah: Lawrence Erlbaum Associates, 1997: 3-15.

的角度来分析受众如何接收和处理媒介信息，即受众框架（audience frame）①。框架理论研究的路径也涉及个人框架、组织框架与媒介框架。媒介框架即媒介机构信息处理的组织框架，它适用于多种类型的媒介信息生产和传播过程的研究。这个概念应用于新闻的选择、加工新闻文本和意义的建构过程的研究，则称为新闻框架；组织框架指的是一个组织信息处理的认知结构或定性准则，据此处理信息所得的结果则体现了一个组织对该信息性质的基本判断及其动机、立场、倾向和态度；个人框架是指人在关于存在、发生和意义这些问题上进行持续不断的选择、强调和表现时所用的准则。

本研究侧重新闻的选择、加工和意义建构过程，主要考察媒体的新闻框架。

在新闻报道中，框架存在是一种必然。新闻事件一般具有多重复杂的属性，由于时效性和新闻文体特征的要求，一篇报道不可能事无巨细地罗列事件的所有属性，只能抓住事件的若干主要属性，并将之纳入一定的框架之中，进而简明扼要地向受众提示新闻事件的性质和意义。总体看来，新闻框架有两层含义，一指存在于头脑之中、用于处理信息的准则，侧重呈现事实的过程，二指作为新闻文本特征的新闻框架，强调框架建构的结果②。

小詹姆斯·坦卡德（James W. Tankard, Jr.）把新闻框架的建构定义为采取集中的组织思路，通过选择、强调、排除和精心阐释等方式为新闻内容提供背景，并提出中心议题的活动③。加姆森将新闻框架建构的内涵划分为两个层面：一是确定新闻取材范围的界限，主要用选择策略，选择不同的事实或事物的不同属性加以提示或凸显；二是内在结构，主要用重组策略，即在入选的报道内容各要素之间，按照一定的逻辑进行系统的联

---

① 陈阳. 框架分析：一个亟待澄清的理论概念 [J]. 国际新闻界，2007，150 (4)：20.

② ENTMAN R. Framing: towards clarification of a fractured paradigm [J]. Journal of Communication, 1993, 41 (4): 51-58.

③ TANKARD J, HANDERSON L, SILBERMAN J, et al. Media frames: approaches to conceptualization and measurement [C] //The association for education. Journalism and mass communication. Boston: Massachusetts, 1991.

系与组合,由此建构新闻文本的完整意义。而这些都是通过象征符号的驾驭和使用来实现的,隐喻、举例、标签、叙述、不同的视觉符号等都是其通常的做法①。

盖伊·塔克曼(Gaye Tuchman)将新闻文本特征的呈现形象地比喻成一个窗,窗口展示的视野取决于窗口的大小、窗格的多少、窗玻璃的明暗以及窗户的朝向是对着街面还是对着后院。这个视野还取决于视点的位置,比如是远点还是近点、是歪着脖子还是脑袋向前伸展,或者是侧着身子使眼睛跟开窗的这面墙平行。框架在很大程度上是不可言说和超越认知的,但媒介框架包含了选择、强调、表达的基本原则,为新闻记者和日益依赖于新闻报道的我们建构了世界②。新闻生产者通过新闻报道"框现"部分事实、"选择"部分事实以及主观地"重组"这些事实建构新闻框架,这个框架赋予新闻文本以特定的意义。

新闻框架是新闻媒体对新闻事实进行选择性处理的特定原则,这些原则来自新闻媒体的立场、编辑方针以及与新闻事件的利益关系,同时又受到新闻活动的特殊规律制约,他们规定着一家媒体对新闻事件的基本态度和本质判断。媒体框架使得对事件的某些理解在文本里更加突出,并且成为记者和受众感知到的社会真实。因而新闻并非自然产物,而是一种客观现实的建构过程,是媒介组织与社会文化妥协的产品,具有转换或传达社会事件的公共功能。尽管框架不能保证读者如何理解和诠释一个事件或文本,但它确实在组织范围内的可能性解码上发挥了重要作用,而这种解码通常是支持主要意识形态的一种方式③。所以有学者认为,新闻框架影响个体对问题的诠释④、对责任的归因以及政策性意见的

---

① GAMSON W, CROTEAU D, HOYNES W, et al. Media images and social construction of reality [J]. Annual review of sociology, 1992 (18): 373-393.

② 塔克曼. 做新闻 [M]. 麻争旗,刘笑盈,徐扬,译. 北京:华夏出版社,2008: 30.

③ FOUST C, MURPHY W. Revealing and reframing apocalyptic tragedy in global warming discourse [J]. Environmental communication, 2009, 3 (2): 151-167.

④ ADAY S. The framesetting effects of news: an experimental test of advocacy versus objectivist frames [J]. Journalism & mass communication quarterly, 2006, 83 (4): 767-784.

形成①。值得注意的是，社会事实是多方面的、多因素的，如果媒体框架仅仅强调某方面而忽略其他方面，就会妨碍人们对社会事实的全面思考，容易形成刻板印象或偏见。

新闻生产者对框架的建构也会受到受众的影响。框架效果产生的基础是不同个人对事物及社会的认知交集，这种相似的认知构成了新闻生产者、新闻文本与受众之间互动的可能性。新闻生产者根据受众的认知交集预期受众的口味以及反应，因此新闻生产者对传播效果的预期也会影响其对框架的建构。在新闻生产者通过选择、强调、重组事实来建构框架的过程中，会受到新闻常规、新闻组织的符号机制及不同消息来源的政策立场三方面的影响②，其个人认知框架也会起一定作用。所以，媒体框架的构建和发展，受到新闻生产者、新闻专业常规（如价值判断）、媒介组织、消息来源、受众、社会文化等多种因素的影响，表现为媒介产品——话语。由于媒体框架隐含在新闻文本之中，因此需要通过细致的文本解读来分析框架的建构策略和构成要素。

综上所述，新闻框架是一个复合概念，既代表新闻对客观现实的建构过程，也代表由此形成的认知结果。新闻的生产过程，实际上就是框架对事实的框现、选择和重组过程。作为新闻生产者和传播者，媒体对特定议题的内容、视角、符号等的选择及强调，反映了其"框现"社会现实的偏好，影响着事实的呈现、受众的认知和价值判断。德国主流媒体的"一带一路"新闻框架是对德国主流认知的一种再现，赋予"一带一路"以德国意义解读视角，表明了德国媒体在"一带一路"报道中"说什么"和"怎么说"的问题。

（三）框架分析法

德国主流媒体对"一带一路"的新闻建构研究主要探讨三个问题：报道了什么，如何报道，为何如此报道。问题涉及新闻框架和传播动因两个

---

① CALLAGHAN K, SCHNELL F. Framing American politics [M]. Pittsburgh: University of Pittsburgh Press, 2005：125.

② 张克旭, 臧海群, 韩纲, 等. 从媒介现实到受众现实：从框架理论看电视报道我驻南使馆被炸事件 [J]. 新闻与传播研究, 1999 (2)：4.

方面，需要从文本和语境两个层面展开分析。文本层面的分析主要依托框架分析法，即一种有效综合研判新闻构建过程和结果的研究方法，语境分析主要依据后文的话语分析和国际关系理论的相关研究方法。

框架分析的研究路径主要有两种，一种偏向基于量化分析路径的实证研究；另一种偏向基于话语结构的批判性研究。坦卡德认为，由于文本分析通常只是研究者单独进行的框架的界定工作，因此研究过程难以避免主观性。他和同伴通过实际的分析研究，提出了框架列表（list of frames）的方法，试图将量化分析引入框架分析当中。在此基础上，提供了由11个指标组成的"框架列表"，帮助研究者比较客观地确定文本的框架。这11个指标分别是：新闻标题（包括主标、副标），新闻图片，图片说明，新闻导语，消息来源，引语的选择，文章所属的系列标识，数据和图表，文章的结论①。

在此基础上，中国台湾学者臧国仁进一步将新闻框架分析细化为高、中、低三个层次。框架的高层次结构主要回答"这是什么"，即有关新闻主题的问题，它往往是对某一事物的界定。在各种真实的内在结构（或名词的框架）中，均有高层次（macrostructure）的意义，它往往是对某一事件主题的界定，即戈夫曼所谓的"这是什么事"②。例如，在媒介真实中，高层次的意义经常以一些特定形式出现，如标题、导言甚至直接引语。框架的中层次结构是对报道文本内容的选择和组织，包括主要事件、先前事件、历史、结果、影响、归因、评估等，关注新闻内在结构，即约定俗成的新闻图式，其结构的安排可以加深主题意义。低层次结构关注框架的表现形式，即语言或符号，包括字、词等组合而成的修辞与风格，接近梵·迪克所说的微观结构（microstructure）③，既包括隐喻、举例、标

---

① TANKARD J. The empirical approach to the study of media framing [M] // REESE S, GANDY O, GRANT A, et al. Framing public life: perspectives on media and our understanding of the social world. Mahwah: Lawrence Erlbaum Associates, 2001: 95-105.

② GOFFMAN E. Frame analysis: an essay on the organization of experience [M]. Boston: Northeastern University Press, 1986: 8.

③ 臧国仁. 新闻媒体与消息来源：媒介框架与真实建构之论述 [M]. 台北：三民书局，1999: 34-41.

语、叙述、视觉图像等象征符号①，也包括句法结构、情节结构、主题结构和修辞结构②。

新闻图式是文本构建过程中，相关知识的特定组织形式。梵·迪克指出，话语的总体意义需要某种总体的句法来限定话题或主题在实际文本中插入或排列的可能形式。话语的这种总体形式可用以规则为基础的图式来界定。这种图式有着一系列等级排列的不同范畴，包括概述、情节、后果、口头反应和评论。这些主要图式范畴一起限定了新闻话语采用的各种形式。概述包括标题和导语，表达了新闻文本的中心主题。情节是指语境中的主要事件和背景，前者指新闻报道提供的重要信息，后者由语境与历史事件组成。语境指的是主要事件发生时的情境及主要事件之前发生的事件，历史事件是指过去几年发生的相关事件。背景所具有的认知功能激发了读者记忆中的情境模型，将其与其他新闻情境模型关联起来。后果涉及主要事件之后发生的行动和事件，新闻事件的后果有时甚至比新闻事件本身更重要。口头反应是指受邀的参与者或政要对有关重大新闻事件的相关评论，除表述观点外，发言者的身份及话语本身也起到暗示的作用。评论由评价和预测共同构成，评价指对所报道新闻事件价值或意义的判断，预测是阐述事件或事态可能衍生的后果影响③。在实际操作中，不同的新闻呈现的图式因素不同，达到的报道效果也不同。根据梵·迪克的基模概念，有学者将新闻图式划分为事件基本信息型、事件细节描述型、事件分析型、事件评估型及事件背景型④。

新闻框架的宏观、中观和微观三个层面相互关联。在宏观结构层面，主要分析新闻主题；在中观结构层面，主要分析新闻事件的内容、进程、

---

① GAMSON W, MODIGLIANI A. Media discourse and public opinion on the nuclear power: a constructionist approach [J]. American journal of sociology, 1989, 95 (1): 1-37.

② PAN Z D, KOSICKI G. Framing analysis: an approach to news discourse [J]. Political communication research, 1993, 10 (1): 55-75.

③ 梵·迪克. 作为话语的新闻 [M]. 曾庆香, 译. 北京: 华夏出版社, 2003: 50-57.

④ 臧国仁. 新闻媒体与消息来源: 媒介框架与真实建构之论述 [M]. 台北: 三民书局, 1999: 6-34.

结果和影响、对新闻事件的评价和态度等；在微观结构层面，关注新闻报道的语言和修辞等。分析新闻框架，就是要从新闻文本里抽离它的象征符号和表意元素，理解新闻事件的过程和场景、新闻产生的时空背景等，在此基础上，概括出相对抽象的新闻主题、新闻图式、新闻符号等新闻框架的内在结构，进而回答德国媒体对"一带一路""报道了什么"和"如何报道"两个问题。其中主题是新闻总体意义的表达，图式的安排可以加深主题意义，符号的运用可以强化传播效果。

（四）话语分析

许多学者认为，框架理论并不是一个发育完全的理论范式[①]。可以说，它从属于话语分析的范畴。新闻媒体一般标榜自身的客观、理性、中立，但新闻话语始终有一定的主观性。从媒体视角来看，新闻话语的创造过程主要受媒体自身的价值观、既有认知框架和主流意识形态的影响；从受众角度来看，新闻话语的解读过程不仅受到文本内容和新闻图式的影响，还受到传播语境、个体认知能力等因素影响。

荷兰学者托伊恩·A.梵·迪克（Teun A. Van Dijk）是话语分析学的主要代表人物。他认为，对社会认知图式的理解是理解诸如新闻之类公共话语的重要理论铺垫。话语内在的社会本质首先显示了说话人作为社会团体而预先决定了的社会知识和态度图式，其次表明说话人还实践着他所属团体的范式和价值体系、利益、权力关系和意识形态。通过传播，它们得以复制、确证、散开来。媒体话语也是如此，虽素来标榜客观、真实等原则，但新闻采制过程不可避免地受到社会认知模式的影响，并进一步将这种影响传递给受众，加强了既有认知模式，但这一过程往往不为人所注意[②]。

新闻价值与社会的关系，即新闻制作的日常工作，常常是对既有社会关系及权力结构的复写和再现。譬如，报纸之所以青睐社会及政治精英人物、超级大国、精英组织等，是因为此类个体或机构作为消息来源有更多

---

① SCHEUFELE D. Framing as a theory of media effects [J]. Journal of Communication, 1999, 49 (1): 103-122.

② 程雪莹. 新闻话语背后的社会认知 [J]. 青年记者, 2015 (34): 56.

机会向报纸提供报道素材，消息源的接近性使得报纸更多地报道了相关信息。报纸复制强化精英人物在社会中的显赫地位和权力以及与他们有关的事件。因此，新闻价值反映了社会公共话语再生产过程中经济、政治精英及其所服膺的主流意识形态所关切的诉求。正如梵·迪克所说，媒体从本质上说就不是一种中立的、懂常识的或者理性的社会事件的协调者，而是帮助重构预先制定的意识形态。媒体话语更多是一种对社会认知的反映和确认①。

话语分析的主要目的是对我们称为话语的这种语言运用单位进行清晰的、系统的描写。这种描写有两个主要视角——文本视角和语境视角。文本视角是对各个层次上的话语结构进行描述，语境视角则把对这些结构的描述与语境的各种特征如认知过程、社会文化因素等联系起来加以考察②。

新闻框架的意义往往生成于特定的社会语境之中。这里的语境，既指外在的客观现实中的语境，如新闻生产中的制度环境、社会文化、意识形态等因素，也指话语参与者关于世界的一套认知表征③，即主流媒体基于社会经验主观建构起来的社会知识④。社会语境影响新闻生产者对特定议题的认知、态度、评价和传播动机，进而影响该议题新闻框架的形成，解答德国主流媒体在"一带一路"议题上"为何如此报道"的问题。换言之，社会语境影响媒体对事实的认知，内化为认知结构即内部语境，进而影响媒体对事实的建构，反过来影响受众认知和价值取向。

"一带一路"作为一项国家级顶层合作倡议，直接关系到德国和欧盟层面的战略利益，德国主流媒体对该议题的报道属于政治传播范畴，因此"一带一路"主要被放在政治、经济和意识形态的语境框架下言说。正如梵·迪克所言，新闻价值通过媒体反映了社会话语再制作过程中的经济、

---

① 程雪莹. 新闻话语背后的社会认知 [J]. 青年记者, 2015 (34): 56.

② 梵·迪克. 作为话语的新闻 [M]. 曾庆香, 译. 北京: 华夏出版社, 2003: 26-36.

③ HART C. Critical discourse studies in context and cognition - discourse approaches to politics, society and culture [M]. Lancaster: John Benjamins Publishing Company, 2011: 1.

④ 金苗, 自国天然, 纪娇娇. 意义探索与意图查核: "一带一路"倡议五年来西方主流媒体报道 LDA 主题模型分析 [J]. 新闻大学, 2019 (5): 15.

政治和意识形态的价值观①。媒体的态度和立场很难不受到上述因素的影响。

框架分析侧重由外部的社会语境向文本内延伸，而话语分析注重从话语本身出发向外延伸。批评话语分析（critical discourse analysis，CDA）提供了一种语境分析视角。它将话语看作建构社会现实、体现权力关系和意识形态的社会实践，通过话语分析揭示社会问题并在此基础上提出改进问题的相应策略②。这一研究从语境、文本、文化三个层面展开：在语境分析层面，探究文本生成的时代背景，包括"何以言说，是在什么样的客观背景下言说的"，进而把握文本的生产过程；在文本分析层面，观察文本的特征，探究作者是如何言说的，包括语体、内容、叙事模式和写作风格等，借以把握主题的意蕴；在文化分析层面，就是通过多视角、多层次的跨文化研究，探究文本层面之外所蕴含的意识形态和权力关系③。

新闻框架是一个多学科交叉的综合概念，它既代表过程，也代表结果；既指新闻对客观现实的建构过程，也代表受众认知和思考的依据；既涉及媒体视角，也反映受众视角。本文基于框架理论探寻德国主流媒体对"一带一路"的新闻建构，借鉴话语分析理论视角，从文本层面考察媒体的框架建构特征，从语境层面剖析媒体的态度立场及传播动因。

本文以坦卡德和臧国仁的框架理论为探索中德媒体新闻框架的理论基础，运用框架分析法、内容分析法和文本分析法，展开对框架特征的研究，结合批评话语分析相关理论方法，进行语境分析和意图解析，力图从理论与实践层面剖析"一带一路"在德国的传播情况，探寻相应传播策略。

二、国际关系理论

从语境层面剖析德媒建构"一带一路"新闻框架的外部影响因素，需

---

① 胡春阳. 话语分析：传播研究的新路径 [M]. 上海：上海世纪出版集团，2007：222；程曼丽. 国际传播学教程 [M]. 北京：北京大学出版社，2006：56.
② FAIRCLOUGH N. Critical discourse analysis: the critical study of language [M]. London: Pearson Education, 2010: 9.
③ 但昭彬. 话语与权力：中国近现代教育宗旨的话语分析 [M]. 山东：山东教育出版社，2008：9-10.

厘清德国所处国际环境和国家核心利益诉求。在百年未有之变局之下，中德关系也发生了微妙变化，分歧和对抗因素有所增加。德国外交政策始终秉持以利益为导向、受价值观约束的原则，因而国家利益和价值观对研判德国对华政策走向起关键作用。在中德竞争趋势加剧的背景下，德国如何定位自身角色，秉持何种利益观，外交文化能否延续，这些对德国媒体报道"一带一路"的态度立场产生了重要影响。

（一）国家角色

加拿大学者卡列维·霍尔斯蒂（Kalevi J. Holsti）认为，一个国家的外交政策受它的国家角色观念所影响，国家角色观念可以用来解释国家外交政策的选择[1]。国家角色理论认为，国家身处某种社会环境中，通过社会化过程习得该环境中的规范并按规范行事，根据对自身身份的认同、对过去经验和外部环境的认知来发展自身。国家角色体现了国家对自身行为的期望（内部根源），以及外部对该国行为的期望（外部根源）。一国政治精英对国家的自我认知主导着该国对自身身份和角色的认同[2]，而国家通过与他国互动建构的共享观念来界定彼此的国家身份。不同国家的角色观念决定了国际体系中各行为体之间相互关系的格局[3]。

霍尔斯蒂使用了一系列变量来解释不同国家的角色观念，包括国家的位置或地理特点，自然、经济、技术资源，可用的能力，传统的政策，通过政党表现出来的社会政治需要，群众运动，利益集团，国家价值观、原则或意识形态，公共舆论，主要决策者的个人和政治需要。国家角色观念还和外部环境相联系，包括国际体系的结构，体系流行的价值观，通行的法律、规则、传统，和国际组织宪章所体现出来的国家期望，世界观念，

---

[1] HOLSTI K. Toward a theory of foreign policy: making the case for role analysis [M] //WALKER S. Role theory and foreign policy analysis. Durham: Duke University Press, 1987: 12.

[2] MAULL H. Germany's leadership in Europe: finding its new role [J]. Rising powers quarterly, 2018, 3 (1): 87-111.

[3] 张清敏. 中国的国家特性、国家角色和外交政策思考 [J]. 太平洋学报, 2004（2）: 48.

双边和多边的协定、谅解等一系列制度规范①。可见，国家的角色观念是国际角色和国内角色双重建构的结果，是国家身份自我认同和他者认同的写照。

在全球化背景下，德国的外交角色定位考虑对德国社会、对欧盟和对全球体系三个层面的责任。在冷战后德国国家角色定位中，出现了"文明国家""贸易国家"和"权力国家"等不同类型的角色模式②。德国主要奉行"具有文明国家内核的贸易国家"的对外政策，贸易国家具有功利主义国家理性，文明力量则是所有政治领域的规范、价值和在此基础上制定的外交政策战略和手段的总和③。按照"文明国家"的角色定位，德国外交政策致力于国际关系的文明化和法制化，摒弃传统的实力政治观点和强权政治手段，在实践中遵循三个原则：①处理国际事务时，奉行合作主义和多边主义；②"文明国家"在外交实践中尽量不使用军事手段，武力只在最危急的情况下成为一种处理对外纷争的工具，而且这种使用必须符合国际法规范的要求；③"文明国家"应努力推动超国家机构的发展，维护集体安全并且愿意向超国家机构让渡主权④。

国家间互动的行为准绳即国家的外交角色理念，既包括世界观、价值观和规范，也包括外部世界的角色期待⑤。在国际局势风云变幻的背景下，德国外交角色定位是判断对华政策走向的重要依据。多年来德国对华政策主要遵循贸易国家和文明国家的角色要求，以经贸关系良性发展为双边关系的主要推动力，虽然始终存在价值观念的分歧，但角色期待始终以利益

---

① HOLSTI K. Toward a theory of foreign policy: making the case for role analysis [M] //WALKER S. Role theory and foreign policy analysis. Durham: Duke University Press, 1987: 12.

② KAISER K. Die neue Weltpolitik: Folgerungen für Deutschlands Rolle [M] // KAISER K, SCHWARZ H P. Weltpolitik im neuen Jahrhundert. Baden-Baden: Nomos Verlagsgesellschaft, 2000: 602.

③ KIRSTE K, MAULL H. Zivilmacht und Rollentheorie [J]. Zeitschrift für internationale Beziehungen, 1996, 3 (2): 304.

④ MAULL H. Germany and Japan: the new civilian power [J]. Foreign affairs, 1990, 69 (5): 91-106.

⑤ KNUT K, HANNS W M, Zivilmacht und Rollentheorie [J]. Zeitschrift für Internationale Beziehungen, 1996 (3): 283.

为主、价值观为辅。不过新一届联邦政府对中国的角色期待发生了一些转变,新政府《联合执政协议》将中国定位为"制度性对手",并将价值观排序在利益之前,表明德国对中国角色期待从最初以经济合作为主、价值观认同为辅,逐渐转变为以摆脱对中国的经济依赖为主,并且更期待价值观一致,也就是希望中国能够遵循德国价值观标准。

在中德关系中,价值观因素对于双边关系的作用不亚于经济和政治因素。国家价值观是国家的信念,是国家意识形态和文化的核心,是指导国家行为规范的基础,也是影响对外行为和对外政策的重要变量[①]。首先,价值观影响国家的基本特征、行为动机、外交政策的目标和内容。价值观不仅帮助国家确定敌友关系,还促使国家追求一定的道义。其次,价值观影响决策者,并通过决策者影响一个国家的外交政策。决策过程受到决策者价值体系的制约,一定的价值体系决定决策者的态度、信仰和原则,也影响决策者对他国的意向。再次,价值观影响对外政策制定的机制和过程。政治意识形态对决策过程有直接或间接的制约作用,一定的公共政策总是带有一定的价值观念的[②]。

鉴于国家的角色定位不同,中德价值观差异始终存在,但总体上有一些普遍认同的价值标准,如德国奉行自由、民主、人权等价值观与中国奉行的自由、平等、公正等价值观基本相同,均追求主权平等、不干涉别国内政、建立公正合理的国际政治、经济新秩序等,在环境保护、可持续发展、性别平等以及保障基本人权和发展权等方面也存在诸多共识。基于此,中德两国自建交以来,在角色观念的互动中形成了诸多共享观念。

德国在国际舞台上扮演冲突调停者和秩序维护者的角色,在国际事务中发挥着越来越重要的参与者和领导者角色。中国改革开放40多年来,国际角色发生了天翻地覆的变化,从国际事务参与者到国际义务承担者,再到国际事务引领者,向世界传达中国声音,贡献中国智慧。随着中德两国在国际事务上的合作日益紧密,对彼此的角色期待呈现出更多一致性,两国作为国际秩序维护者、人类发展推动者的角色观念是相似且互相需要

---

① 张清敏. 外交政策分析中文化因素的作用与地位 [J]. 国际论坛, 2003, 5 (4): 34.
② 王沪宁. 比较政治分析 [M]. 上海:上海人民出版社, 1987: 143-144.

的，这为增进政治互信、增加文化认同奠定了良好基础。此外，鉴于德国的务实外交传统和中、美、欧之间错综复杂的关系，德国自身的角色定位并未发生根本变化，与中国合作的意愿始终存在。

(二) 国家利益论

"利益"和"身份"是国家角色定位的重要影响因素，二者相互影响，彼此无法割裂。利益在本质上属于社会关系范畴。社会主体维持自身的生存和发展，只有通过对社会劳动产品的占有和享有才能实现，社会主体与社会劳动产品的这种对立统一关系就是利益①。利益是主体认识到的客观需要②。国家利益是国家需求认定的各种客观对象的总和③。西方国际关系主要理论流派对国家利益进行了不同的界定，各学派都不否认利益的重要性，从不同视角对国家利益的内涵进行了解读。

道德利益论认为，现实国家之间利益的冲突缘于各国未能就国家间利益的共同性达成共识，而是主张别国的利益所得就是自身的损失。实际上，国家间的关系绝不是零和游戏，国家间的利益是相互联系的，一个国家是不可能在牺牲其他国家利益的情况下获得本国利益的。国家利益的定义"取决于自由、富强与和平"这些普遍道德价值观的扩展，国际正义、国际法、谈判、妥协等"和平"手段是实现国家利益的有效途径④。道德利益论强调在追求本国利益过程中尊重别国享有合法国家利益的权利，包括国家利益、价值观等，这里面包含两层重要含义：一是广泛的利益包含价值观因素；二是共赢才是应对国际事务的根本原则。

现实主义学派与道德利益论的主张相反，认为国家间关系是一种零和博弈，即一国所得为他国所失。现实主义学派认为，理想主义学派的道德主义说教抵挡不了权力的诱惑。其主张的权力利益论认为人性本恶且不会

---

① 周孟璞. 马克思主义哲学全书 [M]. 北京：中国人民大学出版社，1996：376.

② 袁贵仁. 价值观的理论与实践：价值观若干问题的思考 [M]. 北京：北京师范大学出版社，2006：11.

③ 洪兵. 国家利益论 [M]. 北京：军事科学出版社，1999：8-11.

④ 李效东，赵景芳，李瑞景. 现代国际安全理论精要 [M]. 北京：军事科学出版社，2015：64.

随教育和智慧的增长而根本改变,而政治的规律是来自人类亘古不变的本性,因此冲突是人际关系和国际政治的常态,国际政治就是一个权力斗争、国家私利主导的过程,其实质和终极目的是争权夺利①。现实主义学派代表汉斯·摩根索(Hans J. Morgenthau)认为,国家利益是"国家领土、政治制度和文化的完整统一"②,"只要世界在政治上还是由国家构成的,那么国际政治中世纪最后的语言就只能是国家利益"③。德国历史学家弗里德里希·迈内克(Friedrich Meinecke)认为,国家存在的理由是国家行为的第一运动法则,他告诉统治者如何保持国家力量的强大。由于国际社会的无政府状态,国家间彼此互不信任,各国都在追求自己的权力和利益,使得国家存在的理由变得更为充分和必要了④。

现实主义国家利益观作为一种对国际关系的思考,对国家利益的内涵、特征及作用都有着较为深刻的认识,具有合理性和积极意义,在很大程度上弥补了理想主义的不足。然而,从时代发展角度来看,它也无法适应全球化时代国家建立起来的日益交叉融合的发展趋势,忽视了国家承担国际责任的必要性与合法性。观念利益论是以建构主义为依托的国家利益论。在对国家利益的界定上,否定了国家利益是以物质性因素为前提这一观点,坚持利益本身就是认知和观念的观念利益观,认为观念决定身份,身份决定利益⑤。罗杰·希尔斯曼(Roger Hilsman)等人先后提出了经典的黑匣子模式,认为能够有效影响国家决策的因素包括国际格局以及国家在这种格局中的相互作用,意识形态,文化,民族性格,国家实力等⑥。

---

① 李效东,赵景芳,李瑞景. 现代国际安全理论精要[M]. 北京:军事科学出版社,2015:65.
② MORGENTHAU H. Another "great debate": the national interest of the United States [J]. American political science review, 1952, 46 (4): 961-988.
③ MORGENTHAU H. Dillema of politics [M]. Chicago: Chicago University Press, 1958: 68.
④ 李效东,赵景芳,李瑞景. 现代国际安全理论精要[M]. 北京:军事科学出版社,2015:63.
⑤ 李效东,赵景芳,李瑞景. 现代国际安全理论精要[M]. 北京:军事科学出版社,2015:67-70.
⑥ 希尔斯曼. 防务与外交决策中的政治[M]. 曹大鹏,译. 北京:商务印书馆,2000:79-82.

现实主义者强调国家利益的重要性，并把国家生存和安全看作核心的国家利益。自由主义者也把国家生存界定为国家利益，但与现实主义不同，他们提出三种"不可削减的国家利益，即物理生存、自由和经济福祉"①。建构主义者在三种国家利益的基础上又增加了第四种"集体自尊，即一个集团对自我有着良好感觉的需要，对尊重和地位的需求"②。其中，生存和安全是国家利益的核心内涵，经济福祉是国家利益随着时代发展的新内涵，价值观念是国家利益的重要组成部分。这与马克思主义的观点基本一致，即国家利益包括政治利益、经济利益、军事利益和文化利益，高度概括为国家安全与发展利益。

中德两国的国家利益观既有共性也有差异。一方面，两国均追求自由、富强、和平、正义、法治，互相尊重彼此的核心利益；另一方面，德国崇尚个人利益，在对华战略中更多显示出零和博弈思维，而中国追求集体利益，对世界各国始终秉持共赢思维。德国的国家利益观体现出鲜明的两面性：针对联盟关系，强调利益的互补性和正义性，希望通过国际正义、国际法、谈判、妥协等"和平"手段来实现国家利益；针对制度和价值观差异性较大的东方大国中国，强调利益的冲突性、价值观的不可调和性，表现出现实主义的零和博弈思维。这为两国对"一带一路"的认知分歧和德国的矛盾立场埋下伏笔。

（三）德国外交文化

德国教授于尔根·贝勒斯（Jürgen Bellers）1999年首次提出外交文化这一概念，认为"一国社会以共同观念为纽带实现社会心理层面的融合，在对外政策中长期存在，出于国家历史经历建构而成的观念与行为方式的共同体即为外交文化"③。德国教授汉斯·毛尔（Hanns Maull）将外交文

---

① GEORGE A L, KEOHANE R. The concept of national interests: uses and limitation [M] //GEORGE A. Presidential decision-making in foreign policy. Boulder: Westview Press, 1980: 224.

② 温特. 国际政治的社会理论 [M]. 秦亚青，译. 上海：上海人民出版社，2008: 229.

③ BELLERS J. Politische Kultur und Außenpolitik im Vergleich [M]. Wiesbaden: VS Verlag für Sozialwissenschaften, 1999: 7.

化界定为"一国受历史经历影响而形成的外交认同、价值取向与观念,是社会公民对外交政策与外交行为的期待与要求"①。

德国外交文化作为政治文化的延伸,具有自身鲜明特色。以二战和两德统一作为历史节点,德国进行了长期反思,于是产生了外交文化的延续性和适应性之间的矛盾,但基本原则不变,如"克制文化"和"反思文化",欧洲一体化认同,"联盟团结"与"多边主义"的国际观等。二战后德国外交文化特征鲜明。首先,军事领域的克制文化不断受到新的国际秩序和国际危机的挑战,历史上长期对克制文化的坚守与国际社会对德国采取军事行动的现实需要之间产生了矛盾。其次,随着两德统一,德国在欧盟地位逐步提升与稳固,其外交文化中让渡部分主权,以"欧洲的德国"身份行动的倾向与国际社会对德国承担更多责任的呼声也产生了矛盾。再次,德国历来重视多边外交,将国家利益置于超国家机构之中,通过多边外交发挥超越自身实力的国际作用仍是德国外交文化的亮点②。

20世纪70年代后,联邦德国新型外交文化特征逐渐成形,对国家外交行为和外交政策产生了重要影响。第一,坚持欧洲一体化认同。联邦德国向北约、欧共体/欧盟等国际组织与超国家机构让渡部分主权,参与国际组织的建设与发展,主张"欧洲的德国",反对主宰欧洲。第二,在军事领域主张克制文化,反对军国主义。出于历史原因,联邦德国社会各界对于使用武力持谨慎与怀疑态度,拒绝强权政治,在安全领域放弃单独行动。第三,历史反思文化,承担历史罪责,积极弥补纳粹时期犯下的历史错误。联邦德国冲破冷战铁幕,努力与受害者及相关国家达成和解。第四,秉持联盟团结与多边主义的国际观。

随着德国在欧洲主导地位不断提升,其外交文化对欧盟外交安全政策和其他重大决策的影响力增加。面对中国综合实力和国际地位的迅速提升及"一带一路"在欧洲的不断推进,德国外交文化在涉外议题上发挥着越

---

① MAULL H. Außenpolitische Kultur [M] //KORTE K R, WEIDENFELD W. Deutschland - Trendbuch: Fakten und Orientierungen. Bonn: Bundeszentrale für Politische Bildung, 2001: 648.

② 黄萌萌. 德国外交文化解析:以德国的叙利亚政策为例 [J]. 欧洲研究, 2017 (2): 146-153.

来越重要的舆论引导功能。德国通过强调欧洲一体化认同，将一体化发展的结构性矛盾向对外关系方面引导，通过强调中欧在制度和价值观方面的对立性，来制约欧盟成员国与中国发展双边和多边关系。而跨大西洋联盟的结构性问题也逐渐显现，德国外交文化的联盟团结原则正在时代影响下发生微妙的变化，美欧关系也对中德关系走向产生一定影响。德国对待"一带一路"倡议的态度受其外交文化影响，会潜移默化地引导德国舆论和媒体立场倾向，对欧洲舆论也会产生一定的波及效应。

综上所述，德国媒体对"一带一路"倡议的新闻建构，涉及文本和语境两个层面，表层逻辑是新闻话语的组织与呈现，反映在新闻框架之中；深层逻辑是价值认同的表达和传播，反映在媒体传递的态度倾向之中，受国家角色、国家利益和外交文化等因素的影响。综合运用多元化的理论视角，可为德国对华政策及媒体态度倾向的研判提供深层论据。

第二章 "一带一路"倡议在德国的传播环境

把关人这一概念最早由美国社会心理学家、传播学奠基人之一库尔特·卢因（Kurt Lewin）提出。传播者不可避免地会站在自己的立场和视角上，对信息进行筛选和过滤，这种对信息进行筛选和过滤的传播行为就叫作把关（gate-keeping），凡有这种传播行为的人就叫作把关人（gate keeper）。1950年，卢因的学生戴维·曼宁·怀特（David Manning White）在《"把关人"：一个新闻选择的个案研究》① 中，首次将把关理论运用于传播学研究，明确提出了新闻筛选过程中的把关模式，揭示了新闻生产过程的非中立性、利益相关性和立场倾向性等内涵，具体指：①大众媒介的新闻报道与信息传播并不具有纯粹的客观中立性，而是根据传媒的立场、方针和价值标准而进行的取舍选择和加工活动；②新闻和信息的选择尽管受到媒体的经营目标、受众需求以及社会文化等多种因素的制约，但是与媒介方针和利益一致或相符的内容常常优先入选、优先得到传播；③媒介的"把关"是一个多环节、有组织的过程，其中虽有记者、编辑个人的活动，但是"把关"的结果在总体上是传媒组织的立场和方针的体现②。

德国主流媒体作为"一带一路"在德国传播的主要把关人，其把关过程不仅受到新闻价值和时间跨度、事件强度、文化接近性、社会文化价值等新闻要素的影响③，还不可避免地受到国家利益和意识形态等因素的影响。尽管德国媒体以独立于政府来标榜自身，即不具备政府性质和政党属

---

① WHITE D M. The "gate keeper": a case study in the selection of news [J]. Journalism quarterly, 1950, 27 (4): 383-390.

② 郭庆光. 传播学教程 [M]. 北京：中国人民大学出版社，2011：134.

③ MCQUAIL D, WINDAHL S. Communication models for the study of mass communications [M]. London: Routledge, 2015: 105-106.

性,但仍受一定的利益团体的支持,而国际新闻议题的国别属性使媒体报道难免基于本国利益视角,因而不可避免地含有上述把关人的特性。"一带一路"倡议作为国家级顶层合作倡议属于国际传播范畴,德国媒体的报道立场和标准必然受国家政策导向、价值标准、社会舆论和媒体记者的个人认知取向等因素影响。具体来看,"一带一路"在德国的传播主要受德国媒体所处的制度环境、主流价值取向和国家利益等因素影响,该议题的战略高度和抽象程度决定了普通受众的认知、沟通和情感等需求对信息把关过程的影响程度较小。因此,研究德国媒体对"一带一路"的新闻建构,首先要加深对德国媒体运作机制的了解,梳理德国媒体所处的制度环境、媒体性质与特征,为进一步确定研究对象和深入分析提供依据。

一、制度环境

德国的媒体法规纷繁复杂,并不存在一部完整统一的"媒体法",德国联邦没有媒体立法权,媒体立法权限在各个州。在国家层面的《德意志联邦共和国基本法》(后文简称《基本法》)是德国媒体法律框架的基础,涵盖并保证了基本的新闻自由和信息自由。德国联邦宪法法院的判决(Entscheidungen des Bundesverfassungsgerichts,BVerfGE)以及各州的"出版法""广播电视法"详细规定了报纸杂志、广播电视等媒体应该遵守的法规。覆盖全德国的广播电视机构除了要遵守州一级的"广播电视法"和州媒体协会的规定,还要符合"广播电视州际协议"的有关法规。另外,德国出版委员会、德国广播电视联合会(Arbeitsgemeinschaft der öffentlich-rechtlichen Rundfunkanstalten der Bundesrepublik Deutschland,ARD,由9个州立广播公司联合组成)、州媒体协会等机构也对媒体的运作进行监管与规范。与此同时,德国媒体还受到欧洲法规和欧盟出台的有关媒体法规的约束,比如《欧洲人权法案》《欧盟电视政策》等。

《基本法》第五条是这样规定的:①人人有权通过语言、文字和图像的方式自由表达和传播自己的意见,并通过公开的来源不受阻碍地获得信息。保障出版自由以及通过广播电视和电影进行的采访自由,不能对此进行新闻检查。②该权利受到普通法法规、关于青少年保护的法律规定以及个人名誉权的制约。③艺术和科学、研究和学术均属自由。学术自由与对宪法的忠诚并行不悖。这些权利是公民的"自由权",是"基本权利",其他媒体相关的法律法规都是对这一原则的具体化和制度化。

出版自由的基本权利包括信息获取自由,新闻、观点、评论传播的自由,还包括媒体广告以及其他所有新闻产品传播的自由。德国16个州的出版法对出版自由、义务及权力的规定基本是一致的：任何自然人及法人都可以在德意志联邦共和国建立或经营报刊或出版机构,没有必要经过任何准入批准；任何得到官方允许出版的出版机构可以出版政府部门的信息,拥有信息权；报刊机构有权参加一切公开的政府会议,包括新闻发布会；新闻从业者、编辑出版工作以及消息提供者等都受到法律的保护。"出版秩序"是德国各州出版法中规定的报纸杂志应承担的义务,包括传播的谨慎原则、版本说明义务、责任原则、标明广告收费标准等①。

在德国,广播电视属于文化主权,文化教育的立法权在各州,联邦层面也没有组织和监管广播电视的权力机关。德国广播电视法分为4个层次：①《基本法》和欧盟关于广播电视的法律规定；②联邦法律；③联邦州/各州之间订立的广播电视法律法规；④跨国协议。《基本法》构成了德国广播电视法制体系的立法原则,联邦州/各州之间订立的广播电视法律法规是对《基本法》原则论述的具体化。联邦州层面的广播电视法规分为两类：一是各州之间就联邦事务开办全国性广播电视频道缔结的州际协议,包括"个别州州际协议"和"共同州际协议"；二是针对各州公法和商营广播机构制定的法律②。《广播电视州际协议》《德国广播电台州际协议》《广播电视财政州际协议》《广播电视执照费州际协议》和《青少年保护州际协议》等法律文件构成德国广播电台的法律基础。

德国广播电视系统实行公私并举的双轨制运行体制,非营利性公法广播电视和商业性私营广播电视系统有着各自不同的财政来源和责任。公法

---

① 孟凡彬. 德国媒体法体系研究 [C] //中国传媒大学研究生院. 中国传媒大学第三届全国新闻学与传播学博士生学术研讨会论文集, 2009: 243-253.
② 路明. 德国广播电视双轨制 [M]. 北京: 中国国际广播出版社, 2012: 68-76.

广播机构在法律地位上是独立的公共法人,不隶属于政府机关,不受各级政府、私人和商业势力影响,在行政、人事和财政上自主行政、自我管理。公法广播机构的最高权力机构和监督机构是广播委员会,其资金来源于收视费,并通过播放有限广告作为补充①。德国有三家全国性公法广播机构——德国公法广播协会电视一台、德国电视二台和德国广播电视台②。商营广播电视机构是盈利驱动型的企业,以广告费等商业性收入为资金来源,它们在法律法规的控制下从事电视产业的经营③。德国最主要的两大商营广播电视机构分别是 RTL 集团和 ProSiebenSat.1 集团。

此外,随着互联网普及率的上升,德国政府高度重视互联网安全,先后颁布并实施了《联邦数据保护法》《多媒体法》《青少年媒体保护州际协议》《信息技术安全法案》以及《信息保护基本条例》等多项法律法规,以保障社交媒体行业持续健康发展。

二、媒体类型

德国主要媒体形式涵盖报纸和广播电视两大类。德国报纸主要是私营性质,广播电视实行双轨制度,非营利性公法广播电视和商业性私营广播电视系统有着各自不同的财政来源和责任,公法电视的责任是为观众提供多元化的公共论坛和信息服务,其资金来源于收视费,并通过播放有限广告作为补充;私营商业电视以广告费等商业性收入为资金来源,它们在法律法规的控制下从事电视产业的经营,广告经济建构了私营电视赖以生存的基石④。

(一) 报刊

德国报纸和杂志行业极其活跃,报纸和杂志媒介在德国的日常生活中

---

① 曹晚红. 电视传播制度创新的路径分析:对德国双规电视制度模式的思考[J]. 现代传播(中国传媒大学学报),2010(5):159.
② 路明. 德国广播电视双轨制[M]. 北京:中国国际广播出版社,2012:94-96.
③ 曹晚红. 电视传播制度创新的路径分析:对德国双轨电视制度模式的思考[J]. 现代传播(中国传媒大学学报),2010(5):159.
④ 曹晚红. 电视传播制度创新的路径分析:对德国双轨电视制度模式的思考[J]. 现代传播(中国传媒大学学报),2010(5):159.

普及率达 93.5%。目前市场上共有 906 种杂志和 1218 种专业期刊，诸多报刊发行量达百万册，德国人均杂志阅读量为 8.5 本。德国媒体分析研究所（AGMA）表示，尽管媒体结构正在经历重大变动，德国的平面媒体、杂志和报纸仍然保持强劲势头①，在社会中起着引导话题和公众讨论的作用。德国报纸主要是私营性质，市场上不存在所谓的政党报刊，唯一持有地方报业出版集团股权的社会民主党，在新闻方面发挥的作用很小。

德国日报繁多，约有 350 家，其中影响较大的是《南德意志报》（Süddeutsche Zeitung）和《法兰克福汇报》（Frankfurter Allgemeine Zeitung）；德国有 25 家周报，《明镜》（Der Spiegel）周刊成为德国最具影响力的政治出版物，《时代》（Die Zeit）周刊也是重点媒体。在一项由 1536 名德国新闻记者参与的调查研究中，《南德意志报》（34.6%）超过《明镜》周刊（33.8%）被认为是德国的"重点媒体"（Leitmedium），排名第三的是《法兰克福汇报》（15%），《时代》周刊（11%）排名第四②。在互联网时代，德国的各大主流报纸、杂志等媒体均有网络版，便于世界各地的用户访问。2020 年 10 月 17 日在 Alexa Rank 上公布的网站日搜索访问量排名中，welt.de 排名第一（34.6%），faz.net 排名第二（30.7%），sueddeutsche.de 排名第三（29.1%），zeit.de 排名第四（24.2%），spiegel.de 排名第五（13.2%）③。

《世界报》（Die Welt）是德国最有影响的报纸之一，1946 年创刊，总部位于汉堡，1976 年编辑部曾搬至波恩，1993 年后迁至柏林。《世界报》是全国性日报，与《图片报》同属德国最大的数字出版公司 Axel Springer 的核心报刊，在德国的地位约等同于法国日报《费加罗报》。《世界报》报道方向明确更倾向于市场经济，经济类新闻报道丰富，时事社评水平较高，评论栏目的保守主义倾向较为突出，报道内容多与各国政治、经济和

---

① 美通社. 德国媒体传播概况［EB/OL］.（2019-02-18）［2020-07-26］. https://max.book118.com/html/2019/0218/8013065023002007.shtm.

② WIKIPEDIA. Süddeutsche Zeitung［EB/OL］.［2020-10-17］. https://de.wikipedia.org/wiki/Süddeutsche_Zeitung.

③ ALEXA. Percentage overall site traffic from each channel［EB/OL］.（2020-10-17）［2020-10-17］. https://www.alexa.com/siteinfo/faz.net#section_competition.

文化主题相关，主要读者群体是政界、经济界领导人。2015 年以来为日发行量 20 万份，发行量虽然不大，但在世界 130 多个国家发行，在世界主要国家驻有记者，因而被视为德国代表性报纸。

1981 年以后，该报做了很多改革，由原来的 50 页左右减至 12～20 页，增加了国内外重大新闻的报道，加强了对世界经济和市场的报道，出版了多种增刊和特刊，如 2004 年推出小开张的全国性日报《小世界报》(Welt Kompakt)，让读者可以在短时间获取大量信息。该报发行量不大，2003 年约为 21 万份，但在世界上影响较大。《世界报》的门户网站 Welt Online 成立于 1995 年，2012 年 9 月 10 日更名为 "die Welt"，2012 年 12 月 12 日起成为德国第一份全国性网上付费阅读日报。该网站拥有自己的编辑人员，网站上保留该报纸的核心内容、特别报道以及 Welt TV 时事新闻视频、音频和新闻地图。根据 Alexa Rank 对德国访问量最大的网站进行的评估，2022 年 7 月 19 日 welt.de 排名第三十七。

《南德意志报》(Süddeutsche Zeitung，缩写 SZ，又译为《南德日报》) 是德国发行量最大的日报，是德国最有影响的报纸之一，1945 年创刊于德国南部巴伐利亚州首府慕尼黑。尽管名字叫作《南德意志报》，但它实际上是一份全国性的报纸。《南德意志报》在经济政策上支持自由主义经济，政治上持批判自由主义立场，支持社民党（SPD），反对拜仁州长期的执政党基社盟（CSU），因此该报也被戏称为拜仁州的唯一反对党。该报首次发行时声明："《南德意志报》不是政府或某个党派的喉舌，而是所有团结一致热爱和平、憎恨极权国家、厌恶一切纳粹主义事物的德国人的扬声筒。"①

在 2005 年德国新闻工作者大型调研中，《南德意志报》被评为"领先媒体"第一名。该报同年日发行量超过 44 万份，读者人数超过 110 万，2015 年以来日发行量维持在 38 万份以上，在 14 个国家驻有记者。全国发行的《南德意志报》包含 4 个部分：政治、文化、经济、体育，其中政治报道所占比重比较大，因为其面对的目标群体也是知识阶层人物。在慕尼

---

① 百度百科. 南德意志报 [EB/OL]. [2020-10-17]. https://baike.baidu.com/item/南德意志报/8676598?fr=aladdin.

黑当地发行的地方版还包括刊登地方新闻的副刊。Süddeutsche.de 是《南德意志报》的门户网站，1995 年 10 月 6 日成立之初名为"SZonNet"，2012 年正式更名为 Süddeutsche.de。根据 Alexa Rank 对德国访问量最大的网站进行的评估，该网站在 2022 年 7 月 19 日排名第八十二。

《法兰克福汇报》（*Frankfurter Allgemeine Zeitung*）是德国最有影响的报纸之一，1949 年于法兰克福创刊，前身是《美因兹汇报》。《法兰克福汇报》是德国发行量最大的日报之一，日发行量超过 35 万份，同时也在德国严肃性报纸中拥有最高的国外知名度，读者人数超过 100 万（2013 年数据），在世界主要国家驻有记者。该报政治立场中右，偏向自由保守主义，读者群体主要是政府和企业界领导者以及独立职业者，代表实业界的利益。该报以经济新闻和国际新闻为主，内容分政治、经济、艺术 3 部分。

《法兰克福汇报》在许多社会政治讨论中起到影响舆论的作用，例如在 1996 年德语正字法改革讨论中该报扮演了重要角色。该报对社会政治的特别影响还体现在刊登读者来信上，许多名人都通过该报发表自己的见解。此外，该报曾经每年或每两年公布一次联邦德国 100 家最大的工业企业和几十家最大的商业、交通、旅游、金融、保险业企业的情况，成为了解联邦德国工商业情况权威性的报纸。《法兰克福汇报》在德语社会具有巨大的影响力，它登载的文章也经常被其他国家的媒体引用或转载，因而成为最具国际知名度的德文报纸。

《法兰克福汇报》门户网站 faz.net 于 2001 年 1 月成立。根据德国在线行为研究工作组（Arbeitsgemeinschaft Online Forschung，AGOF）的研究结果，2015 年 6 月 faz.net 每月记录 655 万访客，2019 年 1 月访客量达 1289 万。根据 Alexa Rank 对德国访问量最大的网站进行的评估，2022 年 7 月 19 日 faz.net 排名第八十六。

《明镜》（*Der Spiegel*）是德国主要的新闻周刊，周平均发行量近 110 万册。1946 年由英国占领军在汉诺威创办，当时叫《周刊》，1947 年 1 月 4 日由德国籍编辑鲁道夫·奥格斯坦接办，改用现名，并于 1952 年迁往汉堡。杂志创刊初期确立了杂志的主旨，即政治批评与严肃的政治评论。该刊注重调查性报道，敢于揭露政界内幕和社会弊端，经常刊登批评性文章，在知识分子阶层中影响较大。该刊以新闻快捷性、题材的丰富与宽广和图文并茂的版面成为德国乃至全球新闻界最重要的大众媒介之一。

1994年10月25日，《明镜》成为世界上第一家网络化的报道杂志，最早推出新闻类杂志网络版——明镜在线（Spiegel Online）。仅2013年明镜公布数据显示：平均每周有600万14岁以上的德国人及说德语的人阅读《明镜》周刊，288万人阅读电子杂志，692万人访问明镜在线。该刊设有新闻事实核查部（Die SPIEGEL-Dokumentation "Fact-Checking"），职责是确保《明镜》中的每则新闻和每个事实都经过仔细检查。根据Alexa Rank对德国访问量最大的网站进行的评估，2022年7月19日spiegel.de排名第十七。

《焦点》（Focus）是德国第三大新闻周刊，也是德国最有影响力的全国发行周刊之一。1993年于德国慕尼黑创刊，最初销量达到47.8万，被普遍认为是德国杂志发行史上最成功的杂志之一。《焦点》周刊偏向于政治保守主义和经济自由主义，内容涉及政治、人文、经济、科学、教育、国际形势等各个方面，是了解德国社会的窗口，目标读者群是社会精英，特色是采用大量彩色图片和信息图表。

1996年，《焦点》杂志与MSN公司合作创办的在线新闻门户网站（Focus Online）上线，为用户提供更便捷的阅读平台。焦点在线网站的新闻时效性极强，对国际国内重大事件更新报道及时，配图丰富，内容覆盖面广，具有深度，拥有大量读者及受众，在德国极具影响力和知名度，具有一定的意见领袖及引导公共舆论性的功能，是《明镜》的强劲竞争对手。德国LAE（Leseranalyse Entscheidungsträger）的调查公布数据显示：焦点在线网站在出版量、在线点击率、周刊类销售业绩等方面多年稳居新闻类周刊第三位，在报道影响力、APP下载使用量和读者决策影响力方面稳居第二位。根据Alexa Rank对德国访问量最大的网站进行的评估，2022年7月19日focus.de排名第三十八。

《时代》（Die Zeit）创办于1946年2月21日，是一份覆盖全德国的德语周报。总部在汉堡，同时在贝鲁特、柏林、布鲁塞尔、美因河畔法兰克福、莱比锡、莫斯科、纽约、巴黎、北京、华盛顿、维也纳和苏黎世设有编辑部。德国记者长期以来将《时代》周刊列为主流德语媒体之一，它具有塑造和影响公共舆论的功能。《时代》周刊语言风格严肃,具有批判性和深度。周刊的撰稿人是德国一流的新闻工作者和作家,同时拥有一批长期专栏作者,这些作者都曾从事过政治家活动,如德国前总理施密特(Helmut Schmidt)。20 世纪 90 年代初,《时代》周刊卖出了 50 万份,2020 年第二季度发行量 556810 份[①]。

《时代》周刊涉及经济、政治、文化、科学等主题,包含专栏、时政、经济、文艺、旅游、科学等版面,涵盖当周影响欧洲和德国的政治和公共事件,主要目标读者群是德国知识分子。该刊持中立的政治立场,在有争议的议题上给不同立场者自由发表言论的空间,为读者形成独立的意见创造空间。时代周刊在线门户网站 Zeit Online 由 Zeitverlag 的全资子公司 Zeit Online 有限责任公司经营,拥有由大约 70 名编辑、图像设计师和技术人员组成的独立编辑团队。时代周刊网站(zeit.de)是德国访问量最高的 100 个网站之一。根据 Alexa Rank 对德国访问量最大的网站进行的评估,2022 年 7 月 19 日 zeit.de 排名第四十五。

(二)电视台

德国广播电视领域的一个特色是实行公私并举的双轨运行体制,包括公法广播电台和私人广播电台,其原则是自主管理、独立核算,尽管不受国家控制,但受社会团体监督[②]。双轨广播电视体制的基本思想是,通过多元的频道设置,最大限度满足公众的广泛需求。公法频道更重视电视的信息和教育功能,商营频道则侧重娱乐功能,二者在双轨体制中形成互补效应[③]。公法广播电视主要负责主流意识形态领域的宣传工作,向最广大的公众提供政治、经济、信息、文化、教育等领域的服务[④],新闻报道手

---

① IVW. Ab 4. Quartal 2012 sind in dieser Ausgabe ePaper-Auflagen enthalten [EB/OL]. [2020-11-10]. http://www.ivw.eu/aw/print/qa/titel/967?quartal%5B20201%5D=20201&quartal%5B20202%5D=20202.

② 廖盈盈. 从德国电视发展中得到几点启示 [J]. 当代电视,2009 (5):56.

③ 路明. 德国广播电视双轨制 [M]. 北京:中国国际广播出版社,2012:116-130.

④ 刘潇. 从德国媒体发展现状看传统媒体产业转型 [J]. 中国市场,2018 (17):57.

段和形式多样,包括新闻、杂志、纪实报道和纪录片①;商营广播电视更多体现的是商业利益,其根本目的是追求利润,所以节目内容多从受众娱乐休闲出发,以满足受众的多元化需求②。

德国是电视出口领域的世界冠军,电视节目可以选择 145 个频道,在国际上需求旺盛,电视质量赢得很高的赞誉。德国电视一台(Das Erste)、电视二台(ZDF)是德国最有名的两个电视台,但一台不是一个实体,它是德国广播电视联合会(ARD)的九个州立广播公司联合制作的电视台,节目由各地方台提供;电视二台是德国唯一的全国性的公共电视台,也是德国最大的中央电视台③。

德国电视一台是德国公共电视频道,是德国广播电视联合会各成员电视台的共同体。德国电视一台最早于 1952 年在汉堡录制节目,然后由当时的德国西北广播共同制作。从 1954 年起,其节目同当时的联邦广播台一起向全德国发送。1984 年,该台被重新命名为第一德国电视(德文 Erstes Deutsches Fernsehen),自 1997 年起有了现在的名字"第一电视"(德文 Das Erste)。《今日新闻》(Tagesschau)是德国电视一台的一档新闻节目,现由"ARD 时事"(德文 ARD-aktuell)负责制作,在 ARD(德国电视一台)平台上对德国全国播出,在各地地方电视台并机播出,并在门户网站 tagesschau.de 上实时直播,是德国历史最老且收视率最高的新闻节目。《今日新闻》客观翔实地报道世界各国特别是欧美国家的新闻,力图详细分析世界形势,对有争议的事件也会从正面报道,是相对客观的德国媒体。根据 Alexa Rank 对德国访问量最大的网站进行的评估,2022 年 7 月 19 日 tagesschau.de 排名第三十三。

德国电视二台(Zweites Deutsches Fernsehen,ZDF)是依据所有联邦州订立的协议《ZDF 条约》组建的、覆盖全德国唯一的公法电视台,同时也是欧洲最大、最具影响力的电视台之一。德国电视一台和二台合制了许多节目,如 Arte(与法国合作)、3Sat(与奥地利和瑞士合作)、Kika(儿

---

① 路明. 德国广播电视双轨制 [M]. 北京:中国国际广播出版社,2012:116.
② 刘潇. 从德国媒体发展现状看传统媒体产业转型 [J]. 中国市场,2018(17):57.
③ 廖盈盈. 从德国电视发展中得到几点启示 [J]. 当代电视,2009(5):56.

童节目)、Phoenix（时事和资讯）。根据 Alexa Rank 对德国访问量最大的网站进行的评估，2022 年 7 月 19 日 zdf.de 排名第九十七。

目前德国商业电视由两大自称"Senderfamilien"（广播家族）的媒体集团控制。其中一个家族名为 ProSiebenSat.1 传媒公司，原为 Leo Kirch 所有，拥有 Sat1、Pro7、N24、9live、kabel eins 和 sixx 等电视频道。2006 年，该家族被英美投资基金会 Permira and Kohlberg Kravis 公司（KKR）收购，2007 年与欧洲 SBS 集团合并。另一家族是德国巨头 RTL 集团公司，是全球化大型企业，在十多个欧洲国家中均有多个电视频道，在德国拥有 RTL、RTL Ⅱ、Super RTL、VOX、n-TV 等频道。付费电视领域中还有隶属 Rupert Murdochs News Corporation 的 Sky Deutschland。

所有公共广播公司在电视方面的市场份额为 43.6%，其中德国广播电视联合会（ARD）占 13.4%，德国电视二台占 13.1%，德国电视三台占 13.2%。私有频道中收视率最高的依次为 RTL（11.7%）、Sat1（10.3%）、ProSieben（6.6%）。在观众的接受度方面，ARD 最近处于领先地位。Das Erste 在 2008 年取得了 13.4% 的市场份额，其次是 ZDF（13.1%）、RTL（11.8%）和 Sat.1（10.3%）[①]。

（三）广播台

德国是欧洲广播市场最为发达的国家之一。作为一个联邦制国家，德国的广播市场结构也呈现出显著的联邦制特色，即广播事业并不是完全掌握在国家手中，建立广播电台方面的立法权由各州掌握，所建立起来的广播电台主要为本州和本地区服务。2006 年统计数据显示，在德国的 341 家广播电台中，面向全国广播的电台仅有 17 家。

德国广播节目一半以上来自公共广播公司。公共广播公司通常播放 6 个左右的区域性广播节目。位于科隆和柏林的两个国家级广播电台，德意志广播电台（Deutschlandfunk）和德国文化广播电台（德文 Deutschlandradio Kultur）是由公共基金投资，依据另一项联邦州协议设立。德意志广播电台是德国国内重要的电台，成立于 1994 年，由联邦政

---

① 美通社. 德国媒体传播概况［EB/OL］.（2019-02-18）［2020-07-26］. https://max.book118.com/html/2019/0218/8013065023002007.shtm.

府和州广播电台出资兴办。该电台以客观评论著称,主要负责国内广播,对德国当地以及全世界的重大新闻进行报道,在德国乃至整个欧洲都有较高影响力。西德意志广播电视台(德文 Westdeutscher Rundfunk,WDR)是德国最大的区域广电机构,成立于 1955 年,总部位于德国科隆。德国文化广播电台(德文 Deutschlandfunk Kultur,缩写 Dlf Kultur)是国家广播电台的全国性文化节目台,总部位于德国柏林。

商业广播电台由所在联邦州颁发执照。由于没有国家广播公司,某些商业电台在多个联邦州中较为活跃(例如以年轻人为受众目标的 NRJ 和 Klassik Radio)。在两个南部联邦州中,当地山野电台成了行业规则的制定者。在德国最大的北莱茵-威斯特法轮州有 46 家地方商业电台,但同时也存在地方非商业性需求。每个州对非商业性电台规定不同,一部分允许开办社区电台,另一部分倾向于进行公共频道播送①。

与广播电台相关的机构还有:①媒体管理局(Medienanstalten)负责私人广播电台的授权和监管;②德国广播档案馆(Deutsches Rundfunkarchiv,DRA)是广播历史的资料库,记录历史事件的原始声音,德国广播和电视的历史照片;③私人广播和电视媒体协会(Verband Privater Medien,VPRT)是电视、广播、电视和在线服务的提供商。这些机构一起促进私人广播和电子通信渠道,其中 VPRT 为德国和欧洲的媒体法律和政治提供服务。

(四)社交媒体

德国最受欢迎的社交媒体是 WhatsApp、YouTube 和 Facebook,这 3 个最受欢迎的社交平台是唯一拥有 60% 以上用户的媒体。统计数据显示,2021—2022 年在德国互联网用户使用社交网络的百分比为:德国安装次数最多的聊天软件 WhatsApp 和最为活跃的社交媒体 YouTube(油管)用户占 71%,并列第一;社交平台 Facebook(脸书)位居第二,用户占 63%;排名第四至第六的社交媒体分别是 Instagram(49%)、Pinterest(32%)、

---

① 美通社. 德国媒体传播概况[EB/OL]. (2019-02-18)[2020-07-26]. https://max.book118.com/html/2019/0218/8013065023002007.shtm.

Tiktok（31%）①，还有一些较为活跃的社交媒体，主要是14～29岁的年轻人在使用，如谷歌（Google）、照片墙（Instagram）、拼趣（Pinterest）、推特（Twitter）、论坛（Foren）、博客（Blogs）以及图片分享软件Snapchat等。

三、主流媒体

"一带一路"倡议作为一项国际议题，在德国的主要传播媒介是主流媒体。艾弗拉姆·诺姆·乔姆斯基（Avram Noam Chomsky）认为，主流媒体作为精英媒体，具有强大的影响力，对新闻框架的设置起主导作用，并在该框架内运作筛选新闻，从而起到引导社会舆论的作用②。本研究从德国主流媒体中选取与"一带一路"相关度较高的媒体作为研究对象。

2019年Westdeutscher Rundfunk（WDR）发起的"德国人信任哪些媒体"民调结果显示，61%的受访者表示信任媒体中的信息。在所有形式的媒体中，德国人最信任公法广播，这类人占受访者的78%。德国人信任的媒体排名第二的是日报印刷品（76%）。第三是公法电视台（74%）。其他社交媒体受信任度较低（低于20%）③（见图2）。2020年一项德国数字新闻报告调查结果显示，2000名受访的德国人认为公法广播电台最值得信赖，其中德国电视一台的《今日新闻》（Tagesschau）信任度最高，德国电视二台（ZDF）的《今日》（heute）紧随其后④。2021年媒体调研结果表明，1424名受访者认为《今日新闻》是最值得信赖的节目，《南德意志报》

---

① STATISTA. Anteil der befragten Internetnutzer, die folgende soziale Netzwerke nutzen, in Deutschland im Jahr 2021/22［EB/OL］.（2022-06-07）［2022-07-19］. https://de. statista. com/statistik/daten/studie/1026109/umfrage/beliebteste-soziale-netzwerke-in-deutschland.

② CHOMSKY A N. What makes mainstream media mainstream［EB/OL］.（1997-10-01）［2022-10-17］. https://chomsky. info/199710__/.

③ UHR F. Welchen Medien die Deutschen vertrauen［EB/OL］.（2019-11-21）［2020-04-06］. https://de. statista. com/infografik/20039/umfrage-zum-vertrauen-in-medien.

④ BOCKSCH R. Welchen Nachrichten vertrauen die Deutschen?［EB/OL］.（2020-05-28）［2022-07-24］. https://de. statista. com/infografik/21843/vertrauen-der-nutzer-in-nachrichten-portale.

《法兰克福汇报》《焦点》和《明镜》紧随其后，属于很受信任的媒体①。在 2022 年的调研中，德国电视一台、电视二台、《南德意志报》、《时代》、《明镜》、《世界报》、《法兰克福汇报》、《焦点》分别列居德国最受信赖的媒体前十名②。

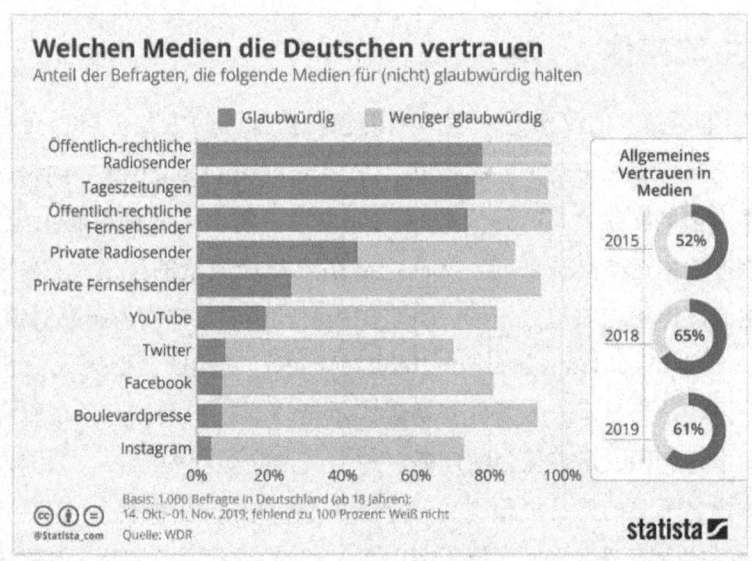

图 2　德国人最信任的媒体排名

由此可以得出结论，德国公法电台和报刊的受众覆盖率最高，公众对其的信任度也较高，而对自媒体社交平台的信任度较低。"一带一路"作为一项覆盖 150 多个国家的区域合作战略，德国媒体报道多采用高解释水平，因而该倡议在德国的主要传播渠道是官方机构和公信力较高的新闻媒体。而新闻媒体相较于官方机构在观点表达上更加自由，能够更多地传播官方机构无法直接表达的内容，在一定程度上反映了德国主流社会认知。为此，本研究选取德国主流媒体作为新闻语料分析的主要来源。

---

① RT DE. Welchen Medienanbietern vertrauen die Deutschen?-RT DE im Vergleich mit dem "Mainstream" [EB/OL]．(2021-07-11) [2022-07-24]．https://de.rt.com/inland/120402-welchen-medienanbietern-vertrauen-die-deutschen．

② WEIDENBACH B. Ranking der Nachrichtenquellen in Deutschland, denen die Bürger am stärksten vertrauen im Jahr 2022 [EB/OL]．(2022-07-15) [2022-07-24]．https://de. statista. com/statistik/daten/studie/877238/umfrage/ranking-der-vertrauenswuerdigsten-nachrichtenquellen-in-deutschland．

第二章 "一带一路"倡议在德国的传播环境

按照媒体在"一带一路"传播方面的代表性、权威性和影响力,本研究选取8家德国主流新闻媒体作为研究对象,分别是:《世界报》(*Die Welt*),《南德意志报》(*Süddeutsche Zeitung*),《法兰克福汇报》(*Frankfurter Allgemeine Zeitung*),《焦点》(*Focus*),《明镜》(*Der Spiegel*)和《时代》(*Die Zeit*),德国电视一台新闻广播节目《今日新闻》(*Tagesschau*)和德国电视二台(ZDF)。选取的媒体涵盖报纸、广播、电视,覆盖了德国最具公信力的主流媒体类型。虽然媒介形态不一样,但初步研究发现各媒体的新闻框架相似,视觉修辞使用不多且影响较小。对各种形式的媒体进行融合分析,有助于报道样态和新闻框架的完整呈现。

媒体的呈现形式主要分为实体和虚拟,随着互联网技术的迅猛发展,形成了以信息为中心的跨国界、跨文化、跨语言的全新虚拟空间,互联网作为当前重要的信息传播新媒体,在传播领域占有绝对优势,因此也成为世界各国对外传播信息的有效手段和重要舆论阵地之一。德国主要新闻媒体都有相应门户网站,是研究素材的直接来源①。

德国媒体主要是非官方的,不具备政党属性和政府性质,不过媒体与政党及经济利益集团之间不可避免地存在一定联系,因此各媒体也具有一定的政治倾向。这8家主流媒体较为全面地涵盖了德国的主要政治倾向,有助于全面把握德国媒体的态度立场及其动因。例如,《法兰克福汇报》是中间偏右的,《南德意志报》是中间偏左的,《世界报》更加偏右,《法兰克福评论报》则更加偏左。德国同一家电视台的各个节目也拥有不同的政治倾向,如德国电视一台《每日新闻》就要比《今日》栏目更左一些②。

---

① 段鹏. 国家形象建构中的传播策略 [M]. 北京:中国传媒大学出版社,2007:27.
② 彭枭. 公共外交中的媒体困境:以德国媒体对华报道为例 [J]. 同济大学学报(社会科学版),2015(4):44.

第三章 "一带一路"倡议在德国媒体中的传播态势

德国媒体报道中"一带一路"的表达有许多种,各媒体对"一带一路"表达的选择有较大共性和细微差异。"一带一路"的主要德文官方表达是 die Neue Seidenstraße(新丝绸之路),较为常见的还有(Neue)Seidenstraße-Initiative〔(新)丝绸之路倡议〕,另有一些更加细化的表达,如(Neue) Seidenstraße-Programm/Projekt〔(新)丝绸之路项目〕,Chinas's Neue Seidenstraße(中国新丝绸之路),使用频率相对较低。Belt and Road 和 One Belt One Road(缩写 OBOR)作为国际通用表达也会出现在德文报道中,但使用频率远低于 die Neue Seidenstraße。个别媒体还会采用一些不太常见的德文与英文混合表达 Belt and Road-Initiative(一带一路倡议),更低频的德文表达还有 ein Band, eine Straße(一带,一路)和 Gürtel und Straße-Initiative(带路倡议)①。

为尽可能完整地呈现"一带一路"在德国媒体中的传播态势,本文选取8家德国主流媒体历年的"一带一路"德文报道,即2013年9月至2022年6月的德文报道作为分析样本。为保证分析样本的有效性和全面性,以报道中涉及的关于"一带一路"的多种德文和英文表述作为检索词,剔除非相关项"古代丝绸之路"die (alte) Seidenstraße 或 the (ancient) Silk Road,得出共计1316篇德文报道样本。初步分析发现报道大致分为两类:一是主题报道,即"一带一路"作为文本主要内容;二是素材报道,即"一带一路"仅作为文本素材被稍加提及。在此基础上,建立德国主流媒体"一带一路"德文报道语料库,用于传播态势和框架分析。

在初步梳理与分析样本特征之后,基于坦卡德的框架列表、臧国仁的

---

① 为了便于理解德文构词,括号里的中文均为直译结果,后文同样采用此种译法。

三层框架划分和甘耐姆的四个维度,将样本分析的主要类目设定为 5 个,分别为:报道数量、新闻主题、叙事方式、新闻符号、态度立场。其中第 1 个类目用于传播态势分析,后 4 个类目用于新闻框架分析。本章按照新闻标题、报道主题、报道数量、各年报道占比情况等指标对样本进行量化分析,观察"一带一路"在德国主流媒体中的历时分布情况,并从"一带一路"各种表达的出现频率、媒体报道的高频词、新闻图式等维度对各媒体报道内容与形式特点进行初步分析。在此基础上,按照由分到总的逻辑,呈现 8 家德国主流媒体对"一带一路"的总体报道态势。

一、"一带一路"在各媒体中的传播情况

(一)《世界报》

表 1 《世界报》历年"一带一路"报道统计

S		Z									合计/篇
"一带一路"关键词分布		2022	2021	2020	2019	2018	2017	2016	2015	2014	2013	
标题含	P	0	1	0	1	1	0	0	2	0	0	5
	W	2	0	3	3	4	0	0	0	0	0	12
	K	0	0	0	0	0	0	0	0	0	0	0
	A	0	0	1	0	0	0	0	0	0	0	1
	合计	2	1	4	4	5	0	0	2	0	0	18
标题不含且主体含	P	1	25	15	4	4	0	0	0	0	0	49
	W	5	19	7	3	3	1	0	0	0	0	39
	K	1	3	0	0	0	0	0	0	0	0	4
	A	0	5	2	1	0	0	0	0	0	0	8
	合计	7	52	24	9	7	1	0	0	0	0	100
标题或主体含	年总	9	53	28	13	12	1	0	2	0	0	118
	占比≈	7.6%	45.0%	23.7%	11.0%	10.2%	0.8%	0%	1.7%	0%	0%	100%

字母缩写:Z,报道数量;S,主题领域;P,政治、外交、安全(包括国际危机、民族和宗教问题等);W,经济;K,文化/历史;A,其他(包括社会、环境、科技、体育等);占比,当年总报道数量÷2013—2022 年报道总量(≈),后表同。

表2 《世界报》报道中"一带一路"(德文)词频分布①

Die Welt	2022	2021	2020	2019	2018	2017	2016	2015	2014	2013	合计/篇
die Neue Seidenstraße (Seidenstraße-Initiative/Projekt/Programm)	8	409	27	14	3	0	0	2	0	0	463
Belt and Road (-Initiative/Projekt)	1	8	4	8	8	1	0	0	0	0	30
One Belt One Road (-Initiative)	0	1	0	0	0	1	0	0	0	0	2
Gürtel und Straße-Initiative	0	0	0	0	0	0	0	0	0	0	0
总计						495					

数量=搜索关键词得到的条目数量(同一关键词在一篇文章中出现一次或多次,仅算作一次)。

2013年9月至2022年6月,《世界报》关于"一带一路"的报道数量为118篇。报道量在2017年之前较少,从2018年开始逐年增加,2021年达到历年最大值。报道视角主要集中在经济领域,政治、外交、安全领域次之,社会、环境等其他领域视角的报道较少。

"一带一路"的德文表达出现频率最高的是die Neue Seidenstraße,偶尔使用其近似表达Seidenstraße-Initiative或Seidenstraße-Projekt、Seidenstraße-Programm,其次是英文表达Belt and Road,偶尔使用其英德复合表达Belt and Road-Initiative或Belt and Road-Projekt,而One Belt One Road及其复合表达One Belt One Road-Initiative目前为止仅使用过2次,这家媒体没有使用过Gürtel und Straße-Initiative的表达。可见《世界报》中"一带一路"的主要德文表达是die Neue Seidenstraße。

将《世界报》官方网站上关于"一带一路"的报道样本录入Nvivo质性分析软件,将德文表达中不影响文本意义却对词频分析造成影响的冠词、代词、介词、连词、数词、(助)动词、形容词等删除,进行自由编码,得到的词云图显示出《世界报》报道的高频词汇(见图3),图中词语

---

① 由于同一篇新闻报道中可能包含多种关键词,该表报道总数与上表不一致。

的大小表示该词出现的频率。

图 3　《世界报》"一带一路"报道词云图①

在《世界报》关于"一带一路"报道的词云图中，高频词汇如"欧洲"（Europa）、"汉堡"（Hamburg）、"港口"（Hafen）、"俄罗斯"（Russland）、"乌克兰"（Ukraine）、"企业"（Unternehmen）、"北京"（Peking）、"德国"（Deutschland）、"特朗普"（Trump）、"新冠"（Corona）、"货运商"（Spediteur）、"危机"（Krise）、"百万"（Million）、"总统"（Präsident）、"西方"（Westen）等，显示出《世界报》对"一带一路"的新闻建构特征。

从高频词汇中可以看出，《世界报》对"一带一路"的报道侧重西方视角，多涉及欧洲（尤其是德国）和美国；关注国际形势，重视新冠疫情、俄乌冲突等国际环境的影响；关注经济领域和政治领域，尤其关注海运、货运方面，描绘了国际局势动荡背景下"一带一路"在欧洲的推进及

---

① 制图时间：2022 年 7 月 1 日。

各国的参与情况。还可以看出,在《世界报》对"一带一路"的报道中,关键词"一带一路"的词频较低,说明"一带一路"主题报道较少,素材报道较多。

《世界报》对"一带一路"的报道主要以文字配图的形式呈现,新闻图式主要是细节描述型,其次是分析与评估型,基本信息型较少。报道篇幅差别较大,其中基本信息型报道篇幅平均约200字,细节描述型报道平均约500字,分析评论类文章平均约1000字[①]。《世界报》"一带一路"报道的语言风格较为客观平实,专栏评论居多,权威话语引用较多,较少使用修辞手法。

(二)《南德意志报》

表3 《南德意志报》历年"一带一路"报道统计

S		Z										合计/篇
"一带一路"关键词分布		2022	2021	2020	2019	2018	2017	2016	2015	2014	2013	
标题含	P	0	1	2	12	2	3	2	0	0	0	22
	W	1	2	4	4	1	3	2	1	0	0	18
	K	0	0	0	0	1	0	0	0	0	0	2
	A	0	0	0	0	0	0	0	0	0	0	0
	合计	1	4	6	16	4	6	4	1	0	0	42
标题不含且主体含	P	20	13	14	67	34	29	4	6	3	0	190
	W	3	10	17	35	19	9	2	0	1	1	97
	K	0	2	1	8	7	3	3	0	0	0	24
	A	3	2	1	4	1	0	0	0	0	0	11
	合计	26	27	33	114	61	41	9	6	4	1	322
标题或主体含	年总	27	31	39	130	65	47	13	7	4	1	364
	占比≈	7.4%	8.5%	10.7%	35.7%	17.9%	12.9%	3.6%	1.9%	1.1%	0.3%	100%

---

① 德国媒体报道字数统计均为德文字数。

表 4 《南德意志报》报道中"一带一路"(德文)词频分布①

S	Z										合计/篇
	2022	2021	2020	2019	2018	2017	2016	2015	2014	2013	
die Neue Seidenstraße (Seidenstraße-Initiative/ Programm)	27	29	39	130	61	41	9	6	4	1	347
Belt and Road (-Initiative)	2	4	3	2	5	3	0	0	0	0	19
One Belt One Road	0	0	0	0	3	1	0	0	0	0	4
Gürtel und Straße-Initiative	0	0	0	0	0	0	0	0	0	0	0
总计	370										

数量=搜索关键词得到的条目数量（同一关键词在一篇文章中出现一次或多次，仅算作一次），后表同。

2013年9月至2022年6月，《南德意志报》关于"一带一路"的报道总数为364篇。该报对"一带一路"的关注度在2016年之前较低，报道数量从2017年开始增加，2019年达到历年峰值，2020—2021年报道数量逐渐回落。2020年以前的报道主要集中在政治、外交、安全领域，经济领域次之，2020年后经济领域报道数量超过政治领域。此外，文化和科普视角的报道也占一定比重，社会、环境等其他领域报道较少。

"一带一路"的德文表达出现频率最高的是die Neue Seidenstraße，偶尔使用其近似表达Seidenstraße-Initiative或Seidenstraße-Programm，其次是英文表达Belt and Road，且主要作为die Neue Seidenstraße的解释词语出现在德文表达后面，偶尔使用其复合表达Belt and Road-Initiative，而英文表达One Belt One Road仅出现4次，这家媒体没有使用过Gürtel und Straße-Initiative。当前使用前两种表达，且以第一种为主。

将《南德意志报》官方网站上关于"一带一路"的报道样本录入Nvivo质性分析软件，将德文表达中不影响文本意义却对词频分析造成

---

① 由于同一篇新闻报道中可能包含多种关键词，该表报道总数与上表不一致。

影响的冠词、代词、介词、连词、数词、（助）动词、形容词等删除，进行自由编码，得到的词云图显示出《南德意志报》报道的高频词汇（见图 4）。

图 4　《南德意志报》"一带一路"报道词云图①

词云图中的高频词汇如"北京"（Peking）、"欧洲"（Europa）、"政治"（Politik）、"俄罗斯"（Russland）、"乌克兰"（Ukraine）、"项目"（Projekt）、"德国"（Deutschland）、"十亿"（Milliarden）、"贝尔伯克"（Baerbock）、"总统"（Präsident）、"塔利班"（Taliban）、"影响"（Einfluss）、"欧洲"（Europa）、"杜伊斯堡"（Duisburg）、"战争"（Krieg）、"全球"（Global）等，显示出《南德意志报》对"一带一路"的新闻建构特征。

从高频词汇中可以看出，该报对"一带一路"的报道整体上侧重欧洲视角，包括俄罗斯、乌克兰、德国等，同时非常关注中国（多用"北京"来代指）；主题涵盖政治和经济领域，其中政治叙事比重较大，关注中俄乌欧之间的双边-多边关系变化及对欧洲的影响，同时对总统、政党活动给

---

① 制图时间：2022 年 7 月 1 日。

予一定报道比重，经济方面关注"一带一路"项目及其巨大的金额，描绘了国际冲突背景下"一带一路"在欧洲的政治经济影响。在《南德意志报》的报道中"一带一路"词频较低，说明"一带一路"主题报道较少，素材报道较多。

报道主要以文字配图的形式呈现，新闻图式主要是细节描述型，其次是分析与评估型，基本信息型和背景介绍型较少。报道篇幅差别较大，其中，基本信息型和背景介绍型报道篇幅100～200字（德文），细节描述型报道平均约500字，分析评论类文章平均约700字。《南德意志报》对"一带一路"的报道风格多样，在语言运用上既有理性的阐述，也有感性的措辞，隐喻、拟人等修辞手法使用频率较高，指代话语策略、反问句式、俗语、警句等穿插其中，感性色彩中包含着较强的主观倾向性。

（三）《法兰克福汇报》

表5 《法兰克福汇报》历年"一带一路"报道统计

"一带一路"关键词分布	S	Z									合计/篇
		2022	2021	2020	2019	2018	2017	2016	2015	2014	2013	
标题含	P	0	2	0	4	1	0	0	1	0	0	8
	W	0	4	3	4	2	3	1	0	0	0	17
	K	0	0	0	0	0	0	0	0	0	0	0
	A	0	0	0	0	0	0	0	0	0	0	0
	合计	0	6	3	8	3	3	1	1	0	0	25
标题不含且主体含	P	1	7	6	23	2	3	0	1	1	0	44
	W	0	4	4	18	7	3	0	1	0	0	37
	K	0	2	1	0	0	0	0	0	0	0	3
	A	0	0	1	0	0	0	0	0	0	0	1
	合计	1	13	12	41	9	6	0	2	1	0	85
标题或主体含	年总	1	19	15	49	12	9	1	3	1	0	110
	占比≈	0.9%	17.3%	13.6%	44.6%	10.9%	8.2%	0.9%	2.7%	0.9%	0	100%

表 6 《法兰克福汇报》报道中"一带一路"(德文)词频分布①

FAZ	2022	2021	2020	2019	2018	2017	2016	2015	2014	2013	合计/篇
die Neue Seidenstraße (Seidenstraße-Initiative/Programm)	1	17	14	49	12	9	1	3	1	0	107
Belt and Road (-Initiative)	0	4	1	1	0	0	0	0	0	0	6
One Belt One Road	0	2	0	1	0	0	0	0	0	0	3
Gürtel und Straße-Initiative	0	0	0	0	1	0	0	0	0	0	1
总计						117					

2013年9月至2022年6月,《法兰克福汇报》关于"一带一路"的报道总数为110篇。报道量从2017年开始逐渐增多,2019年达到历年最大值,2020年后报道量逐渐减少。报道议题主要集中在政治、外交、安全领域和经济领域,其他领域的报道很少。

"一带一路"的德文表达出现频率最高的是 die Neue Seidenstraße,偶尔使用其近似表达 Seidenstraße-Initiative 或 Seidenstraße-Programm,英文表达共出现过9次,包括 Belt and Road 及其复合表达 Belt and Road-Initiative,以及 One Belt One Road,德文表达 Gürtel und Straße-Initiative 出现过1次。当前主要使用的是德文表达 die Neue Seidenstraße。

将《法兰克福汇报》官方网站上关于"一带一路"的报道样本录入 Nvivo 质性分析软件,将德文表达中不影响文本意义却对词频分析造成影响的冠词、代词、介词、连词、数词、(助)动词、形容词等删除,进行自由编码,得到的词云图显示出《法兰克福汇报》报道的高频词汇(见图5)。

《法兰克福汇报》关于"一带一路"报道的词云图中,高频词汇如"中

---

① 由于同一篇新闻报道中可能包含多种关键词,该表报道总数与上表不一致。

第三章 "一带一路"倡议在德国媒体中的传播态势

图5 《法兰克福汇报》"一带一路"报道词云图①

国"(China)②、"北京"(Peking)、"一带一路"(Seidenstraße)、"政治"(Politik)、"巴基斯坦"(Pakistan)、"十亿"(Milliarden)、"总统"(Präsident)、"西方"(Westen)、"欧洲"(Europa)、"马克龙"(Macron)、"澳大利亚"(Australien)、"习近平"(Xi Jinping)、"哈萨克斯坦"(Kasachstan)、"项目"(Projekt)、"阿富汗"(Afghanistan)等，显示出《法兰克福汇报》对"一带一路"的新闻建构特征。

从高频词汇中可以看出，《法兰克福汇报》对"一带一路"的报道侧重欧洲视角，并且重视"一带一路"的中国属性；政治和经济主题比例相当；注重各国高层活动和表态，不注重国际危机或冲突背景，展示了"一带一路"在欧洲和部分亚洲地区的进展情况。在《法兰克福汇报》对"一带一路"的报道中，关键词"中国""北京""一带一路"词频较高，说明对"一带一路"的主题报道更为聚焦。

《法兰克福汇报》对"一带一路"的报道主要以文字配图的形式呈现，

---

① 制图时间：2022年7月1日。
② 编码过程中将China、Chinesisch、Chinese等词及其单复数和不同格形式统一归入China一词下，下同。

新闻图式主要是细节描述型和分析与评估型,基本信息型和背景介绍型较少。报道篇幅200~1000字(德文)不等。《法兰克福汇报》对"一带一路"的报道风格以平实为主,指代、宣称等话语策略穿插其中,部分报道措辞中带有一定感性色彩,整体呈现出一定的主观倾向性。

(四)《焦点》

表7 《焦点》历年"一带一路"报道统计

S		Z										合计/篇
"一带一路"关键词分布		2022	2021	2020	2019	2018	2017	2016	2015	2014	2013	
标题含	P	1	0	2	15	0	0	0	0	0	0	18
	W	0	1	8	14	0	0	0	0	0	0	23
	K	1	0	0	0	0	0	0	0	0	0	1
	A	0	0	1	1	0	0	0	0	0	0	2
	合计	2	1	11	30	0	0	0	0	0	0	44
标题不含且主体含	P	8	11	11	29	5	1	0	0	0	0	65
	W	4	3	6	16	8	3	0	0	0	0	40
	K	0	0	1	0	0	0	0	0	0	0	1
	A	0	0	2	2	0	0	0	0	0	0	4
	合计	12	14	20	47	13	4	0	0	0	0	110
标题或主体含	年总	14	15	31	77	13	4	0	0	0	0	154
	占比≈	9.0%	9.7%	20.1%	50.0%	8.4%	2.6%	0%	0%	0%	0%	100%

表8 《焦点》报道中"一带一路"(德文)词频分布①

Fokus	2022	2021	2020	2019	2018	2017	2016	2015	2014	2013	合计/篇
die Neue Seidenstraße	14	15	31	77	13	4	0	0	0	0	154
Belt and Road (-Initiative)	1	2	1	15	6	1	0	0	0	0	26

---

① 由于同一篇新闻报道中可能包含多种关键词,该表报道总数与上表不一致。

续表

Fokus	2022	2021	2020	2019	2018	2017	2016	2015	2014	2013	合计/篇
One Belt One Road (-Route)	0	1	0	6	10	4	0	0	0	0	21
Gürtel und Straße-Initiative	0	0	0	0	1	0	0	0	0	0	1
Silk Road Economic Belt	1	0	0	0	0	0	0	0	0	0	1
总计	203										

由表7和表8可以看出，2013年9月至2022年6月《焦点》关于"一带一路"的报道总数为154篇，在8家德国媒体中总数靠前。2017年之前《焦点》上没有关于"一带一路"的报道，对"一带一路"的关注度从2018年开始逐渐增加，2019年达到历年来峰值，2020—2021年略有回落。报道议题主要集中在政治、外交、安全领域，其次是经济领域，其他领域的报道很少。

"一带一路"的德文表达出现频率最高的是die Neue Seidenstraße，其次是英文表达Belt and Road及其复合表达Belt and Road-Initiative，One Belt One Road及其复合表达One Belt One Road-Route，英文表达在该媒体中的使用频率高于其他几家媒体，德文表达Gürtel und Straße-Initiative在《焦点》中仅出现过1次，该媒体也使用过1次英文表达Silk Road Economic Belt。当前主要使用的是德文表达die Neue Seidenstraße。

将《焦点》官方网站上关于"一带一路"的报道样本录入Nvivo质性分析软件，将德文表达中不影响文本意义却对词频分析造成影响的冠词、代词、介词、连词、数词、（助）动词、形容词等删除，进行自由编码，得到的词云图显示出《焦点》报道的高频词汇（见图6）。

《焦点》关于"一带一路"报道的词云图中，高频词汇如"中国"（China）、"俄罗斯"（Russland）、"德国"（Deutschland）、"北京"（Peking）、"欧洲"（Europa）、"一带一路"（Seidenstraße）、"政治"（Politik）、"战争"（Krieg）、"阿富汗"（Afghanistan）、"普京"（Putin）、

"西方"(Westen)、"乌克兰"(Ukraine)、"经济"(Wirtschaft)、"项目"(Projekt)、"习近平"(Xi Jinping)等，显示出《焦点》对"一带一路"的新闻建构特征。

图6 《焦点》"一带一路"报道词云图①

从高频词汇中可以看出，《焦点》对"一带一路"报道侧重欧洲视角，聚焦"一带一路"在德国的实施情况，重视"一带一路"的中国属性；内容上侧重政治和经济领域，在政治领域关注中俄欧关系，在经济领域关注项目实施，展示了当前国际环境影响之下"一带一路"在欧洲及部分亚洲地区的进展情况。在《焦点》对"一带一路"的报道中，关键词"中国""北京""一带一路"词频较高，说明对"一带一路"的主题报道更为聚焦。

《焦点》对"一带一路"的报道主要以文字配图的形式呈现，新闻图式以分析与评估型为主，细节描述型次之，背景介绍型较少，常在客观叙事中穿插分析与评价。报道篇幅差别较大，其中背景介绍型和细节描述型报道平均500~1000字，分析评论型500~3000字不等。《焦点》对"一带

---

① 制图时间：2022年7月1日。

一路"的报道语言风格以平实为主,指代、宣称等话语策略贯穿其中,整体呈现出一定的主观倾向性。

(五)《明镜》

表9 《明镜》历年"一带一路"报道统计

S		Z									合计/篇
"一带一路"关键词分布		2022	2021	2020	2019	2018	2017	2016	2015	2014	2013	
标题含	P	0	0	0	4	1	1	0	0	1	0	7
	W	0	4	1	3	4	0	1	1	0	0	14
	K	0	0	0	0	0	0	0	0	0	0	0
	A	0	0	0	0	0	0	0	0	0	0	0
	合计	0	4	1	7	5	1	1	1	1	0	21
标题不含且主体含	P	3	2	5	53	31	13	10	1	1	0	119
	W	0	11	4	25	22	5	1	1	2	0	71
	K	0	0	0	2	2	1	1	0	0	0	6
	A	0	2	0	1	0	0	1	0	0	0	4
	合计	3	15	9	81	55	19	13	2	3	0	200
标题或主体含	年总	3	19	10	88	60	20	14	3	4	0	221
	占比≈	1.4%	8.6%	4.5%	39.8%	27.1%	9.1%	6.3%	1.4%	1.8%	0	100%

表10 《明镜》报道中"一带一路"(德文)词频分布①

Spiegel	2022	2021	2020	2019	2018	2017	2016	2015	2014	2013	合计/篇
die Neue Seidenstraße (Seidenstraße-Initiative/ Programm)	1	16	9	88	60	20	14	3	4	0	215
Belt and Road (-Initiative)	1	2	1	6	4	0	0	0	0	0	14

---

① 由于同一篇新闻报道中可能包含多种关键词,该表报道总数与上表不一致。

续表

Spiegel	2022	2021	2020	2019	2018	2017	2016	2015	2014	2013	合计/篇
One Belt One Road (OBOR)	1	1	0	2	3	1	0	1	0	0	9
Gürtel und Straße-Initiative	0	0	0	0	0	0	0	0	0	0	0
总计						238					

2013年9月至2022年6月，《明镜》关于"一带一路"的报道总数为221篇，报道数量在8家德国媒体中排名靠前。《明镜》发表"一带一路"报道的时间相较于其他几家媒体更早，在2014年已经开始报道。《明镜》对"一带一路"的关注度从2016年开始逐渐上升，2016年之前的报道数量约占该媒体总报道量的10%，2019年报道数量达到峰值，2020年后报道数量回落。总体看来，《明镜》主要关注"一带一路"的政治、外交、安全领域，其次是经济领域，其他领域的报道较少，近两年经济领域相对于政治领域的报道权重有所增加。

"一带一路"的德文表达出现频率最高的是die Neue Seidenstraße，偶尔使用近似表达Seidenstraße-Initiative或Seidenstraße-Programm，英文表达使用频率不高，包括Belt and Road及其复合表达Belt and Road-Initiative，One Belt One Road及其缩写OBOR，这家媒体没有使用过Gürtel und Straße-Initiative。当前主要使用的是德文表达die Neue Seidenstraße。

将《明镜》官方网站上关于"一带一路"的报道样本录入Nvivo质性分析软件，将德文表达中不影响文本意义却对词频分析造成影响的冠词、代词、介词、连词、数词、（助）动词、形容词等删除，进行自由编码，得到的词云图显示出《明镜》报道的高频词汇（见图7）。

《明镜》关于"一带一路"报道的词云图中，高频词汇如"中国"（China）、"德国"（Deutschland）、"欧洲"（Europa）、"一带一路"（Seidenstraße）、"政治"（Politik）、"拜登"（Biden）、"香港"（Hongkong）、"十亿"（Milliarden）、"阿富汗"（Afghanistan）、"北京"

(Peking)、"煤电厂"(Kohlekraftwerk)、"企业"(Firmen)、"习近平"(Xi Jinping)、"项目"(Projekt)、"经济"(Wirtschaft)等,显示出《明镜》对"一带一路"的新闻建构特征。

图7 《明镜》"一带一路"报道词云图①

从高频词汇中可以看出,《明镜》对"一带一路"报道视角偏向欧洲,对中国和德国关注度较高,同时关注美国总统的言论;内容上侧重政治和经济领域,政治领域关注制度和领导人方面,经济领域关注中德/中欧合作项目及投资金额;不强调国际危机或冲突背景,从实践层面展示"一带一路"在欧洲及其他地区的进展情况。在《明镜》对"一带一路"的报道中,关键词"中国""北京""一带一路"词频较高,说明对"一带一路"的主题报道更为聚焦。

《明镜》对"一带一路"的报道主要以文字配图的形式呈现,新闻图式主要涵盖细节描述型和分析与评估型。报道篇幅差别较大,其中细节描述型报道平均200~500字,分析评论型约1000字,偶有长达5000字的评论。《明镜》对"一带一路"的报道语言风格较为客观平实,较少使用修辞手法,但措辞有一定立场偏向性,关注权威话语。

---

① 制图时间:2022年7月1日。

（六）《时代》

表11 《时代》历年"一带一路"报道统计

S	Z										合计/篇
"一带一路"关键词分布	2022	2021	2020	2019	2018	2017	2016	2015	2014	2013	
标题含 P	0	2	1	1	1	1	0	1	0	0	7
标题含 W	0	4	1	4	0	1	0	0	0	0	10
标题含 K	0	1	0	0	0	0	0	0	0	0	1
标题含 A	0	0	0	0	0	0	0	0	0	0	0
标题含 合计	0	7	2	5	1	2	0	1	0	0	18
标题不含且主体含 P	1	4	14	19	11	14	2	6	2	0	73
标题不含且主体含 W	1	6	1	7	6	5	1	1	0	0	28
标题不含且主体含 K	0	0	0	2	0	1	0	0	1	0	4
标题不含且主体含 A	0	1	0	2	0	0	0	0	0	0	3
标题不含且主体含 合计	2	11	15	30	17	20	3	7	3	0	108
标题或主体含 年总	2	18	17	35	18	22	3	8	3	0	126
标题或主体含 占比≈	1.6%	14.3%	13.5%	27.8%	14.3%	17.5%	2.4%	6.3%	2.4%	0%	100%

表12 《时代》报道中"一带一路"（德文）词频分布①

Die Zeit	2022	2021	2020	2019	2018	2017	2016	2015	2014	2013	合计/篇
die Neue Seidenstraße (Xi Jinpings/Chinas Seidenstraße-Initiative/Programm)	2	14	17	35	18	22	3	8	3	0	122
Belt and Road (-Initiative/Projekt)	0	8	1	7	1	3	0	0	0	0	20
One Belt One Road (OBOR, ein Band, eine Straße)	0	0	1	1	3	3	1	0	0	0	9

① 由于同一篇新闻报道中可能包含多种关键词，该表报道总数与上表不一致。

续表

Die Zeit	2022	2021	2020	2019	2018	2017	2016	2015	2014	2013	合计/篇
Gürtel und Straße-Initiative (Ein Gürtel, eine Straße)	0	0	0	0	1	1	1	0	0	0	3
总计					154						

从表中可以看出，2013年9月至2022年6月，《时代》周刊关于"一带一路"的报道总数为126篇。《时代》周刊是最早对"一带一路"进行报道的德国主流媒体之一。2014年"一带一路"报道已经出现在《时代》周刊中，对该议题的关注相较于其他几家媒体更早一些。《时代》对"一带一路"的关注度一直较为平稳，2014—2021年报道数量变化幅度比其他德国媒体小，变化趋势大致相同，即2014—2016年较少，2016—2019年呈逐年上升趋势，2020年后有所下降。报道内容主要集中在政治、外交、安全领域，其次是经济领域，其他领域的报道较少。

"一带一路"的德文表达出现频率最高的是 Neue Seidenstraße，偶尔使用其近似表达 Seidenstraße-Initiative 或 Seidenstraße-Programm，少数报道会在词前添加定语 Xi Jinpings/Chinas，表明"一带一路"的中国属性。英文表达使用频率不高，包括 Belt and Road 及其复合表达 Belt and Road-Initiative、Belt and Road-Projekt，One Belt One Road 与缩写 OBOR 及其德文对应直译表达 ein Band，eine Straße，德文表达 Gürtel und Straße-Initiative 及其近似表达 Ein Gürtel, eine Straße 在这家媒体报道中出现过3次。当前主要使用的是德文表达 die Neue Seidenstraße。

将《时代》官方网站上关于"一带一路"的报道样本录入 Nvivo 质性分析软件，将德文表达中不影响文本意义却对词频分析造成影响的冠词、代词、介词、连词、数词、（助）动词、形容词等删除，进行自由编码，得到的词云图显示出《时代》报道的高频词汇（见图8）。

《时代》关于"一带一路"报道的词云图中，高频词汇如"中国"

(China)、"阿富汗"（Afghanistan）、"北京"（Peking）、"俄罗斯"（Russland）、"欧洲"（Europa）、"巴基斯坦"（Pakistan）、"哈萨克斯坦"（Kasachstan）、"政治"（Politik）、"习近平"（Xi Jinping）、"一带一路"（Seidenstraße）、"经济"（Wirtschaft）、"十亿"（Milliarden）、"印度"（Projekt）、"总统"（Präsident）、"项目"（Projekt）等，显示出《时代》对"一带一路"的新闻建构特征。

图8 《时代》"一带一路"报道词云图①

从高频词汇中可以看出，《时代》对"一带一路"报道在地域范围上兼顾欧洲和亚洲地区，对中国关注度较高，也关注"一带一路"在巴基斯坦、哈萨克斯坦、印度等国的进展和评价；内容上侧重政治和经济领域，政治领域关注国际格局和大国关系，经济领域关注经贸合作，整体上侧重"一带一路"在欧亚地区的进展和评价。《时代》对"一带一路"的报道中关键词"中国""北京""一带一路"词频相对较高，说明对"一带一路"的主题报道较为聚焦。

---

① 制图时间：2022年7月1日。

《时代》周刊对"一带一路"的报道主要以文字配图的形式呈现,新闻图式主要涉及细节描述型和分析与评估型。报道篇幅相对没有特别限制,如细节描述型报道平均500~800字,分析评论型500~1500字。《时代》对"一带一路"的报道语言风格较为平实,但措辞有一定立场倾向,专栏评论居多,权威话语引用较多。

通过进一步分析发现,相较于其他德国媒体,《时代》对"一带一路"的新闻建构特点鲜明:①更多关注政治、意识形态议题,主要涉及中国内政(新疆、香港、台湾地区治理)、人权、言论自由问题,借新冠危机议题渲染"中国威胁论";②新闻配图选取角度独特,带有民族偏见色彩,例如多篇新闻中使用中国少数民族公民被中国国旗挡住嘴的图片,暗指缺乏言论自由,也常选用早已过时的照片,讽刺中国的"落后体制";③专栏评论较多,从人权、宗教自由等角度批评中国内政和"一带一路"倡议;④德文"一带一路"选词独特,常用 Xi Jinpings 或 Chinas Seidenstraße-Initiative/Programm(习近平/中国的丝绸之路倡议/计划)来强调"一带一路"与中国及国家主席的属格关系。

(七)《今日新闻》

《今日新闻》(Tagesschau)提供的新闻形式有:

(1)新闻节目(Sendung):含多条报道的综合新闻节目,视频形式,配有文字简讯,每晚8点放送,节目时长约15分钟。

(2)视频新闻(Video):单则新闻报道,视频形式,只有标题,没有文字简讯,有的标题甚至就是"全部新闻",平均时长2分钟。

(3)音频新闻(Audio):单则新闻报道,音频形式,只有标题,没有文字简讯,时长不定。

(4)文字报道(Meldung):单则新闻报道,文字形式。

(5)文字+音频报道(Meldung+Audio):一种叠加形式,在文字报道后附有音频新闻。

由于新闻节目(Sendung)、视频新闻(Video)和音频新闻(Audio)都只有标题,统计表分为两部分——表13只分析文字报道(Meldung)情况,表14展示所有媒介形式。

表 13 《今日新闻》历年"一带一路"报道统计——文字报道

S		Z										合计/篇
"一带一路"关键词分布		2022	2021	2020	2019	2018	2017	2016	2015	2014	2013	
标题含	P	0	1	3	6	0	0	0	0	0	0	10
	W	0	1	2	1	0	1	0	0	0	0	5
	K	0	0	0	0	0	0	0	0	0	0	0
	A	0	0	1	0	0	0	0	0	0	0	1
	合计	0	2	6	7	0	1	0	0	0	0	16
标题不含且主体含	P	0	5	3	6	1	0	1	0	0	0	16
	W	1	7	1	3	0	1	0	1	0	0	14
	K	0	1	0	0	0	0	0	0	0	0	1
	A	0	0	1	0	0	0	0	0	0	0	1
	合计	1	13	5	9	1	1	1	1	0	0	32
标题或主体含	年总	1	15	11	16	1	2	1	1	0	0	48
	占比≈	2.1%	31.2%	22.9%	33.3%	2.1%	4.2%	2.1%	2.1%	0%	0%	100%

表 14 《今日新闻》历年"一带一路"报道统计——音视频＋文字报道

V		Z										合计/篇	占比
"一带一路"关键词分布		2022	2021	2020	2019	2018	2017	2016	2015	2014	2013		
新闻形式	Sendung	0	0	2	7	7	5	3	0	0	0	24	19.8%
	Video	0	0	5	8	11	6	3	0	0	0	33	27.3%
	Audio	0	1	1	4	0	0	0	0	0	0	6	4.1%
	Meldung	1	15	11	16	1	2	1	1	0	0	48	39.7%
	Meldung+Audio	5	5	0	0	0	0	0	0	0	0	10	8.3%
	合计	6	21	19	35	19	13	7	1	0	0	121	—
	占比≈	5.0%	17.4%	15.7%	28.9%	15.7%	10.7%	5.8%	0.8%	0%	0%	—	100%

字母缩写：Z，报道数量；V，媒介类型，后表同。

表15 《今日新闻》报道中"一带一路"(德文)词频分布①

Tagesschau	2022	2021	2020	2019	2018	2017	2016	2015	2014	2013	合计/篇
die Neue Seidenstraße	14	9	14	52	20	15	8	2	0	0	134
Belt and Road	2	1	4	0	0	0	0	0	0	0	7
One Belt One Road	0	2	0	0	0	0	0	0	0	0	2
Gürtel und Straße-Initiative	0	0	0	0	0	0	0	0	0	0	0
总计						143					

从表14和15中可以看出，2013年9月至2022年6月德国电视一台新闻广播节目《今日新闻》对"一带一路"的报道总数为121则，其中含文字报道48则，音视频报道73则。《今日新闻》对"一带一路"的报道始于2015年，在德国主流媒体中出现时间相对较早，但早期报道数量很少，可见此议题当时并未引起该媒体特别关注。《今日新闻》对"一带一路"的关注度从2016年开始逐年上升，2019年报道数量为历年最多，2020年后报道数量开始减少，且主题报道比例较低。《今日新闻》的"一带一路"报道中素材报道居多，主题报道偏少，主要集中在政治、外交、安全领域，其次是经济领域，文化、社会等其他领域涉及较少。

从表15可以看出，《今日新闻》作为电视台节目，对"一带一路"的新闻呈现方式在2018年前以视频新闻为主，文字报道次之，音频新闻为辅；2019—2020年文字报道与视频新闻比重相当，2021年后文字报道超过视频新闻比重，并且出现一种文字+音频的融合模式。从理论上讲，视频新闻的传播效果比文字报道更加直观、生动，不过视频节目耗时长，难以直观看到新闻要点，且15分钟的报道仅有1~2条与"一带一路"主题相关，对"一带一路"的传播效果不如主题明确的文字报道。

---

① 由于同一篇新闻报道中可能包含多种关键词，该表报道总数与上表不一致。

《今日新闻》对"一带一路"的德文表达较为统一,出现频率最高的是 die Neue Seidenstraße,英文表达使用频率相对较低,Belt and Road 和 One Belt One Road 主要作为德文表达的说明用语出现,Gürtel und Straße-Initiative 在这家媒体报道中没有出现过。当前主要使用的是德文表达 die Neue Seidenstraße。

将《今日新闻》官方网站上关于"一带一路"的报道样本录入 Nvivo 质性分析软件,将德文表达中不影响文本意义却对词频分析造成影响的冠词、代词、介词、连词、数词、(助)动词、形容词等删除,进行自由编码,得到的词云图显示出《今日新闻》报道的高频词汇(见图9)。

图 9 《今日新闻》"一带一路"报道词云图①

《今日新闻》关于"一带一路"报道的词云图中,高频词汇如"中国"(China)、"俄罗斯"(Russland)、"阿富汗"(Afghanistan)、"德国"(Deutschland)、"哈萨克斯坦"(Kasachstan)、"北京"(Peking)、"一带一路"(Seidenstraße)、"经济"(Wirtschaft)、"乌克兰"(Ukraine)、"十亿"(Milliarden)、"政治"(Politik)、"欧洲"(Europa)、"项目"(Projekt)、"亚洲"(Asien)、"拜登"(Biden)等,显示出《今日新闻》对"一带一路"的新闻建构特征。

---

① 制图时间:2022 年 7 月 1 日。

从高频词汇中可以看出,《今日新闻》对"一带一路"的报道兼顾欧洲和亚洲地区,对中国关注度较高,也关注"一带一路"在阿富汗、哈萨克斯坦等国的进展,同时聚焦"一带一路"在欧洲的实施及影响;内容上侧重政治和经济领域,政治领域关注国际格局和双边-多边关系的变化,经济领域关注合作项目,整体上侧重"一带一路"在欧亚地区的进展和评价。在《今日新闻》对"一带一路"的报道中,关键词"中国""北京""一带一路"词频相对较高,说明对"一带一路"的主题报道较为聚焦。

《今日新闻》中"一带一路"的新闻图式以细节描述型为主,分析与评估型为辅,二者叠加使用情况较多,报道篇幅500~800字。《今日新闻》对"一带一路"的报道措辞较为严谨,文风较为平实,立场倾向性不强,注重报道的客观性和权威性。

(八)德国电视二台

德国电视二台(ZDF)提供的新闻形式有:

(1)视频新闻(Video):单则新闻报道,视频形式,有标题和文字简讯。

(2)文字报道(Meldung):单则新闻报道,纯文字形式。

(3)视频+文字报道(Video+Meldung):一种叠加形式,在视频新闻后附有文字报道。

由于视频新闻(Video)和文字报道(Meldung)都有标题和内容,因此表8涵盖所有视频新闻和文字报道,表17按照媒介形式分类。

表16 德国电视二台历年"一带一路"报道统计

S		Z										合计/篇
"一带一路"关键词分布		2022	2021	2020	2019	2018	2017	2016	2015	2014	2013	
标题含	P	0	0	0	11	0	0	0	0	0	0	11
	W	0	3	0	4	0	0	0	0	0	0	7
	K	0	0	1	3	0	0	0	0	0	0	4
	A	0	0	0	0	0	0	0	0	0	0	0
合计		0	3	1	18	0	0	0	0	0	0	22

续表

S	Z										合计/篇
"一带一路"关键词分布	2022	2021	2020	2019	2018	2017	2016	2015	2014	2013	
标题不含且主体含 — P	6	2	3	34	7	1	0	0	0	0	53
标题不含且主体含 — W	0	2	1	15	1	0	0	0	0	0	19
标题不含且主体含 — K	0	0	0	8	0	0	0	0	0	0	8
标题不含且主体含 — A	0	0	0	0	0	0	0	0	0	0	0
合计	6	4	4	57	8	1	0	0	0	0	80
标题或主体含 — 年总	6	7	5	75	8	1	0	0	0	0	102
占比≈	5.9%	6.9%	4.9%	73.5%	7.8%	1.0%	0%	0%	0%	0%	100%

表17 德国电视二台"一带一路"报道形式①

V	Z										合计/篇	占比
"一带一路"关键词分布	2022	2021	2020	2019	2018	2017	2016	2015	2014	2013		
新闻形式 — Video	0	1	1	23	1	0	0	0	0	0	26	25.5%
新闻形式 — Meldung	2	6	4	52	7	1	0	0	0	0	72	70.6%
新闻形式 — Video+Meldung	4	0	0	0	0	0	0	0	0	0	4	3.9%
合计	6	7	5	75	8	1	0	0	0	0	102	—
占比≈	5.9%	6.9%	4.9%	73.5%	7.8%	1.0%	0%	0%	0%	0%	-	100%

表18 德国电视二台报道中"一带一路"(德文)词频分布②

ZDF	2022	2021	2020	2019	2018	2017	2016	2015	2014	2013	合计/篇
die Neue Seidenstraße	4	7	6	75	8	1	0	0	0	0	101
Belt and Road	2	1	0	5	0	0	0	0	0	0	8
One Belt One Road	0	1	0	0	0	0	0	0	0	0	1

---

① 表17中"一带一路"关键词涉及的音视频报道与表8中的文字报道有重叠的部分。

② 由于同一篇新闻报道中可能包含多种关键词,该表报道总数与上表不一致。

第三章 "一带一路"倡议在德国媒体中的传播态势

续表

ZDF	2022	2021	2020	2019	2018	2017	2016	2015	2014	2013	合计/篇
Ein Band, eine Straße	0	0	0	1	1	0	0	0	0	0	2
Gürtel und Straße-Initiative	0	0	0	0	0	0	0	0	0	0	0
总计						112					

从表16中可以看出,德国电视二台2013年9月至2022年6月对"一带一路"的报道共102则。德国电视二台对"一带一路"进行报道的起步时间相对较晚,2017年发表第一篇报道,且当年仅有1篇。对"一带一路"的关注度从2018年开始有所上升,2019年报道数量爆发式增加,占历年报道的73.5%,2020年后报道数量急剧回落。总体看来,德国电视二台在"一带一路"议题上重点关注政治领域,其次是经济领域,文化领域报道数量在该媒体中占比较低,但横向比较看来,在8家主流媒体中比重较大,这源于该媒体较为侧重文化、科普类知识传播性质的框架特征。

从表17可以看出,德国电视二台作为电视台节目,对"一带一路"的新闻呈现方式以文字为主,视频为辅,视频新闻比重(25.5%)远低于文字报道(70.6%),2022年开始采用视频+文字融合报道形式。

从表18中可以看出,德国电视二台对"一带一路"德文表达的选择符合主流使用习惯,出现频率最高的是德文表达die Neue Seidenstraße,其次是英文表达Belt and Road和One Belt One Road,主要作为Neue Seidenstraße的说明文字跟在其后,Ein Band, eine Straße是英文表达One Belt One Road的德文直译形式,2018年和2019年分别使用过1次,该媒体未使用德文表达Gürtel und Straße-Initiative。可以看出,8家德国媒体主要使用的"一带一路"表达均为德文表达die Neue Seidenstraße。

将德国电视二台官方网站上关于"一带一路"的报道样本录入Nvivo质性分析软件,将德文表达中不影响文本意义却对词频分析造成影响的冠词、代词、介词、连词、数词、(助)动词、形容词等删除,进行自由编码，得到的词云图显示出德国电视二台报道的高频词汇（见图10）。

图 10 德国电视二台"一带一路"报道词云图①

德国电视二台关于"一带一路"报道的词云图中，高频词汇如"中国"（China）、"一带一路"（Seidenstraße）、"俄罗斯"（Russland）、"经济"（Wirtschaft）、"乌克兰"（Ukraine）、"政治"（Politik）、"欧洲"（Europa）、"北京"（Peking）、"战争"（Krieg）、"德国"（Deutschland）、"贸易"（Handel）、"世界性"（weltweit）、"阿富汗"（Afghanistan）、"项目"（Projekt）、"十亿"（Milliarden）等，显示出德国电视二台对"一带一路"的新闻建构特征。

从高频词汇中可以看出，德国电视二台对"一带一路"的报道偏向欧洲视角，兼顾亚洲地区，对中国关注度较高；内容上侧重政治和经济领域，政治领域关注国际局势和大国关系变化及对欧洲的影响，经济领域关注合作项目，整体上侧重"一带一路"在欧亚地区的进展和评价。德国电视二台对"一带一路"的报道中关键词"中国""北京""一带一路"词频相对较高，说明对"一带一路"的主题报道较为聚焦。

---

① 制图时间：2022年7月1日。

德国电视二台对"一带一路"的文字和视频报道表达元素较为丰富。新闻图式以细节描述型为主,其中穿插分析评估的情况较多,报道篇幅主要在300~700字范围内。《今日新闻》对"一带一路"的报道措辞较为严谨,注重叙事客观性,同时穿插使用话语策略,善于引用名言警句,显示出一定的立场倾向性。

二、"一带一路"在德国媒体中的总体传播态势

通过对2013年9月至2022年6月德国8家主流媒体报道追踪分析,得出"一带一路"倡议相关报道1316篇,具体统计结果如下。

表19　8家德国主流媒体"一带一路"报道历时分布①

媒体名称	新闻报道年份/年										合计/篇	排名
	2013	2014	2015	2016	2017	2018	2019	2020	2021	2022		
SZ	1	4	7	13	47	65	130	39	31	27	364	1
Spiegel	0	4	3	14	20	60	88	10	19	3	221	2
Fokus	0	0	0	0	4	13	77	31	15	14	154	3
Die Zeit	0	3	8	3	22	18	35	17	18	2	126	4
Tagesschau	0	0	1	7	13	19	35	19	21	6	121	5
Die Welt	0	0	2	0	1	12	13	28	53	9	118	6
FAZ	0	1	3	1	9	12	49	15	19	1	110	7
ZDF	0	0	0	0	1	8	75	5	7	6	102	8
合计	1	12	24	38	117	207	502	164	183	68	1316	—
占比≈	0.1%	0.9%	1.8%	2.9%	8.9%	15.7%	38.1%	12.5%	13.9%	5.2%	100%	—

表20　8家德国主流媒体"一带一路"标题报道历时分布②

媒体名称	新闻报道年份/年										合计/篇	排名
	2013	2014	2015	2016	2017	2018	2019	2020	2021	2022		
Fokus	0	0	0	0	0	0	30	11	1	2	44	1
SZ	0	0	1	4	16	4	4	1			42	2

---

① 2022年数据统计截至6月30日。
② 2022年数据统计截至6月30日。

续表

媒体名称	新闻报道年份/年										合计/篇	排名
	2013	2014	2015	2016	2017	2018	2019	2020	2021	2022		
FAZ	0	0	1	1	3	3	8	3	6	0	25	3
ZDF	0	0	0	0	0	0	18	1	3	0	22	4
Spiegel	0	1	1	1	1	5	7	1	4	0	21	5
Die Zeit	0	0	1	0	2	1	5	2	7	0	18	6
Die Welt	0	0	2	0	0	5	4	4	1	2	18	6
Tagesschau	0	0	0	1	1	1	7	6	0	0	16	7
合计	0	1	6	6	13	18	95	34	28	5	206	—
占比≈	0%	0%	3%	3%	6%	9%	46%	17%	14%	2%	100%	—

1. 德国主流媒体对"一带一路"的关注度随重大事件起伏

德国主流媒体对"一带一路"的传播大致经历了观察期（2013—2016年）、上行期（2017—2018年）、高峰期（2019年）和回落期（2020年至今）四个阶段。媒体关注度与重大事件的发生不无关系。2013—2016年是德媒对"一带一路"的集中观察时期，2016年统一品牌的中欧班列首次抵达欧洲，德媒对"一带一路"的关注度逐渐增加；2017—2018年是德媒报道数量上行期，首届"一带一路"峰会举行，"一带一路"建设写入联合国决议，博鳌亚洲论坛将"一带一路"设置为四大主题板块之首，德国、波兰等七国铁路部门签署《关于深化中欧班列合作协议》，使德媒关注度持续增加；2019年德媒报道数量到达历年峰值，由于意大利成为首个加入"一带一路"的G7成员国、第二届"一带一路"峰会举行并形成了283项成果，"一带一路"成为媒体热议话题；2020年后全球新冠肺炎疫情、俄乌冲突等国际重大事件使德媒关注重点发生转移。

2. 德国主流媒体对"一带一路"的总体传播力度较弱

2013年9月至2022年6月德国8家主流媒体中关于"一带一路"的新闻报道①共1316条，报道数量在涉华报道议题中占比并不高，其中新闻

---

① 注：这里指关键词"一带一路"（或"新丝绸之路"）相关新闻报道数量，不涉及古代丝绸之路。

标题含"一带一路"的报道①仅206篇，占报道总数的16%，并且这类报道中有一部分报道内容与"一带一路"的相关性不高，只是借"一带一路"讨论其他话题。这说明绝大多数报道并非主题报道，而是在报道其他议题时顺带提及"一带一路"。这一方面是由于德国媒体在倡议提出初期因信息源不足、认识不够深入而存在一定的认知和认同缺失所致，另一方面是由于倡议的战略高度和全球维度导致媒体难以把控议题核心，难以通过报道展现独特的新闻视角，因而决定少报道甚至不报道"一带一路"。

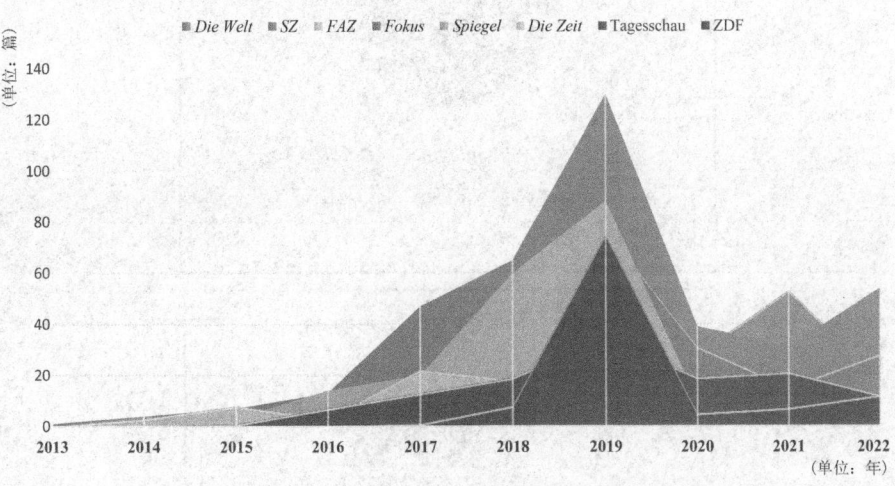

图 11 德国主流媒体中"一带一路"报道的历时走向图②

3. 德国各主流媒体对"一带一路"的关注度程度不同

德国主流媒体"一带一路"相关报道数量由高到低排名依次为：《南德意志报》364篇、《明镜》221篇、《焦点》154篇、《时代》126篇、《今日新闻》121篇、《世界报》118篇、《法兰克福汇报》110篇、德国电视二台102篇，最多与最少报道量之间相差近3倍。以"一带一路"为标题的报道数量排名依次是《焦点》44篇、《南德意志报》42篇、《法兰克福汇报》25篇、德国电视二台22篇、《明镜》21篇、《世界报》和《时代》均

---

① 关键词"一带一路"在同一篇报道中出现多次按一次计算。
② 制图时间：2022年7月1日。由于目前对8家德国媒体报道的统计均为2022年6月30日之前数量，此图按照现有数字的2倍粗略估算2022年全年报道量并代入，以呈现历年总趋势。

为18篇、《今日新闻》16篇。综合看来，《南德意志报》《明镜》《焦点》对"一带一路"关注度相对较高，《法兰克福汇报》和德国电视二台的标题权重较大，可见"一带一路"在各媒体议题设置中的优先级不同。

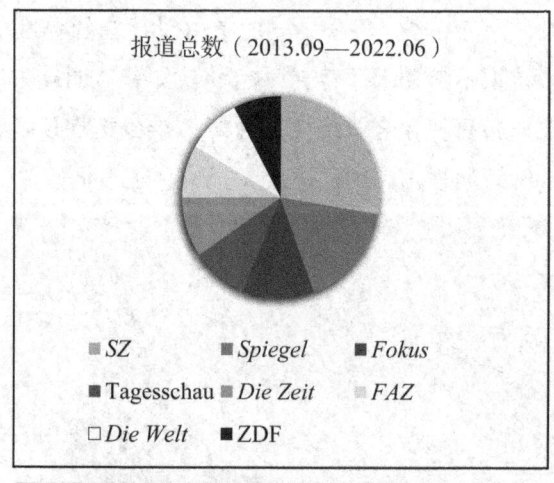

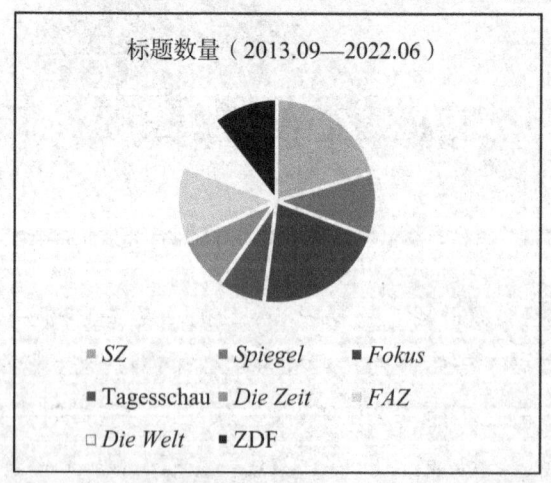

图12　8家德国主流媒体"一带一路"报道量比例图

4. 德国主流媒体对"一带一路"的报道重点相似

从词云图中可以看出，8家德国主流媒体对"一带一路"报道的高频词比较接近，排名前20的高频词依次是：德国、欧洲、北京、政治、经济、西方、俄罗斯、政府、国际、项目、港口、十亿、企业、总统、乌克兰、哈萨克斯坦、影响、巴基斯坦、投资、美元。将总高频词与各媒体高频词比较，发现其关注重点相似，地域上侧重欧洲，重点是德国；关注北京,侧重"一带一路"的中国属性;主题聚焦政治和经济领域,经济领域关注经贸合作,政治领域关注国际局势和大国关系变化。总体上侧重分析"一带一路"对欧洲和德国的影响。

图13 8家德国主流媒体"一带一路"报道词云图①

① 制图时间:2022年7月1日。

第四章　德国媒体对"一带一路"倡议的新闻建构

　　新闻框架是媒体对新闻事实进行选择性处理时遵循的特定原则，通过一定符号体系建构新闻事件的意义，是透视德国媒体对"一带一路"的新闻生产规律和态度倾向的窗口。本章经过对1316篇报道样本的筛选，确定对120篇主题关联度较高的报道样本进行内容量化与文本质化分析，从中提炼德国主流媒体的"一带一路"新闻框架。

　　依据坦卡德的"框架列表"、臧国仁的三层框架划分和甘耐姆的四个维度，确定框架分析的四个类别，分别是：新闻主题、叙事方式、新闻符号、态度立场。依据文献经验进行自定义编码，首先摘取8家媒体官网上每一条"一带一路"新闻报道的标题及发布日期，随后逐篇统计报道的主题、标题①、关键词、观点/内容、态度倾向（①正面 ②中立偏正面 ③中立 ④中立偏负面 ⑤负面）、消息来源、报道时间、报道数量②、叙事特点、配图情况等，最后分别以上述指标的度量来划分新闻报道，分别是：（主题）政治、经济、意识形态；（叙事）事件分析与评估型、事件细节描述型、事件基本信息型、事件背景型；（符号）语言运用、修辞手法、图文关系；（立场）正面、中立、负面，力求完整呈现德国媒体新闻框架特征。

　　在此基础上，确定框架分析步骤：

　　（1）采集样本：①标题或导语部分含关键词"一带一路"的报道；②内容含关键词"一带一路"的报道；③选取范围是8家德国主流媒体官网；④选取时间段为2013年9月至2022年6月。

　　（2）提取信息：①标题中多次出现的有代表性的标语、口号、修辞

---

① 如多篇报道有相同或相似的标题，则选取最具代表性的标题作为示例。
② 标题和内容相似度较高的报道合并计数。

等；②正文中多次出现的有代表性的观点、口号、修辞、配图等。

(3) 分析信息：①主题框架特征；②叙事框架特征；③符号框架特征；④媒体立场与态度倾向。

(4) 提炼框架：总结与提炼德国主流媒体的"一带一路"新闻框架及传播倾向，从中提取"一带一路"形象框架。

(5) 结果分析：对"一带一路"在德国的传播困境进行意义解读和归因分析，在此基础上提出对策建议。

一、主题框架

新闻框架的建构即采取集中的组织思路，通过选择、强调、排除和精心阐释等方式为新闻内容提供背景，并提出中心议题的活动①。主题框架是新闻传递信息的整体表现，考察媒体如何制定框架来建构客体意义，反映了新闻议题的设置情况，通过标题、直接引语等形式表现出来。经过对选取的120篇报道样本的初步分析，发现德国媒体深度聚焦的"一带一路"主题涵盖经济、政治和意识形态三大领域，占比分别为56%、31%、13%（见图14）。其中经济领域报道数量最多（67篇），政治安全（29篇）和卫生健康（8篇）类报道归入政治领域，文化科普（10篇）和民族宗教（6篇）类报道均归入意识形态领域。

（一）经济主题

在德国主流媒体报道中，"一带一路"首先是国家经济战略的代名词，报道最多的主题是经济贸易，主要涉及"一带一路"框架下的中欧经贸合作，其中最常见的关键词为：①国家和地区：中国、欧洲、欧盟、德国、意大利、G7、俄罗斯、白俄罗斯、乌克兰；②经贸合作：巨型项目、140个国家、1万亿美元、贸易、合作、市场、集装箱、港口、海运、中欧班列、铁路、货运、物流链、基础设施、资金、技术、人员、培训；③评价：神话、

---

① TANKARD J. The empirical approach to the study of media framing [M] // REESE S, GANDY O, GRANT A, et al. Framing public life: perspectives on media and our understanding of the social world. Mahwah: Lawrence Erlbaum Associates, 2001: 95-105.

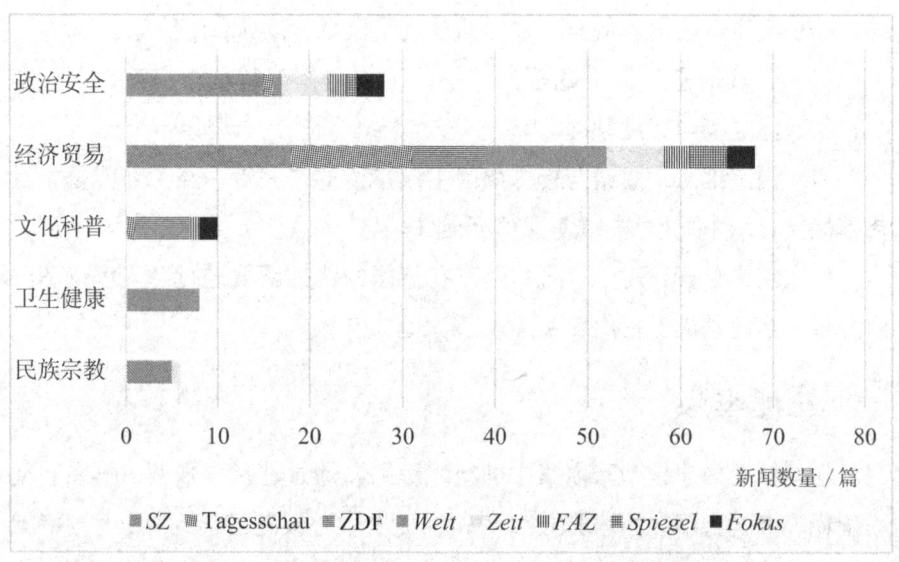

图14　8家德国主流媒体的"一带一路"主题领域划分

共赢、依赖、补贴、贸易保护、全球影响力、债务陷阱、欧盟团结。

经贸主题报道主要涉及：①"一带一路"框架下中德/中欧合作项目进展，如中欧专列、港口贸易，表明德国和欧洲企业的合作意愿，这类报道表达的立场相对中立，提及"一带一路"的发展成果、对德国与欧洲经济社会发展的积极作用。②"一带一路"框架下中德/中欧合作项目的负面效应，如德国企业表示进入"一带一路"门槛高，质疑中国采取保护措施"偏袒"本国企业，将"一带一路"解读为"中国赢"而非"双赢"；面对欧洲国家接连加入"一带一路"，德国媒体指责"中国奸商"对欧洲国家采取"胡萝卜加大棒"的手段；歪曲中国向"一带一路"沿线国家提供财力和人力支持的意图，称之为刻意拉拢，使部分国家陷入"债务陷阱"。

保护主义框架：将"一带一路"等同于政府保护下的经济合作。德国媒体称"一带一路"项目招标缺乏透明度，包括德国在内的欧洲企业针对"一带一路"项目分配问题表示不满。媒体对德国对华贸易保护主义措施绝口不提，反将贸易保护的"帽子"扣在中国头上，称中国政府干预竞争，以此渲染"一带一路"的不公正形象。实际上，中国早在2017年"一带一路"峰会上就强调了市场原则，即遵循市场规律，政府只发挥指向性、服务性功能。这种报道主要源于德国媒体认知的片面性甚至偏见，受

第四章 德国媒体对"一带一路"倡议的新闻建构

外部环境和媒体偏好等多重因素影响。

经济威胁框架:将"一带一路"对欧洲经济的影响视为"威胁"。面对中国与欧洲国家经贸合作的顺利推进,德国媒体声称中国以"一带一路"合作为由将手伸进欧盟内部,对欧洲一体化既得利益构成威胁;中国已是德国的巨大市场,德国诸多行业对中国市场形成严重依赖,威胁欧盟经济发展。德国媒体借此宣扬"中国威胁论",实际上"一带一路"是务实合作平台,而非中国的地缘政治工具,这些报道曲解了"一带一路"共同繁荣的宗旨。

债务陷阱框架:将"一带一路"对亚洲国家的经济影响视为"陷阱"。德国媒体声称"一带一路"倡议通过具体项目拉拢沿线经济实力较弱的国家,通过经济、技术和人员支持以及放债等手段,使这些国家对中国形成依赖,进而在政治和意识形态层面对这些国家形成控制力。"一带一路"是共商共建共享的联动发展倡议,而非中国的对外援助计划,德国媒体的解读视角比较片面,掩盖了"一带一路"倡议作为区域利益共同体的互利共赢本质。

振兴协作框架:认为"一带一路"为欧洲经济注入了活力。针对符合德国和欧洲利益预期的合作项目如港口货运采用此框架。这类报道包含两种立场:一是承认"一带一路"在振兴德国经济、带动旅游业发展、拉动就业等方面的积极意义,对中德经贸关系持积极认同的态度;二是以中立立场阐述具体项目的细节,不做分析和评价。

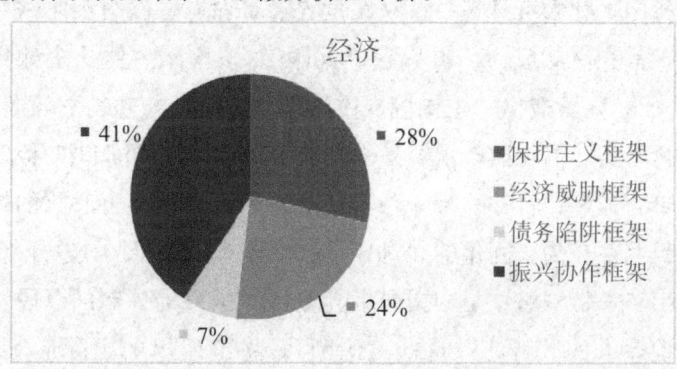

图15 德国主流媒体中"一带一路"报道的经济主题框架①

---

① 同一篇报道中可能同时存在几种新闻框架。

（二）政治主题

"一带一路"报道的第二大主题领域是政治安全，常见关键词为：①代表国家（政治与军事）形象："习近平""中国""北京""共产党""军舰""南海""基础设施""高峰论坛""专制""野心""扩张""权力"；②代表国际关系："联合国""世卫组织""美国""欧洲""德国""法国""意大利""印度""尼泊尔""阿富汗""希腊""匈牙利""塞尔维亚""公平""竞争""不信任""附庸""依赖""地缘政治"；③代表国际地位和影响力："世界秩序""大国竞争""军备竞赛""国际影响力"。

当新闻主题与德国、欧洲利益无关时，德国媒体通常选取事实性素材，譬如对"一带一路"框架下印度、尼泊尔等国与中国合作这类议题，报道立场较为中立。一旦涉及自身利益，则偏向于选择对抗性素材，譬如用反讽手法报道中国外交部长会晤塔利班领导人这一事件，并关联维吾尔族议题来抹黑中国形象，以平衡西方国家从阿富汗撤军引发的不良政治舆论；面对中国迅速崛起和欧洲一体化倒退形成的反差，德国媒体将欧洲凝聚力下降归咎于"一带一路"进入欧洲，甚至称其破坏了世界秩序。德国媒体对"一带一路"的政治立场明显偏向负面，多用非正义框架解读"一带一路"。

战略扩张框架：将"一带一路"视为全球战略扩张工具。德国媒体将"一带一路"倡议及相关的"17＋1"合作机制渲染为中国扩张战略版图、笼络世界各国、壮大自身实力、掌握世界经济命脉、赢得国际领导地位的战略手段，旨在借此成为"世界超级大国"。该框架主要从全球化视角报道"一带一路"，营造出"中国削弱欧盟""中国野心勃勃"等虚假镜像，显然不符合事实，但在舆论上容易引发公众对中国的恐慌和排斥情绪。

政治野心框架：将"一带一路"解读为中国政治"野心"的体现，与德国舆论长期存在的、固化的"对异己政治形态的偏见"[1]进行负向关联，进一步得出"一带一路"是中国向世界输出本国政治体制的手段，体现了中国国家领导人的"野心"这一"论断"，将该倡议的国际形象政治化、

---

[1] 崔洪建. 透视欧洲的中国"制度威胁"幻象［EB/OL］.（2020-10-12）［2020-11-21］. http://www.ciis.org.cn/yjcg/sspl/202010/t20201012_7554.html.

污名化。

渗透分裂框架：将"一带一路"视为"欧盟团结"的破坏者。部分报道声称中国利诱欧洲国家加入"一带一路"，致使欧盟国家在对华立场上出现分歧，造成欧洲内部对立局面，有损欧盟团结，进而断定"一带一路"导致欧盟内部分裂趋势加剧，是中国逐步渗透和分裂欧盟的阴谋，有破坏欧洲一体化成果之嫌。近年来欧洲离心力加剧，根本原因是欧盟制度的结构性缺陷，渗透分裂框架体现了德国媒体转移矛盾焦点的意图。

隐瞒蒙蔽框架：将"一带一路"解读为疫情下的"健康丝绸之路"。德国媒体涉华报道常将批判矛头指向政府信息透明度问题，全球疫情暴发后这种趋势有所加重，德国媒体将"不公开、不透明"的批判叙事带入"一带一路"议题。部分报道用反讽手法打造"健康丝绸之路"的负面意象，极富偏见地指责中国隐瞒真实数据、蒙蔽国际社会，企图塑造"救世主"的形象，趁机打造"健康丝绸之路"，以提升国际形象和地位。然而事实胜于雄辩，这类报道的局限性显而易见。

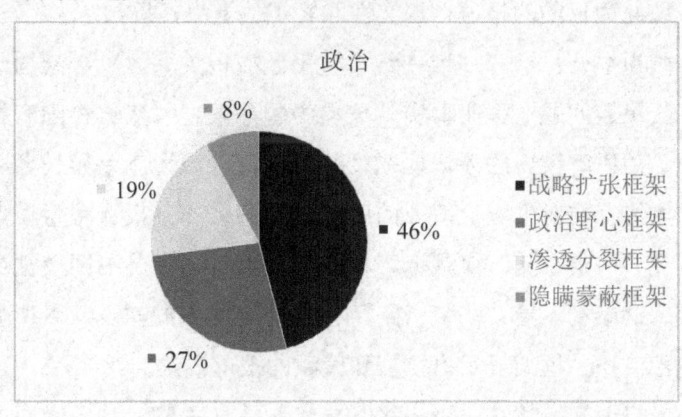

图 16　德国主流媒体中"一带一路"报道的政治主题框架①

（三）意识形态主题

德国媒体擅长将"一带一路"与民族问题、宗教制度、价值观等意识形态议题进行捆绑，作为发挥其社会控制力的传播手段。常见关键词有：①民族与宗教："新疆""维吾尔族""伊斯兰教""穆斯林"；②意识形态：

---

① 同一篇报道中可能同时存在几种新闻框架。

"民主""人权""自由""孔子学院（意识形态输出）"；③中国举措："监视""镇压""集中营"。

德国媒体从意识形态层面抨击中国的惯性由来已久，国际社会热议的"一带一路"话题也沦为德国媒体抨击中国意识形态的载体。这类报道采用明显的非正义框架，刻意对中国形象进行污名化处理。譬如，在"一带一路"相关报道中，对中国新疆少数民族治理议题的报道明显有杜撰和歪曲事实的成分，配图选取视角主观倾向鲜明；对中国承诺向中东地区提供230亿美元贷款，德国媒体凭空得出中国企图控制伊斯兰世界意识形态的污名化论断，借此引发欧洲人对中国的恐惧和抵触，以实现舆论引导与社会控制的目的。这种报道倾向在全球疫情暴发后有所加剧，欧洲疫情的失控和民众的不满，催生了民众对资本主义制度和价值观优越性的质疑，德国媒体试图借"一带一路"报道转移视线，引导民众对中国主流意识形态和政治价值观产生排斥心态，进而稳固民众心中对资本主义制度和价值观的认同，以此为目的的报道在真实性和客观性上大打折扣。

民族歧视框架：将"一带一路"与民族歧视关联。少数德国媒体长期在中国少数民族问题上歪曲事实，抹黑中国形象，并擅长将固有批判思维改头换面，用以解读新的涉华议题。鉴于中德意识形态差异长期存在，德国媒体中始终存在对中国价值观的质疑和批判。部分报道将意识形态差异强行套用在"一带一路"议题上，杜撰报道素材，污蔑中国设立少数民族"集中营"、搞歧视，给"一带一路"扣上缺乏民主的帽子，以彰显自身价值观优越性。这一框架显示出狭隘和偏激的报道视角。

独断专行框架：将"一带一路"与专制主义关联。基于中西方制度差异，德国媒体常采用此框架批判中国政治价值观。部分德国媒体习惯从西方视角解读中国内政议题，如中国香港等地区的治理问题，叙事立场较为偏激，片面地将中国政府等同于专制制度、将领导人等同于独断专行，以彰显自身政治价值观的优越性。这种主观批判之风延伸到全球疫情议题上，给德国媒体指责中国制度增加了新借口，如歪曲报道中国政府在疫情管理中对本国公民隐私进行窥探和全方位监视。

和平发展框架：将"一带一路"视为和平发展、合作共赢的倡议。这一框架主要出现在从文化视角阐述"一带一路"倡议历史演变的科普类报道中,从人类发展角度肯定该倡议的积极意义。

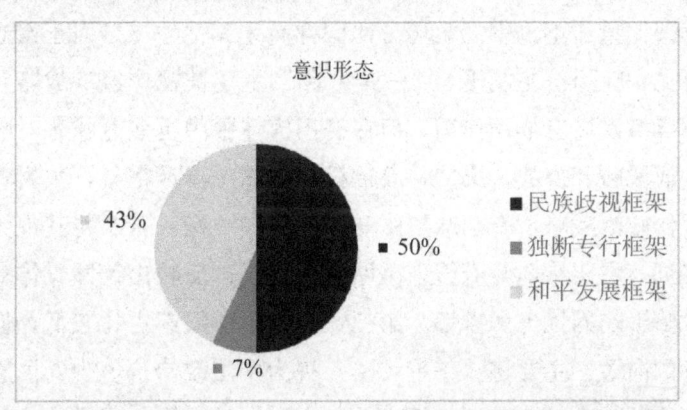

图17 德国主流媒体中"一带一路"报道的意识形态主题框架

(四)态度立场

德国媒体对"一带一路"的主题框架建构,主要是从利益得失分析、政治意图揣测、意识形态排他等角度展开的,较少关注"一带一路"在全球层面的进展和对人类文明、文化进步的积极意义。框架的搭建偏向于消极意识形态的引导和他者观念的渗透,总体呈现出排斥框架为主、接纳框架为辅的特征。就报道呈现的媒体态度立场而言,负面立场居多,中立立场次之,正面立场较少。

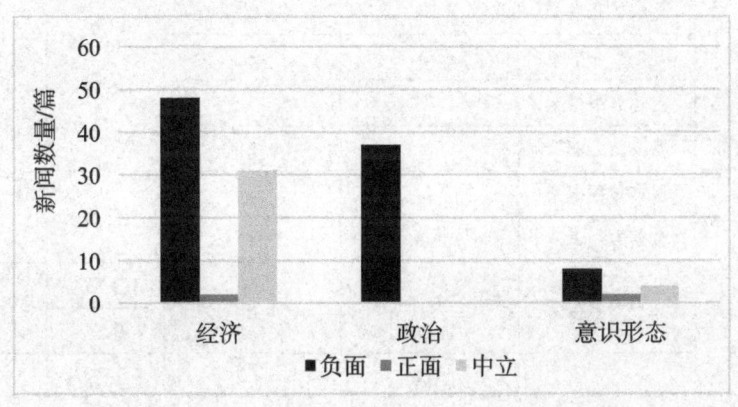

图18 德国主流媒体对"一带一路"的态度立场示意图

内容分析结果显示,德媒的"一带一路"报道中只有四分之一反映了当下的情况，三十分之一为肯定，剩下的几乎都是批判。第一，经济主题报道中负面立场占六成，在所有新闻框架中占比近四成，远高于其他领域的负面框架比重，不过中立立场占比同样高于其他领域，而正面立场占比偏低。可见，在经济主题下，"一带一路"主要被视作经济战略，虽对德国和欧洲经济发展有推动作用，但在德国媒体眼中更多意味着对欧洲和其他地区构成威胁和挑战。第二，政治框架皆属于排斥框架，主要将"一带一路"视作政治战略，有全球扩张和分化欧洲之嫌，其次将其视为中国制度的代名词，主要指向政府管理透明度问题，这反映出德国媒体对"一带一路"政治影响的忧虑和警惕。第三，意识形态框架占比较低，但具有强烈的立场倾向性，主要将"一带一路"视为中国政治价值观、民族宗教融合与国家治理理念的代名词，其中关于中国内政问题的报道占比较高，属于排斥框架，而科普类报道占比较低，属于接纳框架。

表21 德国主流媒体中"一带一路"报道的主题框架（2013.09—2022.06）①

主题范围	框架类型	报道数量/篇	占比（≈%）	态度立场及占比（≈%）	
经济	保护主义框架	23	17	负面	37
	经济威胁框架	19	14		
	债务陷阱框架	6	5		
	振兴协作框架	33	25	正面	1
				中立	23
政治	战略扩张框架	17	13	负面	28
	政治野心框架	10	8		
	渗透分裂框架	7	5		
	隐瞒蒙蔽框架	3	2		
意识形态	民族歧视框架	7	5	负面	6
	独断专行框架	1	1		
	和平发展框架	6	5	正面	2
				中立	3
总计		132	100		100

① 分析样本中部分框架重叠，即同一篇报道中可能同时存在几种新闻框架，因此合计数量超过120。

第四章 德国媒体对"一带一路"倡议的新闻建构

在基于主题划分的自定义编码基础上,依据扎根理论的三段编码内涵①,通过对报道样本进行开放式编码、主轴式编码、选择性编码,得出"一带一路"提出至今德国主流媒体的认知图景:①"一带一路"的性质:经济和地缘政治大项目,源于具有贸易通道价值的古代丝绸之路;②中国的意图:扩大全球影响力、成为超级大国,互利互惠、合作共赢;③对中国的影响:塑造威望,扩大影响,使他国形成依赖;④对欧洲的影响:中欧合作增加、德国和欧盟从中受益,北京的手已伸进欧洲中心、充当欧洲救世主;⑤欧洲的立场:"一带一路"造成欧盟分裂,必须团结一致应对中国,要遏制中国对欧盟的影响力、减少欧洲对中国的依赖;⑥全球影响:引发军备竞赛及一些国家的不信任,输出中国意识形态,对中国制度的认同增加。

综上可见,德媒对"一带一路"的新闻建构,在理念层面凸显零和博弈框架,在制度层面凸显二元对立框架,在实践层面凸显冲突—合作框架。这不仅会影响德国乃至其他欧洲国家受众对"一带一路"的认知和态度,还会塑造一种解读其他中国议题的思维模式。

二、叙事框架

根据梵·迪克的基模概念,新闻图式可划分为事件基本信息型、事件细节描述型、事件分析型、事件评估型及事件背景型②。由于报道对象及目的不同,新闻呈现的图示因素也不尽相同,以达到不同的报道效果。新闻图式的选择和运用体现了媒体动机和态度立场,架构出媒体的叙事框架。德国媒体的"一带一路"叙事主要涉及 4 种图式类型:①分析与评估型,主体部分分析与评论较多,事实陈述较少;②基本信息型,主体部分主要侧重于事实概述,分析与评估较少;③细节描述型,主体部分主要侧重于事实细节描述,分析与评估较少;④事件背景型,主体部分主要涉及对"一带一路"倡议的相关背景知识及发展脉络的介绍。

---

① 王念祖. 扎根理论三阶段编码对主题词提取的应用研究 [J]. 图书馆杂志,2018,37(5):76.
② 臧国仁. 新闻媒体与消息来源:媒介框架与真实建构之论述 [M]. 台北:三民书局,1999:6-34.

表 22　8 家德国主流媒体中"一带一路"报道的新闻图式

图式范畴	媒体	报道数量/篇	在本类型 8 家媒体中占比（≈）	在本媒体四种类型中占比（≈）	该类型在四种类型中占比（≈）
分析与评估型	*Die Welt*	8	14.0%	53.3%	47.5%
	SZ	27	47.4%	60.0%	
	FAZ	1	1.8%	16.7%	
	Fokus	5	8.8%	62.5%	
	Spiegel	2	3.5%	40.0%	
	Die Zeit	9	15.8%	75.0%	
	Tagesschau	2	3.5%	13.3%	
	ZDF	3	5.2%	21.4%	
	共计	57	100%	—	
基本信息型	*Die Welt*	1	7.7%	6.7%	10.8%
	SZ	6	46.1%	13.3%	
	FAZ	1	7.7%	16.7%	
	Fokus	1	7.7%	12.5%	
	Spiegel	0	0.0%	0.0%	
	Die Zeit	0	0.0%	0.0%	
	Tagesschau	0	0.0%	0.0%	
	ZDF	4	30.8%	28.6%	
	共计	13	100%	—	
细节描述型	*Die Welt*	6	13.6%	40.0%	36.7%
	SZ	12	27.3%	26.7%	
	FAZ	3	6.8%	50%	
	Fokus	0	0.00%	0.0%	
	Spiegel	3	6.8%	60.0%	
	Die Zeit	3	6.8%	25.0%	
	Tagesschau	12	27.3%	80.0%	
	ZDF	5	11.4%	35.7%	
	共计	44	100%	—	

第四章 德国媒体对"一带一路"倡议的新闻建构

续表

图式范畴	媒体	报道数量/篇	在本类型8家媒体中占比(≈)	在本媒体四种类型中占比(≈)	该类型在四种类型中占比(≈)
背景型	Die Welt	0	0.0%	0.0%	5.0%
	SZ	0	0.0%	0.0%	
	FAZ	1	16.7%	16.6%	
	Fokus	2	33.3%	25.0%	
	Spiegel	0	0.0%	0.0%	
	Die Zeit	0	0.0%	0.0%	
	Tagesschau	1	16.7%	6.7%	
	ZDF	2	33.3%	14.3%	
	共计	6	100%	—	
总计		120	—	—	100%

在这4种新闻图式中,德国媒体主要采用的图式范畴为分析与评估型,占全部类型比重的47.5%,其次是事件细节描述型占36.7%,事件基本信息型占10.8%,事件背景型占5%。总体来看,叙事框架具有重事件细节、轻基本信息,重分析评价、轻背景介绍的特点。基本信息型和事件背景型叙事形式侧重客观、全面的事实呈现,而细节描述型侧重媒体对新闻材料的选择和强调,分析评估型则更加侧重对受众观点的引导。"一带一路"倡议相关报道数量虽少,但篇幅较长,专题评论、特约评论和专访形式在所有新闻类型中占一定比重,体现了德国媒体对该议题报道的审慎态度。由此可见,"一带一路"报道的叙事框架呈现主观性、片面性强的特点,整体构建出批评框架。这里的批评框架并非狭义上的批评,它既包含叙事方式上的评论、评判,也包含态度立场上的指错倾向,具有"评论多,消息少;分析多,陈述少;主观多,客观少"的特征。

8家德国主流媒体叙事形式各有侧重。《法兰克福汇报》和德国电视二台涵盖全部4种叙事形式,《法兰克福汇报》的细节描述型占本媒体4种叙事类型的50%,另外3种类型共占50%,可见该报侧重对"一带一路"进展细节的描述;德国电视二台的叙事形式分布较为均衡,分析与评估型为21%,基本信息型为29%,细节描述型为36%,事件背景型为14%。《南德意志报》和《世界报》均有3种叙事形式,即分析与评估型(占比分别为60%和53%)、细节描述型（27%和40%)和基本信息型（13%和7%），《时代》涵盖分析评估型（75%）和细节描述型（25%）2种类型，这3家媒体均侧重对"一带一路"影响和意义的分析与评估。《明镜》涵盖细节描述型（60%)、分析与评估型（40%）2种类型，《焦点》涵盖细节描述型（62.5%)、事件背景型（25%)、分析与评估型（12.5%) 3种类型，《今日新闻》涵盖细节描述型（80%)、分析与评估型（13%)、事件背景型（7%）3种类型，这3家媒体均侧重细节描述。

总体来看，德国主流媒体中这4种叙事形式的分布各有特色。分析与评估型是各大媒体通用叙事形式，8家媒体报道均有涉及，其中《南德意志报》在本事件类型8家媒体中占比最大（47%)，《时代》（16%)和《世界报》（14%)列居其后。事件细节描述型除了《焦点》之外其他7家德国媒体均有涉及，其中《南德意志报》和《今日新闻》报道数量占同类型所有媒体报道数量比例最高（均为27%)，《世界报》（14%)和德国电视二台（11%)紧随其后。涉及基本信息型的媒体有《南德意志报》、德国电视二台、《法兰克福汇报》、《焦点》和《世界报》，在同类型8家媒体中占比依次为46%、31%、8%（后3家占比相同）。涉及事件背景型的媒体有《焦点》和德国电视二台（各33%)、《今日新闻》和《法兰克福汇报》（各17%)，其他媒体没有涉及该类型的报道。

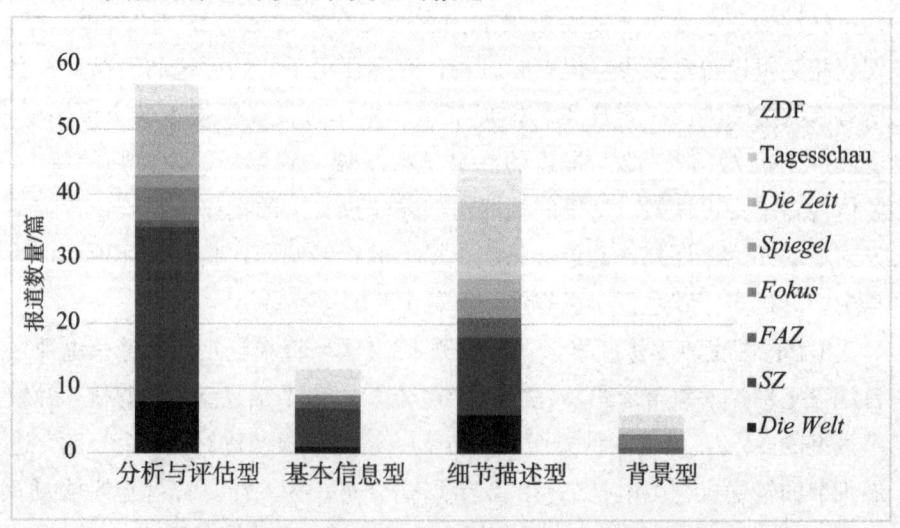

图19 德国主流媒体中"一带一路"的叙事形式分布图

从叙事个性化特点来看，《今日新闻》和德国电视二台的报道侧重细节描述，是为数不多对"一带一路"历史内涵进行科普性报道的媒体，分析评价比重较小，立场较为中立；《南德意志报》侧重从经济和政治角度分析与评估"一带一路"对德国、欧洲及世界其他地区的影响，细节描述比重较小；《时代》周刊则常将"一带一路"主题与中国的民族事务专题评论捆绑，文章中细节描述与分析评价比重相当；《焦点》侧重分析"一带一路"对德国和欧洲的影响，且在事件背景型叙事中占比最大。

三、符号框架

新闻报道在文字和图像符号的选择和运用上往往有特定的隐含意义，反映了新闻报道的角度和立场，两者叠加可以强化新闻报道对受众认知的影响。

（一）语言符号

1. 语言运用

从前文对 8 家德国媒体报道中"一带一路"德文表述的统计结果可知，在德国主流媒体对"一带一路"的报道中，出现频率最高的德文表达是 die Neue Seidenstraße（新丝绸之路），有些报道在该表述前加上定语 Chinas（中国的）或 Xi Jinpings（习近平的），类似表达还有 die (Neue) Seidenstraße-Initiative［（新）丝绸之路倡议］，das (Neue) Seidenstraße-Programm/Projekt［（新）丝绸之路项目］，词频均低于 die Neue Seidenstraße。Belt and Road 主要作为 die Neue Seidenstraße 的英文释义出现在该词后面，使用频率远低于德文表达，One Belt One Road 比 Belt and Road 使用频率更低。另有少数报道使用德英混合表达 die Belt and Road-Initiative（一带一路倡议），更低频的德文表达还有 ein Band/Gürtel，eine Straße（一带，一路），die Gürtel und Straße-Initiative（带路倡议），One Belt One Road-Route（一带一路路线）①。

可以看出，德国媒体使用的"一带一路"主流表述是德文 die Neue Seidenstraße。德语与英语同属印欧语系日耳曼语族，因此德语有很多来自

---

① 为了便于理解德文构词，括号里的中文均采用直译。

英语的舶来词,在日常生活中常使用外来词,但在有母语表达的前提下,即便外来语更具有国际通用性,依然倾向于使用德文表达,这也表明德国主流媒体作为对外传播媒介对本国语言地位的重视。

2. 修辞手法

德国媒体报道善用不同修辞手法来加强传播效果,如隐喻、反讽、拟人、移情和对比,其中反讽既是表达手段,也是表达目的。各种修辞手法常出现于政治主题报道中,主要用于刻画中国领导人和国家形象、国家角色和国际地位。修辞手法也常见于新闻标题中,而标题中色彩强烈的词语可以对受众认知产生很大影响,容易使受众形成先入为主的偏见。

表23 德国媒体报道"一带一路"所采用的修辞手法

	典型及示例	内涵	媒体/时间
隐喻	十亿坟墓	将"一带一路"铁路线建设与欧洲对北溪2号投资做类比,最终数十亿欧元仿佛进了"坟墓"	*Die Welt* 2022
	附庸	讽刺依赖中国资金的国家正成为专制政权的忠实附庸国	*Fokus* 2022
	解毒剂	认为新冠病毒危机反映出欧洲在经济上过度依赖中国,需要采取方法"解毒",即摆脱依赖	*Die Welt* 2020
	龙	将中国领导人比作慢慢吐出毒液的中国龙;将在欧洲推进"一带一路"的中国比作贪婪的巨龙	*SZ* 2020 *Fokus* 2020
	特洛伊木马	将意大利比作中国用以入侵欧洲的"特洛伊木马"	*SZ* 2019
拟人	把手伸进欧洲	原文:北京的手臂已经通过"一带一路"伸进了欧洲,暗指手伸得过长	*Fokus* 2022
	救世主	暗讽中国的自大	*SZ* 2020
	"龙"抓自己的尾巴	暗讽追名逐利	*SZ* 2020
	亮肌肉	原文:世界新秩序"中国制造"——北京在亮肌肉,这里指北京展示自身实力,暗讽姿态高调	*Fokus* 2019
	抚摸	原标题:请不要抚摸中国,嘲讽拍中国的马屁	*Die Zeit* 2020
对比	庆典与墓地	华盛顿的失败对中国官方媒体来说是一场庆典,喀布尔的陷落正在为美国霸权的衰落敲响墓地的丧钟	*Die Zeit* 2021
	熊与龙	冷战时俄罗斯被比喻为咧嘴獠牙的熊,如今中国领导人被比拟为慢慢吐出毒液的中国龙	*SZ* 2020
	昏聩与力量	默克尔的昏聩,中国的力量(德文Ohnmacht和Macht)	*Die Welt* 2019

(二)图像符号

德国媒体报道中的新闻配图选取视角与传播意图与主题框架相符。经济领域的报道常配有"一带一路"项目相关图片,如港口、集装箱、货运班列、基建工程等。这类报道配图呈现两极化特点:一方面,由于德国港口从"一带一路"项目中受益,欧洲企业也试图从中谋取利益,因而关于"一带一路"框架下中德与中欧合作项目的新闻配图多为项目情况的客观写照,不含政治倾向和意识形态因素;另一方面,由于欧洲企业对"一带一路"项目招标透明度质疑,这类报道的配图具有一定贬损色彩,常用含有双关意义的龙元素。龙在中国文化中是神圣的代表,舞龙是祈求平安和丰收的一种民俗文化,而在西方则是邪恶的象征,此类主题用舞龙作为配图,容易使西方读者因对中国文化的认知偏差而引发负面联想。

"一带一路"在政治主题框架下多作为中国外交战略和对外形象的代名词。在涉华重大议题报道中,常用国家领导人照片作为配图;在多国领导人会晤、互访等重大活动报道中,常用各国领导人同框照片作为配图,符合政治类新闻配图的正式性、官方性、严肃性特征。

德国媒体常将中国内政议题与意识形态议题进行关联报道,将区域自治、民族团结及价值观等议题捆绑起来,输出其价值判断,形塑出一种缺乏民主与自由的虚假镜像。这类报道常选用带有严重民族偏见的新闻配图,其中含有中国国旗、中国少数民族、警察、自由等元素。但无论是照片的拍摄视角还是色彩呈现,都显示出这类报道的主观性、片面性、蒙蔽性特征,起到传播民族偏见、抹黑中国形象的作用,引导德国民众对中国意识形态和民族治理产生怀疑和不满,进而实现政治诱导的目的。

军事与安全领域的报道常用中国军事设备和中国军人的照片作为配图。此类新闻图片的拍摄角度和色调选取,常营造出一种来自中国军事力量的压迫感和恐惧感,这是包括德国在内的西方媒体用于打造"中国威胁论"的惯用手法。

卫生健康领域的报道主要聚焦新冠疫情,配图中包含的主要符号有两种:一是中国人、口罩、中国医院、中国街道等日常场景,照片抓取视角消极、图片色调昏暗,营造出疫情管控下人们内心恐惧、亲人相隔的氛围;另一种是对中欧携手抗疫的反讽,意在歪曲中国与一些欧洲国家的关系,抹黑中国的援助行为。此类新闻配图还试图营造一种讽刺性的"积极"视角,将戴口罩的中国领导人塑造为"控制者"形象,暗喻德国媒体中常见的"中国控制论"。

(三)框架特征

德国媒体对"一带一路"符号框架的搭建采用保护框架和冲突框架。保护框架主要体现在语言运用上,体现了对本国语言文化的保护意图;冲突框架主要体现在图文符号运用上,注重修辞手法和新闻配图对传播效果的影响,多表现出讽刺意图。

母语优先原则:德语新闻中常见英文外来词,但在"一带一路"报道中,即便外来语更具有国际通用性,媒体依然倾向于优先使用德文表达,间接强调和凸显本国语言文化的地位,属于保护框架。

先入为主效果:德国媒体报道善用修辞手法,常见于标题和配图之中。修辞的暗示意义容易影响读者对内容的理解和对事实的判断,而大部分读者只浏览标题和配图,更容易先入为主地接受图文符号所传达的隐含意义,属于冲突框架。

讽刺意图鲜明:新闻符号既是表达手段,也是传播目的,德国媒体对"一带一路"采用的图文符号多含有讽刺意图。如《南德意志报》题为《对特洛伊木马的恐惧》[①]的报道,用"特洛伊木马"喻指"一带一路"倡议,将意大利加入"一带一路"比喻成将病毒引入欧洲,图文结合更显反讽意味,属于冲突框架。

四、形象框架

根据德国媒体的"一带一路"新闻框架特征,选取内容、口号、修辞、配图和报道数量这几个维度,对"一带一路"形象框架进行总结和提炼,从中得出"一带一路"形象包含7个意识形态包裹,分别是专制主义、野心勃勃、保护主义、削弱欧盟、救世主、债务陷阱和经济力量。这里分别运用指代策略即通过隐喻、借代等表现手法来建构"一带一路"破坏全

---

① SZ. Angst vor dem Trojanischen Pferd [EB/OL]. (2019-03-22) [2020-11-28]. https://www.sueddeutsche.de/politik/china-italien-seidenstrasse-1.4377569.

球秩序、破坏欧盟团结的"他者"形象，运用宣称策略即通过明确的断言来表达对"一带一路"的否定和排斥态度。这些意识形态包裹共同构成了德国媒体中的"一带一路"形象，反映出德国社会舆论的基本形态。

表24 德国主流媒体中的"一带一路"形象框架（2013.09—2022.06）

意识形态包裹	内容	口号	修辞	配图	报道数量/篇
1. 专制主义	• "一带一路"是中国推广专制制度的工具 • 欧洲经济过度依赖中国，政治立场受影响 • "一带一路"加大了中国对欧盟的影响力	• 不要失去理智接受专制政权 • 欧洲必须减少对中国的依赖	• 驯龙 • 解毒剂	• 戴口罩的领导人 • 中国公交上的意大利字样	21
2. 野心勃勃	• "一带一路"体现中国称霸全球的野心 • "一带一路"意在谋求地缘政治利益 • 引发基础设施领域军备竞赛 • 引发其他国家的不信任	• 为中国的野心担忧 • "由中国主导世界秩序"不现实	• 龙 • 拍马屁	• 许多戴面具的民众	20
3. 保护主义	• 欧洲企业抱怨难加入"一带一路"项目 • 缺乏透明度和公平性	• 中国偏袒本国企业	—	• 港口码头 • 集装箱 • 舞龙	16
4. 削弱欧盟	• 中国通过"一带一路"提升国际地位，欧盟国际地位下滑 • 部分欧盟国家的加入引发其他盟国不满，"一带一路"破坏欧盟团结	• 欧洲在中俄美大国竞争中扮演次要角色 • "17+1"模式在欧洲站稳脚跟 • 欧洲告别团结的"童话"	• 国王 • 特洛伊木马	• 中俄领导合影 • 中意牵手	10
5. 救世主	• 中国搭建"健康丝绸之路" • 中国企图当欧洲的救世主	• 中国企图扩大影响力 • 警惕北京的"宣传病毒"	• 救世主 • 唱颂歌	• 欢庆舞蹈的中国医护人员 • 戴口罩的中国人	8

续表

意识形态包裹	内容	口号	修辞	配图	报道数量/篇
6. 债务陷阱	• "一带一路"意图将经济疲软的国家推入债务陷阱，使它们依赖中国	• 警惕中国的"债务陷阱外交"	• 陷阱 • 胡萝卜加大棒	• 中尼领导合影	6
7. 经济力量	• 中国是德国的重要贸易伙伴和第一大市场 • 中欧海上丝绸之路顺利推进 • "一带一路"拉动港口城市经济与就业 • 为沿线国家基础设施建设提供资金和人力	• 世界最大基础设施建设项目 • 德国从"一带一路"项目受益 • 经济走廊拉动沿线国家经济	• 经济走廊 • 蜜月期	• 集装箱 • 渝新欧铁路班列抵达欢迎仪式	39

德国媒体建构"一带一路"形象的第一大共性是倾向于塑造负面形象。7个意识形态包裹中有6个表现出对该倡议的负面立场，仅1个表现为中立立场。负面意识形态包裹中最突出的3个是专制主义、野心勃勃、保护主义，强调中西方制度和价值观差异，对该倡议持鲜明的警惕、质疑乃至排斥态度。

第二大共性是侧重经济与政治形象。在德国媒体"一带一路"报道的所有主题领域中，占比由高到低依次是经济、政治、意识形态，其中经济和政治领域占比近九成。简而言之，经济与政治利益是德国媒体塑造"一带一路"形象的重要考量依据，据此建构出"一带一路"的保护主义、专制主义、救世主等形象。

第三大共性是塑造与欧洲对立的形象。在"一带一路"相关报道中，欧洲视角的报道数量远多于其他地区和国家，甚至超过德国，可见"欧洲的德国"对欧洲整体发展高度关注。"一带一路"形象的7个意识形态包裹都与欧洲有着直接或间接的关系，对欧洲在"一带一路"中的利益得失进行了消极预判，以负面评价为主，主要采用批评框架和冲突框架。

第四大共性是善于打文化差。利用德国人对中国文化符号解读产生的信息差，运用特定符号进行情境预设，进而造成暗示效果。例如关于"欧洲企业加入'一带一路'项目无门"① 的多篇报道使用庆祝中欧班列开通时中国人舞龙庆贺的场景作配图,构图方式和隐含意义容易使许多不了解中国文化的德国受众联想到西方的"恶龙",进而对该议题产生负面认知关联。

大部分德国民众并不具备对中德文化差异的清醒认知,而没有系统跨文化知识的人是不会反思世界上除了自己的文化标准之外还有其他文化标准这一事实的②。因此,德国主流媒体通过构建"一带一路"新闻框架,在很大程度上掌握了对"一带一路"的定义权和解释权,能够按照自己的价值取向在德国乃至欧洲塑造"一带一路"形象,进而影响受众的认知结构。对"一带一路"形象建构的剖析有助于透彻理解和认识德国主流媒体带有偏见的传播套路,我国媒体工作者可以在应对不实报道时进行准确而有效的叙事重构,以维护中国的国际形象。

---

① DIE ZEIT. EU-Firmen finden keinen Zugang zu Seidenstraßen-Projekt [EB/OL]. (2020-01-16) [2020-11-28]. https://www.zeit.de/wirtschaft/unternehmen/2020-01/europaeische-wirtschaft-china-neue-seidenstrasse-handel.

② MALETZKE G. Interkulturelle Kommunikation: Zur Interaktion zwischen Menschen verschiedener Kulturen[M]. Opladen: Westdeutscher Verlag, 1996:23.

第五章 "一带一路"倡议在德国的传播困境

"一带一路"传播困境的显性问题是话语困境,隐性问题是认同困境。话语困境隐没于新闻框架之中,主题层面突出排斥框架,叙事层面侧重批评框架,符号层面偏向冲突框架,无不体现出德国主流媒体新闻报道的选择性和倾向性,左右着"一带一路"在德国的定义和诠释。认同困境是话语困境的根源,外受国家利益等因素影响,内受新闻生产过程的非中立性、利益相关性和立场倾向性推动,表现为德国媒体对"一带一路"的排斥态度。

如果说框架效应主要通过不同的叙事表达策略来影响公众的判断和决策,那么议题设定和启动效应则更多试图影响公众进行判断时所采用的依据[①]。在国际议题报道中,主流媒体对他国的报道方式,包括选择哪些报道主题,忽略哪些主题,传达哪些刻板印象,对塑造该国形象起重要作用,这给本国民众对他国的认知产生较大影响。主流媒体不断地使用和强调某种特定的新闻框架,在主题和话语选择过程中构建出一个特定的"事实",媒体话语和论证模式的单方面构建,容易使受众先入为主地接受媒体环境系统中的话语和观点,从而接受被报道国家或敌或友的形象,进而影响传播效果和舆论环境。本章从媒体和受众两个方面来解读"一带一路"在德国的传播效果,并从德国的疑虑入手,解析传播困境之源。

一、"一带一路"在德国媒体中的话语困境

德国主流媒体的"一带一路"新闻框架从主题和表达层面不同程度地传递了排斥倾向和对立意识,揭示了媒体的负面传播倾向:主题层面突出对立、异化的视角和较强的意识形态偏向性;表达层面突出批判叙事,大

---

① 李泉.为什么中国的叙事越来越难以影响美国民众[EB/OL].(2022-04-15)[2022-04-24]. https://news.ifeng.com/c/8FDzoJAEX8Z.

量运用反讽手法；冲突框架占比七成，政治框架皆为负面，产生较强的负面舆论导向。

（1）新闻体量：关注度随重大事件起伏，传播力度整体较弱。德媒较少关注国家层面的政策和战略，对"一带一路"的关注度逐年增加但总体水平较低，"一带一路"议题的报道数量在中国议题中占比较小，报道多采用高解释水平，内容宽泛而抽象，传播力度总体较弱。统计数据显示，近9年来8家德媒报道中含"一带一路"关键词的报道共1316篇，报道数量逐年提升，2019年报道量达到顶峰，2020年后有所回落，其中大部分是素材报道而非主题报道。德媒对"一带一路"的关注度在世界媒体中排名靠后。2017年全球多语种媒体按"一带一路"报道量排名，排名靠前的媒体包括5家日本媒体（日文），3家韩国媒体（韩文），3家美国媒体（英文），2家中国香港媒体（中文）[①]，德国媒体（德文）并未进入前20名，这在一定程度上反映出德媒对"一带一路"倡议的关注度与世界其他国家相比仍有较大差距。

（2）新闻主题：议程设置较硬，凸显认同偏见。德媒的"一带一路"报道主题涉及经济、政治和意识形态三大领域，主题框架以排斥框架为主、接纳框架为辅，11个主题框架中有9个排斥框架，占比超七成。其中经济领域有1个接纳框架，正面和中立立场也占一定比重，政治领域皆属排斥框架，意识形态领域同样具有浓厚的负面色彩。"一带一路"的形象框架建构同样有较强的政治和意识形态偏向性，同样以负面形象塑造为主要特征。社会事实往往是由多方面、多因素构成的，新闻框架只强调某方面而忽略其他方面，就会妨碍人们对事实进行全面思考。德媒的"一带一路"议程设置突出三大领域的排斥立场，不断强化媒体中已有的刻板印象，表现出较强的认同偏见。

（3）报道对象：聚焦自身利益，突出国家站位。德媒对"一带一路"的报道主要从自身利益视角展开，聚焦于该倡议对德国和欧洲的影响，较少关注其他非欧盟国家；聚焦利益分歧和价值观差异，较少从长远角度阐

---

① 周亭，程南昌. 全球多语种媒体视野中的"一带一路"传播研究［J］. 国际传播，2017（5）：13.

述"一带一路"为人类发展、文化交流、文明融合所带来的机遇和对世界格局的积极影响,几乎不涉及该倡议的全球意义和构建人类命运共同体等积极理念;出于对"一带一路"倡议的国际战略定位,德媒的新闻取材和报道视角受精英阶层的影响较大,消息来源主要是欧洲媒体和社会精英,优先报道智库和专家的评论,较少关注该倡议在民生层面的积极意义。

(4)态度立场:意识形态偏向性强,构建负面认知关联。德媒在涉华议题上长期采用负面意识形态框架,塑造的"一带一路"形象含有较强的意识形态偏向性。德媒通过将"一带一路"与以往构建的意识形态议题之间进行指向性关联,构建出一种固定的负向思维模式,使"一带一路"在德国的消极意义生成更加具象性、易于操控。例如在报道"人权"议题时,《南德意志报》和《明镜》将所谓的侵犯人权的行为归咎于共产党的领导,《时代》将问题归于现代化和改革进程的影响①,进而在"一带一路"与人权议题之间构建出一种负面认知关联——提到"一带一路",人们就会联想到人权缺失、专制主义等负面意象。

(5)表达方式:多主观叙事和反讽手法,负面舆论导向性强。德媒的"一带一路"叙事中分析评论居多但缺乏深度,具有较强的主观性;大量运用反讽、隐喻等修辞手法影响受众认知;利用属格关系和宣称等话语策略表达主观态度倾向,消解"一带一路"的全球意义。譬如 Chinas/Xi Jinpings Neue Seidenstraße(中国的/习近平的新丝绸之路)的表达利用所属格关系将"一带一路"指向中国或国家领导人所有,消解其全球意义和共同发展繁荣理念;利用意识形态导向型话语策略,形塑出"威胁欧洲""缺乏民主"等虚假镜像,有较强的负面舆论导向性。

值得注意的是,德国媒体在"一带一路"新闻建构中最常用的负面传播手段是构建指向性关联。媒体通过新闻话语与固有主题之间的指向性关联,将能够激活受众固有认知偏见的涉华旧议题与"一带一路"新议题进行指向性关联,使其意义生成更加具体、形象,进而引导受众形成预期的

---

① RICHTER C, GEBAUER S, THOMAS H, et al. Die China-Berichterstattung in den deutschen Medien: Eine Studie von Carola Richter und Sebastian Gebauer mit Beiträgen von Thomas Heberer und Kai Hafez [M]. Berlin: Heinrich-Böll-Stiftung, 2010: 13.

舆论效果。实际上，新闻媒介提供给公众的本就不是事件的本来面目，而是新闻媒介的议程——是对世界上发生的事件有选择的报道①。媒体可以通过议程设置引导公众对特定议题予以关注。他们在告诉读者怎么想这点上大多不怎么成功，但在告诉读者想什么方面却异常有效②。因此可以说，媒体报道什么，公众便注意什么，媒体越重视什么，公众便越关心什么③。

8家德国主流媒体多次使用野心、分裂等话语与政治主题关联，利用大部分民众对中国政治体制的认知缺失或已有的刻板印象营造不利于"一带一路"政治形象的负面舆论环境，将其塑造为野心勃勃的计划；使用威胁、保护等话语与经济主题相关联，利用主流社会对中国崛起的担忧与对自身经济衰退的恐惧，将欧盟结构性问题的责任推卸给"一带一路"这一"外来物"；使用专制、歧视等话语与意识形态主题关联，强化德国民众对中国政治价值观的固有偏见，引发对"一带一路"所含价值观念的排斥情绪。媒体通过这一系列负向关联，使大众提及"一带一路"就会联想到这些负面形象，进而营造出不利于"一带一路"传播的本土舆论环境。

"一带一路"倡议在德国的意义生成于主流媒体的新闻框架之中，它既是一种客观存在，也是媒体建构出的一种主观认知。主流媒体作为"一带一路"新闻的生产者，在现实建构和重塑过程中发挥了认知建构和舆论塑造的功能，进而引导受众形成相对固定的思维模式和态度倾向。德国媒体对于某些特定框架的使用与强调，对大部分不了解中国、没机会接触中国的德国民众来说，无疑具有很强的舆论导向功能，妨碍他们对事实进行客观全面的思考，容易强化已有的刻板印象，形成新的认知偏见，不利于该倡议在德国乃至欧洲范围获得更多认同，对包括"一带一路"形象在内的中国形象的海外传播造成了一定的负面影响。这充分印证了"一带一路"在德国的传播困境，成为我国加强国际传播能力建设、提升文化软实力必须攻克的关卡。

---

① 张昆. 国家形象传播 [M]. 上海：复旦大学出版社，2005：196.
② 阿特休尔. 权力的媒介 [M]. 黄煜，裘志康，译. 北京：华夏出版社，1989：224.
③ 李彬. 传播学引论 [M]. 北京：高等教育出版社，2013：166.

二、"一带一路"在德国媒体中的认同困境

德国媒体对"一带一路"的定位、理念、目标等方面的理解有着不同于中国媒体的视角,较少关注"一带一路"的新理念、新思想、新目标以及对全球经济、人类社会发展的长远目光和积极意义,而是更多地从政治体制、经济制度和意识形态差异等角度审视、评判和报道"一带一路",形成了一定的认知偏差。"一带一路"是全球治理的中国方案,在德媒看来则是一种地缘政治战略①;"一带一路"旨在促进全球共同发展繁荣,打造命运共同体,在德媒看来则是中国实现超级大国野心的工具②;"一带一路"给欧洲乏力的经济注入新的动力,但在德媒看来则是分裂欧盟、加剧欧盟对华依赖的手段③。

这种认知偏差反映了德国主流社会的认知和价值取向,使其对"一带一路"的积极意义产生了怀疑,形成了认可但不认同的矛盾立场。在经济方面,既视"一带一路"提供的贸易、投资、基础设施建设等为发展机遇,又怀疑它会影响德国既得经济利益,担心其透明度问题;在政治方面,既认可加强与中国在国际事务上合作的重要性,又担心欧洲各国加入"一带一路"会削弱欧盟国际地位和德国的领导地位;在意识形态方面,既欢迎中国传统文化和互利共赢理念,又想体现欧洲普世价值观的优越性,因而担心"一带一路"的顺利实施会进一步提升中国实力和中国价值的国际认同,进而反衬出资本主义制度和价值理念的弊端,吸引更多欧洲国家加入和认同"一带一路"。不难看出,德国的矛盾立场使其难以形成对"一带一路"的充分认同,更不愿广泛传播"一带一路"产生的积极作用,这是德媒偏向性传播框架建构的深层逻辑。总的来说,德国的这种认同困境受国际和国内层面多重因素的影响。

第一,认同困境源于德国对欧盟内部分裂趋势加剧的担忧。

---

① Tagesschau 和 ZDF 2019 年均有此类报道。
② Fokus 和 ZDF 2019 年,SZ 和 Die Welt 2020 年均有此类报道。
③ FAZ、Fokus、ZDF、SZ 2019 年和 SZ 2020 年均有此类报道。

无论是"德国的欧洲"还是"欧洲的德国",都说明德国的利益与欧盟的利益密不可分,因而对欧元区发展格外警惕。如今欧盟各国经济发展仍不平衡,南北差异、东西分歧日益加剧,英国脱欧、难民危机、疫情危机、俄乌冲突等接踵而至,对欧洲经济造成重创,欧洲整体经济提振乏力,急需外部动力。然而,在建立欧盟区之外的经济贸易合作关系方面,欧盟内部各国意见产生分歧,欧元区的最大受益者德国亟须维护欧盟内部团结,巩固欧元地位,但对于经济实力和发展动力较弱的国家而言,欧盟内部市场无法满足发展经济的需求,他们迫切需要更多贸易通道、投资来源和融资渠道来促进自身经济发展。

在此背景下,"一带一路"倡议适时地为欧洲国家拓宽了经济合作渠道、提供了发展动力,它带来的巨大利益、展示出的友好姿态和共赢理念在一些欧盟国家中得到认同。欧盟国家加入"一带一路"的热情逐渐高涨,G7国家意大利带头加入"一带一路",中东欧国家陆续签署了推进"一带一路"合作文件,引发包括德国在内的一些同盟国的不满,将欧盟内部对立局势的加剧归咎于"一带一路"在欧洲的推进,因而塑造出"降低欧盟国际地位""破坏欧盟团结"等"一带一路"的负面形象。

第二,认同困境源于德国的零和博弈思维。

由于中德两国地理位置相去甚远,人们的思维模式也存在较大差异,因而德国人对中国的理念很难产生深入理解和认同。譬如中德两国的价值观均尊重平等、自由、人权等,但在解读的角度上存在较大差异;对待双边关系,中国偏重和而不同、互利共赢的思维方式,德国则始终难以摆脱零和博弈思维模式。这种思维差异致使德国人不容易理解来自遥远的东方大国的新事物,也很难对"一带一路"蕴含的互利共赢等理念形成认同。德国的零和思维主要源于现实主义的利益考量,由于德国经济发展获益于并依赖于欧元制度①,因此不愿看见其他经济大国"介入"欧元区,担心中国的"一带一路"进入欧元区会损害德国既得利益。

---

① 赵柯. 德国在欧盟的经济主导地位:根基和影响[J]. 国际问题研究,2014(5):89.

德国政治、经济与外交布局均将中东欧视为其战略后院。冷战后，德国大力发展与中东欧国家的政治与经济关系，在推动中东欧民主化进程和经济改革等方面发挥巨大作用，最终成为中东欧国家经济发展的重要依靠，在该地区享有得天独厚的发展优势。但中东欧和德国的利益分歧始终存在，由于核心利益相悖而显现出的反欧盟倾向长期存在。在欧盟经济提振乏力、中东欧国家对欧盟的预期未得到满足①的前提下，"一带一路"作为世界大型经济合作项目受到中东欧国家的欢迎，他们陆续加入"一带一路"合作项目，为本国经济和社会发展注入了活力，而这在德国眼中对其中东欧既得利益板块构成威胁。因为倘若中东欧地区对德国的经济独立性增强，将对德国在中东欧的利益格局和在欧盟的地位构成潜在威胁。正因如此，德国主流媒体也从零和博弈视角传播"一带一路"，采用片面化、污名化的手段，构建出不利于"一带一路"正向传播的保护主义框架和经济威胁框架。

第三，认同困境源于德国对中国崛起的恐惧。

近年来德国处于内外交困的境地，内有德国在欧盟的领导力遭受质疑，民粹主义、逆全球化思潮泛起，德国政治生态剧烈震荡，内部不稳定因素加剧，德国在欧盟的领导力遭受质疑，欧洲一体化面临倒退危机；外有美欧关系裂痕加剧，全球危机和国际冲突对包括德国在内的欧洲经济社会发展造成的巨大冲击。与此同时，中国经济的迅速崛起与欧洲经济的提振乏力形成鲜明对比，使历来备受推崇的西方政治体制的优越性受到质疑，也让包括德国在内的诸多西方国家想要摆脱对这个东方大国的经济依赖。新一届联邦政府成立后，德国在对华关系中更加强调政治价值观，在安全、经济、数字化等领域更强调欧洲战略自主，对中国抱有更强的疑虑甚至排斥心态，对"一带一路"倡议也是如此。

德国存在多重欧盟身份认同，包括经济"领头羊"、秩序维护者、冲突调停者等角色。作为秩序维护者和冲突调停者，希望在国际事务上加强

---

① 维特罗夫索娃，哈尼施，刘露馨. 中国、欧盟和中东欧：一个未满足期待的三角关系？[J]. 国际论坛，2019（2）：92.

与中国的合作，推行多边主义，共同摆脱美国霸权，应对国际危机与冲突，维护国际秩序；作为欧盟领导者，不希望中国实力继续增强，进而威胁其自身与欧盟的国际地位，希望遏制中欧经济此消彼长的态势，试图为中国的快速发展踩刹车。不难看出，在中国实力迅速崛起的背景下，德国的这种角色定位更容易引发竞争和对抗的对华立场，这对主流媒体的立场有很大影响，进而影响媒体对"一带一路"的新闻建构倾向。

三、"一带一路"在德国受众中的传播效果

新闻框架既有建构客观现实的意义，是对新闻事实有选择地再现过程，同时也是人们借以联系外在世界的思考依据，是人们认识和解释事件的一种认知结构，影响人们对新闻事件的解读和诠释[①]。德国主流媒体的新闻报道对受众的影响，可以通过8家媒体的网站评论窥见一斑。德媒网站上针对"一带一路"报道的评论数量不多，大部分报道没有设置评论区，设有评论区的评论数量也不多。这主要由于"一带一路"作为国际议题和政治议题对普通受众而言可讨论性不高，且大部分德国受众对"一带一路"并不熟悉。不过，评论区所展示的观点具有一定的代表性，可以反映该媒体主要受众的观点和态度。

从120篇研究对象中选取网民讨论较为热烈的几篇新闻报道，透过网民留言中包含的立场、态度来了解德媒对"一带一路"的传播效果，可以看出，这部分德国网民具有较高的信息素养，在很大程度上能够站在媒体观点之外，对报道议题进行客观、理性的分析与判断，没有受到媒体导向的太多影响，与媒体观点相反的情况时有出现。譬如，针对"欧洲企业难以加入'一带一路'项目"的报道，德国网民的评价有：①欧洲企业不靠谱。"只要欧洲企业还推崇美国例外主义，就不可能获得订单，就算是我也不会给欧洲企业订单，看看北溪2号项目就知道了。"[②] ②欧洲企业自作

---

① 张克旭，臧海群，韩纲，等. 从媒介现实到受众现实：从框架理论看电视报道我驻南使馆被炸事件 [J]. 新闻与传播研究，1999 (2)：4.

② 这条评论获赞最多。

自受。"一开始就该跟中国签订单,结果那时候跟中国闹不和,现在又诉苦,真是可笑。"③"欧洲国家没有一个对'一带一路'表明立场或者表示支持,欧洲企业最多就是嘴上说两句好听的,中国企业干吗要和这些企业合作呢?"

表25 德国主流媒体中"一带一路"报道的相关网络评论摘引

新闻标题	主要事件	新闻评论	报道时间/消息来源
中国封控:德国最坏的后果尚未到来	新冠疫情冲击使中国一度采取封控措施以保障抗疫成果,因而中国的一些商店关闭、企业暂停生产,待疫情控制平稳后重新投入生产。然而,对于不支持封控措施的德国人而言,经济发展是首位,而德国的企业很大程度上依赖于中德贸易往来,因此有德国网民批判中国的封控措施影响到全球经济,仿佛世界第二大经济体的一部分冻结了。与此同时"新疆棉"事件爆发,中国消费者开始抵制西方品牌,令许多在中国销售份额大的德国企业感到不安,说这是中国人政治忠诚度的表现。	1) 德国企业如此依赖中国,在天然气和石油上依赖中国和俄罗斯,都是自己造成的。 2) 西方一心想要便宜的东西,不想在本国生产自己的产品,因为本国公民的时薪太高了,所以大部分都是在中国生产和制造的。 3) 德国把企业变卖给中国,让自己陷入一种越来越昂贵的依赖之中。 4) 未来几年供应瓶颈将成为家常便饭。 5) 中国一直在提高产品价格,通过贸易改变自己,这样就能像俄罗斯一样扩大军事实力。 6) 虽然不应该轻视新冠病毒,但如此漫长而强力的封控措施,这让一切生产停滞了几个月,甚至让人们挨饿。 7) 那些在中国做生意多年而不关心人权问题的人,现在都遭到了报应。 8) 我们应该现在断绝与中国的一切经济联系,否则我们将为此付出十倍的代价,可没人知道这一点,这是多么悲剧啊。 9) "感谢"所有全球主义者和贪婪的精英多年来无限制地赚钱,不仅以牺牲环境为代价,还造成公民失业和廉价工资盛行。 10) 我们先要摆脱对俄罗斯的依赖,然后我们要继续与中国合作,未来几年我们必须咬紧牙关,会好起来的。	2022.05.31 Fokus

续表

新闻标题	主要事件	新闻评论	报道时间/消息来源
中国国有航运公司:"一带一路"的最后一个出口	中远集团的子公司正在入股汉堡港的四大码头之一。中国的经济政策远没有德国和欧洲那么飘忽不定,它遵循着明确的战略,追求三个核心经济目标:控制国内经济、主导世界市场和独立于其他国家。中国希望借"一带一路"主导通往西方的重要贸易路线。中远与中国大型国有企业一样,受益于政府补贴,欧洲公司却没有。这是一场"越来越不公平的竞争"。中国政治对欧洲经济构成威胁。行业协会和中国研究专家呼吁欧盟打击扭曲的竞争,进行更严格的贸易审查,必要时限制中国公司进入欧洲市场。汉堡如今主动向中国发出扩大联合贸易的信号,因为合作能为港口带来更多的稳定性以对抗竞争压力。	1)我们必须坦率地承认,事实是共产主义意识形态突然优于西方资本主义的自由市场意识形态出现。 2)但即使这样也只能掩盖这样一个事实,所谓的失败的共产主义突然进入了一场严重的制度竞争。不是出于意识形态原因,而是出于纯粹的实用主义。西方不得不质疑自己,思考如何改进其模式。从长远来看,通过给别人使绊子来保持领先地位是不可能的。 3)继续抱怨明显成功的中国战略,是一种愚蠢的行为。如果你要批评别人,首先自己得做得更好。 4)自称的社会主义计划经济似乎与资本主义市场经济不相上下。显然人们已经从过去的错误中吸取了教训。 5)作为一个汉堡人,我真的很生气。德国怎么能继续这么天真,我们都知道这是怎么回事,未来几年我们会更加依赖中国,而中国不会依赖我们。 6)谁控制了基础设施枢纽,谁就直接影响了国家的政治。 7)我们正在从一个曾经真正领先的经济强国变成一个被剥削和操纵的附庸国,德国醒醒吧。	2021.09.22 *Die Zeit* 本报通讯员
"我们对像中国这样的国家的依赖是丑闻"	新冠病毒危机暴露了欧洲的弱点,表明欧洲过度依赖其他国家——在经济上依赖中国,在地缘上依赖美国。德国政治、经济各界都同意:欧洲的经济必须变得更加独立于中国。认为欧洲需要解毒剂,对抗新冠病毒和对中国的依赖带来的后果。	1)在高额的税收和关税、官僚主义盛行、诸如电费之类的成本高昂的情况下,不用多想了,德国将无法再制造任何东西…… 2)话倒是说得好!让我们看看是否每个人都愿意支付柜台上的价格! 3)德国多年来一直在寻求外包。现在是时候把我们所有的东西都转移到国外了。东西并不总是越来越便宜。 4)整篇文章只是一厢情愿!依赖性不是问题。中国也依赖德国的专业知识和市场,这是好是坏呢?如果人们又回到"中国是共产主义"的话题……没关系,那就让他们继续当共产主义者,这又能怎样呢?	2020.05.11 *Die Welt* 本报通讯员

续表

新闻标题	主要事件	新闻评论	报道时间/消息来源
请不要拍马屁	《时代》特约供稿人 Parag Khanna 对当前国际局势进行了分析，主要针对亚洲区域化和欧洲一体化以及未来世界格局走向进行分析。认为北美、欧洲和亚洲区域化的趋势愈发强烈。亚洲将比世界其他地区更快、更好地复苏。认为亚洲区域化发展不会以中国为中心，因为中国的邻居对其不信任，尤其是对"一带一路"倡议引发了基础设施领域的一场军备竞赛感到不安。亚洲曾经走向西方，现在西方必须走向亚洲。	1）帕拉格·卡纳（Parag Khanna）： -乔治敦大学，伦敦政治经济学院 -对外关系委员会 -布鲁金斯学会 -新美国基金会 -美国军事地缘政治顾问 对中国没有独立的见解。 2）同意楼上。这里的分析过程从分析师那里就可以得到，只是结论未必一致。随后又重新提出了所有西方关于中国角色的陈词滥调，这些分析都没有论据，却对中国公司在亚洲的内部竞争对手不加批判。新的口头禅是："在销售地生产产品。不要离中国太近，不要过度依赖中国。"这个表达比特朗普先生聪明了一点，但也完全体现着他的意图。 3）一个印度人的文章，我不感到惊讶。	2020.06.03 *Die Zeit* 特约供稿人
欧盟企业无法加入"一带一路"项目	欧洲商会对 132 家欧洲企业的调研结果显示，中国"一带一路"项目缺乏透明度，致使欧洲企业参与无门。	1）欧洲企业不靠谱。只要欧洲企业还推崇美国例外主义，就不可能获得订单，就算是我也不会给欧洲企业订单，看看北溪 2 号项目就知道了①。 2）欧洲企业自作自受。一开始就该跟中国签订单，结果那时候跟中国闹不和，现在又诉苦，真是可笑。 3）不应低估中国的潜力和行动意愿。中国专制政府比西方民主国家更容易制定并实施战略，西方国家的战略只是在不同选举时期之间推来推去。 4）欧洲国家的立场太自相矛盾了，难道不怕跨大西洋老大哥生气吗？ 5）欧洲国家没有一个对"一带一路"表明立场或者表示支持，而事实上中国到欧盟东部边境的列车只需 4 天，而从那里到杜伊斯堡还需要 10 天呢。 6）美国对中国采取贸易制裁威胁，很可能对该项目造成损失，而欧洲企业最多就是嘴上说两句好听的，中国企业干嘛要和这些企业合作呢？	2020.01.16 *Die Zeit* 德新社

① 这条评论获赞最多。

续表

新闻标题	主要事件	新闻评论	报道时间/消息来源
我们既是竞争者也是对手	欧委会主席容克批评说,欧洲企业在中国的市场准入与中国企业在欧盟不对等,但这并不意味着欧洲和中国应该继续对抗。双方既是竞争者,也是对手。	1) 等第一个瓶颈期到来,石油国家就会分裂欧盟。 2) 这是给中国编造的欧盟童话故事。 3) 天真了吧? 4) 中国发挥着别的作用。	2019.03.26 FAZ 本报通讯员
中国通往西方的漫漫长路	北京将新丝绸之路与古老神话联结在一起,建立了一个巨型项目。从长远来看,中国希望将半个世界彼此联系起来,并实现从非洲到斐济,从缅甸到蒙古国的经济发展。中国为沿线合作国家提供资金、技术、人员、培训。	1) 中国变得越来越重要。 2) 以前没有全球化。 3) 针对发展援助的"发展援助"。	2018.05.25 FAZ

从上述评论可以看出,一部分德国网民对"一带一路"的评价是相对积极的,立场是相对客观的,对德国媒体的报道持批判态度,对德国对待"一带一路"的"作为"并不认同。而在经济依赖和人权问题议题上,则观点较为片面,态度偏负面,这符合德国主流媒体长期传播的价值取向。德国媒体长期采用矛盾框架将中德价值观对立起来,致使民众无从建立正面印象。在新冠疫情侵袭全球后,德国媒体极力歪曲中国抗疫成功的事实,抹黑中国制度,将经济衰退的大部分责任归咎于对中国的经济依赖。而德国民众对中国政治制度的了解程度较低,在人权等议题上存在认知偏差,导致其对中国的误读①。

由于德国主流媒体掌握着包括"一带一路"在内的中国形象在德国传播的主要话语权,德国民众对中国的整体认知也受此影响。不过,在全球

---

① 蔡馥谣. 国际传播视角下的"中国梦":德国媒体建构研究 [M]. 北京:中国戏剧出版社,2019:193.

化、信息化时代，德国民众对世界各地的信息有了更多了解渠道，对国外的事情有一定的辩证分析与判断能力，因而主流媒体的声音在引导舆论方面的作用相对有限。虽然评论区仅代表部分民众的观点，却证实了一个事实——并非所有受众都会受到媒体态度和传播目的影响，部分德国民众对"一带一路"报道的态度与主流媒体的传播目的之间形成对抗框架。

当今世界面临前所未有之大变局，在美国无视国际秩序、跨大西洋伙伴关系裂痕加深、欧洲一体化倒退危机的背景下，"一带一路"倡议伴随着构建人类命运共同体的新型理念，为世界经济提振乏力的国家和地区注入了新的动力，为世界秩序的良性发展提供了新的保障，为人类共同发展带来新的机遇，这些都是世界各国人民有目共睹的。在互联网发达的今天，德国民众有机会接触到更为全面的信息渠道，可以形成独立的认知和见解，这为客观、积极的"一带一路"形象落地德国创造了一定的空间，为循序渐进扭转德国舆论走向创造了条件。

第六章 "一带一路"倡议在德国传播的影响因素

帕梅拉·休梅克（Pamela J. Shoemaker）认为传播是一种社会行为，影响新闻传播内容的因素按影响力大小排列依次为：社会制度、社会机构、新闻机构、新闻工作惯例、工作者素质①。从语境角度考虑，影响"一带一路"在德国传播的因素按影响力由大到小排列依次为：国家、社会和媒体。这三个层面并非孤立存在，而是相互影响。在国家层面，德国政府和智库的观点和立场为社会认知和媒体报道奠定了主基调。国家的核心利益是影响政府和智库立场和态度的主要因素，包括政治利益、经济利益、安全利益等。在社会层面，中德价值观和文化差异影响国家和媒体层面对"一带一路"的认同，这反过来进一步强化了社会认同或不认同的形成。在媒体层面，媒体的报道风格、话语权力、政治立场等因素影响媒体的传播倾向，在国家和社会层面形成舆论引导效应。总体上，"一带一路"在德国的传播困境是主流意识形态长期内化为媒体认知结构的逻辑复现，主要受国家利益、社会认同和媒体文化因素影响。

一、国家层面：利益导向

国家利益导向对德国媒体的"一带一路"传播框架影响较大。"一带一路"作为国际新闻议题，涉及国家政治、经济、安全等多方面战略意义，德国媒体虽对内标榜新闻无政府性和独立性，但在对外事务上始终与政府立场保持一致，无不体现出国家利益站位。可以说，德国媒体如何建构"一带一路"形象，取决于对国家利益的权衡。

---

① 胡春阳. 话语分析：传播研究的新路径 [M]. 上海：上海人民出版社，2007：222.

(一) 德国官方立场

1. 德国政府立场

政府作为国际传播的主体具有双重身份——既是具有绝对权威性的信息传播者,也是传播行为的控制者。政府对核心信息的独占性,决定了媒体与政府之间"取"与"予"的关系格局。在战争时期西方国家政府与媒体的这种格局较为明显,随后媒体自主性有所增强①,但政府对媒体的影响力一直存在。

在德国政府对外公布的报告和消息中,"一带一路"被提及的频率并不高,政府态度从最初的模糊认同、谨慎参与,逐渐转变为认同与疑虑并存。政府文件中认可了"一带一路"的战略意义和经济价值,认为欧盟和德国应该参与其中,但该倡议缺乏透明度和公正性,对其政治意义持怀疑态度,认为"一带一路"是实现地缘政治意图的手段,对文化、环境等方面的意义未曾提及。

德国总理默克尔2015年10月29日在贝格多夫圆桌会议上的致辞中指出,中国的"一带一路"乍一看零零散散,却发现在许多领域中都会看到它,它使东欧国家与亚洲地区、中亚国家与欧洲地区的联系更加紧密,欧盟也希望参与其中②。她在2019年3月26日与法国总统马克龙、中国国家主席习近平和欧盟委员会主席容克会晤时表示:"'一带一路'是一个非常重要的项目,作为欧洲人,我们希望发挥积极作用并参与其中,该项目也很好地展示了我们之间的相互依存和相互联系。"③她在2019年2月强调了中亚地区的重要性,"我们作为欧洲人、德国人有充分的理由将中亚

---

① 程曼丽. 国际传播学教程 [M]. 北京:北京大学出版社,2006:56.
② BUNDESREGIERUNG. Rede von Bundeskanzlerin Merkel beim Bergedorfer Gesprächskreis [EB/OL]. (2015-10-29) [2020-08-08]. https://www.bundesregierung.de/breg-de/suche/rede-von-bundeskanzlerin-merkel-beim-bergedorfer-gespraechskreis-am-29-oktober-2015-787664.
③ BUNDESREGIERUNG. Pressestatements von Bundeskanzlerin Merkel zum Treffen mit Präsident Macron, Präsident Xi und EU-Kommissionspräsident Juncker [EB/OL]. (2019-03-26) [2020-08-08]. https://www.bundesregierung.de/breg-de/suche/pressestatements-von-bundeskanzlerin-merkel-zum-treffen-mit-praesident-macron-praesident-xi-und-eu-kommissionspraesident-juncker-1594550.

视为邻国并深入参与该地区的发展"①。

在《2018联邦宪法保卫报告》中,"一带一路"出现了1次。报告提到,中国试图增加海外政治影响力——2017年底中国国家主席宣布了一个"新时代"的开始,届时中国会进入全球秩序的中心并实现其全球领导地位。这个"中国梦"将在战略总体计划(如"中国制造2025"和"一带一路")的帮助下实现②。在《2019联邦宪法保卫报告》中,"一带一路"也出现了1次,提到中国通过"一带一路""中国制造2025"和常规的"五年计划"来推行长期战略性对外贸易政策,既追求经济目标,也追求地缘政治投资目标,并提供海外直接投资。报告针对中国的情报机构作了较多论述,主要认为,中德之间紧密的经济关系为工业和技术间谍活动提供了较多机会。情报机构得到国有和私营公司的支持。中国的情报战略旨在传播中国价值观,从而推行中国的"软实力政策"③。

在2019年3月25日政府新闻发布会上,德国外交部副发言人莱纳·布洛伊尔(Rainer Breul)就意大利加入"一带一路"一事回应说:"中国是我们的重要贸易伙伴。我们希望与中国保持良好关系,上周末欧洲理事会已明确这一点。只有当欧盟以一种声音说话,面对中国时,我们才能有效地表达我们的利益和价值观。'一带一路'倡议是政治领导下最重要的对外贸易项目之一,它满足了全球现有的基础设施需求,类似于欧盟的欧亚互联互通战略。"④

在第十一届国家海事大会文件中,"一带一路"被提及4次。大会报告提到,欧洲海运业面临激烈的国际竞争,尤其是来自亚洲地区,如中国、迪拜和新加坡带来的竞争压力正在急剧增加,使国际运输基础设施扩张和

---

① BUNDESREGIERUNG. Wir haben guten Grund, uns an der Entwicklung der Region zu beteiligen [EB/OL]. (2019-12-05) [2020-08-08]. https://www.bundesregierung.de/breg-de/suche/deutschland-trifft-kasachstan-1703994.

② BMI. Der Verfassungsschutzbericht 2018 [M]. Bexbach: Kern, 2019: 300.

③ BMI. Der Verfassungsschutzbericht 2019 [M]. Bexbach: Kern, 2020: 291-295.

④ BUNDESREGIERUNG. Regierungspressekonferenz vom 25. März 2019 [EB/OL]. (2019-03-25) [2020-08-08]. https://www.bundesregierung.de/breg-de/suche/regierungspressekonferenz-vom-25-maerz-2019-1593934.

造船成为全球经济定位的战略要素（还有"一带一路"和"中国制造2025"）①。在联邦运输和数字基础设施部（BMVI）举行的"港口论坛"中出现如下观点：必须看到中国在港口、集装箱和码头投资的机遇与风险；必须阐明投资的框架条件；必须使欧洲公司在中国与中国公司在欧洲享有相同的机会；要求在德国、中国和"一带一路"沿线国家保证招标透明度和公平性②。

2. 德国智库立场

智库具有知识精英、舆论精英和政治精英的汇聚地、知识与政策的桥梁、政府与公众的媒介等特点和优势，所以国际社会对中国的看法主要是由各国智库所塑造。也就是说，国外智库的"中国观"对各国政府乃至整个国际社会"中国观"的形成和发展具有非常重要甚至在一定意义上是决定性的影响③。德国智库对政治精英、媒体和民众同时具备较大影响力，它们是德国主流媒体表明对"一带一路"公开立场的主要依据。德国智库观点输出主要有三大渠道：学术出版、媒体传播以及直接为决策者提供政策咨询，主要对象包括立法及行政部门、政党、利益集团、非政府组织、专家学者以及媒体。本文选取德国政府、协会、学会、高校的知名智库作为研究对象，就其对"一带一路"的观点和立场进行梳理与分析。总体看来，德国智库就"一带一路"议题发表的研究报告和立场性文件数量不多，各大智库的重点关注领域也不尽相同。

（1）德国科学与政治基金会。

德国科学与政治基金会（Stiftung Wissenschaft und Politik，SWP）国际政治和安全事务研究所（Deutsches Institut für Internationale Politik und Sicherheit）成立于1962年，是典型的政府下设学术型智库，是欧洲最大的智库之一，多年来致力于为德国联邦议会和联邦政府以及经济工作者和公众提供外交政策分析服务。智库创立之初主要关注裁军问题，之后研究领域拓展至传统安全政策、气候变化及能源短缺带来的政治挑战等诸

---

① BMWi. 11. Nationale Maritime Konferenz：Deutschland maritim - gobal · mart · green [M]. Berlin：Vagedes & Schmid GmbH, 2019：12.

② BMWi. 11. Nationale Maritime Konferenz：Deutschland maritim - gobal · mart · green [M]. Berlin：Vagedes & Schmid GmbH, 2019：57-58.

③ 孙敬鑫. 西方智库的中国观 [J]. 领导文萃, 2022（22）：30.

多方面。它虽然是官办智库，但在研究和出版方面一贯保持政治中立，研究规划由自己制定，不接受任何委托课题，出版物主要包括研究报告、评论和著作等。SWP官网上关于"一带一路"的词条搜索结果为65个，是对该议题关注度较高的德国政府智库。

2020年SWP发布的一项研究报告指出，欧盟将中欧和东欧视为地缘战略要地，欧盟东部是中国商品必不可少的过境区。扩大基础设施是中欧和东欧国家的高度优先事项，尽管欧盟为基础设施的升级做出了重要贡献，但外部参与者现在越来越多地出现在这些地区。文中明确指出，德国在政治和经济上与中欧和东欧国家紧密交织。因此，欧盟这一部分的基础设施政策直接影响德国的政治和经济利益。新的运输路线可能导致德国港口的货运量减少①。这些观点体现出德国对"一带一路"在欧洲产生负面经济效应的忧虑。

2019年一份题为《中国与美国争夺全球影响力》的研究报告提出了几个观点，对德国政府和社会影响较大：①2013年以来，中国的内政和外交政策发生了根本变化，并设定了雄心勃勃的目标：进一步扩大中国的地区和全球影响力；②北京和华盛顿建立外交关系40年后，美国越来越多地将中国视为对其全球力量和民主价值观的威胁；③2013年以来中国通过"一带一路"实现了多维联网和扩张的全球战略，中国向欧亚大陆的基础设施项目提供贷款，以扩大和控制通往欧洲的贸易路线和港口，据估计，贷款总额目前已超过2000亿美元。目标不只是加强贸易或为中国公司创造新的投资和订购机会，还有扩大政治影响力；④中国也希望借助"一带一路"获得软实力，中国通过500多个孔子学院和170个官方新华通讯社在世界范围内推广其语言、文化和价值观。调研结果显示，过去十年非洲和拉丁美洲大多数对中国持积极态度，而西方民主国家和日本的价值观却在恶化②。

---

① LANG K O. Gleise, Pipelines, Autobahnen: Die neue Geopolitik der Infrastrukturen im östlichen Teil der EU [EB/OL].（2020-03-09）[2020-07-30]. https://www.swp-berlin.org/publikation/die-neue-geopolitik-der-infrastrukturen-im-oestlichen-teil-der-eu/.

② KRUMBEIN F. China im Wettstreit mit den USA um globalen Einfluss [EB/OL].（2019-04-25）[2020-07-30]. https://www.swp-berlin.org/publikation/china-im-wettstreit-mit-den-usa-um-globalen-einfluss/.

2017年一项研究报告指出,"一带一路"推动了中亚边界政府间合作和改革,它对中亚边界的改革值得欧盟学习和借鉴。报告中还提到,中国希望通过"一带一路"来加强其国际合法性和地缘政治力量,德国和欧盟有必要讨论与中国存在哪些共同利益①。一篇题为《一带一路:中国如何取得国际话语权》的评论文章提到,鉴于西方人对全球化的未来缺乏远见,中国在确定国际话语方面的成功可能比预期的要快。西方对全球化未来的政治眼光的缺乏为中国的领导提供了便利,并促使中国在媒体和金融领域进一步加大了"一带一路"大型外交项目的推进力度,有助于使中国国内政治合法化,推动北京早日实现行使自身国际话语权的能力;中国计划与媒体、非政府组织和智囊团结盟,以创造"一带一路"的共同叙事,这将影响全球公众舆论②。评论文章《金砖国家集团:逐渐向北京转型》指出,金砖国家正从与五角大楼的合作发展到与中国建立双边关系的体制框架。中国继续支持这个已经宣告死亡的集团,第一个原因是金砖国家对北京的国际形象塑造和媒体工作开展有益,中国可以借此表明自己作为发展中国家的拥护者的形象,这种形象对中国具有战略价值。另一个原因是,通过在金砖国家框架内的合作可以加强中国的各项外交倡议如"一带一路"。与金砖国家的合作是中国努力制定全球技术标准的基础,远远超出了金砖国家的范围,并取得了长期的政治或经济利益③。《展望2016:国际政治的术语和现实》报告也指出,中国的"一带一路"意味着建立一个全球扩张的经济、政治和文化网络④。

---

① SCHIEK S. Bewegung auf der Seidenstraße: Chinas „ Belt and Road "-Initiative als Anreiz für zwischenstaatliche Kooperation und Reformen an Zentralasiens Grenzen [EB/OL]. (2017-08-04) [2020-07-30]. https://www.swp-berlin.org/publikation/seidenstrassen-initiative-anreiz-zu-kooperation-und-reformen-in-zentralasien.

② GODEHARDT N, KOHLENBERG P. Die neue Seidenstraße: Wie China internationale Diskursmacht erlangt [EB/OL]. (2017-05-18) [2020-07-30]. https://www.swp-berlin.org/publikation/die-neue-seidenstrasse-wie-china-internationale-diskursmacht-erlangt.

③ KOHLENBERG P. BRICS-Staatengruppe: Schleichende Transformation zu Pekings Gunsten [EB/OL]. (2017-09-27) [2020-07-30]. https://www.swp-berlin.org/publikation/brics-schleichende-transformation-zu-pekings-gunsten.

④ GODEHARDT N. Chinas Vision einer globalen Seidenstraße [M] // PERTHES V. Ausblick 2016: Begriffe und Realitäten internationaler Politik. Berlin: SWP, 2016: 33-36.

可以看出，德国科学与政治基金会（SWP）主要将"一带一路"视为中国外交项目，对"一带一路"的官方表态覆盖面较广，涉及政治、经济和意识形态领域，德国媒体的"一带一路"框架与之一致。SWP对"一带一路"的立场偏负面，且更侧重政治评价，其立场与德国媒体的3个政治框架即战略扩张框架、政治野心框架、渗透分裂框架基本一致，经济立场与经济威胁框架一致。

（2）德国外交政策协会。

德国外交政策协会（Deutsche Gesellschaft für Auswärtige Politik，DGAP）成立于1960年，是一个独立、超党派、公益性质的协会，旨在加强对国际特别是欧洲政治、安全和经济问题的研究，促进国内外的交流与合作。主要任务是分析和研究国际政治、发表和出版研究成果、搜集和制作文献资料汇编、举办各种会议和活动，负责为德国政府和议会提供政策咨询服务，以及为外交部制定对外政策提供对策建议。DGAP有自己的出版物《国际政治》（月刊）和《国际政治年鉴》。

DGAP官网上关于"一带一路"的评论文章有30余篇，评论态度在时间轴上呈现断崖式变化，2015—2017年对该倡议持支持和鼓励德国加入的立场，2018年主要发布"一带一路"论坛召开等基本信息，2019年开始主要发布负面评论文章。

2015年《国际政治》发表的一篇题为《港口，铁路，管道：中国也在通过"一带一路"扩大实力》的文章中讲到，"一带一路"是中国新外交政策的核心，通过大规模的跨地区基础设施项目和高水平的外交努力，中国正在为欧亚大陆的地缘战略转移奠定基础。德国和欧盟必须对此作出反应。文中讲到，北京通过"一带一路"追求的战略目标：在经济政策方面，中国希望通过开发新的贸易路线、销售市场和能源来刺激增长，减少对单个国家和市场的依赖；在政治方面，中国领导人希望"一带一路"帮助中国西部边境地区以及阿富汗和巴基斯坦等动乱的邻国实现更大的稳定。但是，总体目标是积极帮助塑造多极世界秩序[①]。

---

① DGAP. Häfen, Bahnen, Pipelines: China baut mit der neuen Seidenstraße auch seine Macht aus [EB/OL]. (2015-05-01) [2020-07-29]. https://internationalepolitik.de/de/haefen-bahnen-pipelines.

2016年《国际政治》上发表的文章《中国的"一带一路"应成为欧盟的战略重点》提出,欧洲的一些利益与中国和走廊国家的利益相符,欧盟应放弃其作为旁观者的角色,并开始积极参与"一带一路"这个大型项目,这符合欧盟的战略利益。文章还认为,"一带一路"倡议的提出与中国工业生产过剩有关,因而迫切需要为其经济寻找新的引擎①。

2019年《国际政治》上发表的文章《危险的新世界:当像中国这样的专制政权使用人工智能作为控制工具时,我们如何保护开放社会?》对"一带一路"的评价急转直下。文章提到,"一带一路"已经运行了很长时间,足以让人认识到它的缺点:它主要是为了促进中国而不是受援国的利益;这个雄心勃勃的基础设施项目主要由贷款而不是赠款供资;外国官员经常受他们的贿赂;事实证明其中许多项目经济基础都不扎实。文中还提到,有迹象表明,中国广泛的经济衰退可能会影响世界其他地区,也可能预示着"一带一路"的终结②。

总体上,DGAP对"一带一路"的官方表态经历了从积极到消极的转变,与"一带一路"的德国媒体框架和形象框架一致性较高。DGAP对"一带一路"的关注领域从最初的经济逐步扩大到政治和意识形态领域,与之相关的媒体框架有经济威胁框架、债务陷阱框架、战略扩张框架、政治野心框架、独断专行框架。

(3)德国全球与区域研究中心。

德国全球与区域研究中心(GIGA)莱布尼茨全球与区域问题研究院(Leibniz-Institut für Globale und Regionale Studien)是比较传统的学会下属研究机构,由德国政府创办,获德国外交部和汉堡州科研部全额拨款,总部设在汉堡。GIGA是德国从事区域和区域比较研究最大的机构,也是欧洲最大的研究机构之一,主要侧重于非洲、亚洲、拉美和中东地区的政

---

① DGAP. Diplomatie mit neuen Mitteln:„Chinas Neue Seidenstraße" sollte strategische Priorität der EU sein [EB/OL]. (2016-01-01) [2020-07-29]. https://internationalepolitik.de/de/diplomatie-mit-neuen-mitteln.

② DGAP. Gefährliche neue Welt: Wie können wir offene Gesellschaften schützen, wenn autoritäre Regime wie China Künstliche Intelligenz als Kontrollinstrument einsetzen? [EB/OL]. (2019-03-01) [2020-07-29]. https://internationalepolitik.de/de/gefaehrliche-neue-welt-0.

治、经济及社会发展研究，研究领域还涉及地区关系和全球性问题。该研究院下设4家子研究所，分别为非洲研究所、亚洲研究所、拉美研究所和中东研究所，这4家研究所分别进行相应地区的区域研究，同时也会合作进行跨区域研究。

GIGA官方网站上关于"一带一路"的信息涉及范围较广，除了专业报告、学术文章（也有中国学者的文章）之外，也定期整理"一带一路"的相关媒体报道（主要来自德国媒体，也涉及部分中国媒体，如《第一财经》），近几年组织的"一带一路"学术讨论活动逐渐增多，但发表的立场文件和评论文章较少。

2018年一篇题为《中国在拉丁美洲挑战欧洲——但（尚）未取代欧洲》的文章中提到，中国将要取代欧洲，成为仅次于美国的拉美第二重要贸易伙伴，并且邀请拉丁美洲国家政府加入"一带一路"。欧盟应该更加认真地对待中国在拉丁美洲的政治挑战，在拉丁美洲增加投入力度并制定明确的战略。拉丁美洲和加勒比国家政府愿意创造双赢局面，与中国和欧洲合作。中国并没有在拉美取代欧洲，但是中国正在欧盟所忽视的地区扩张①。

GIGA官网2015年发布的文件提到，中国海上丝绸之路的全球重要性在于扩大亚洲和欧洲之间的航运路线，该航线通过印度洋和地中海到达鹿特丹和汉堡。中国的倡议受到东南亚地区政府的欢迎。中国称这将对整个地区的经济发展、繁荣和政治稳定产生积极影响。也有区域问题批评家担心亚洲会发展成为以中国为中心的亚洲②。中国的"一带一路"符合跨欧洲基础设施政策，在2015中欧峰会上，中欧双方决定通过建立联合的连通性平台扩大合作，将欧盟的"投资欧洲"（Invest EU）和中国的"一带一

---

① GIGA. China fordert Europa in Lateinamerika heraus - aber verdrängt es（noch）nicht [J/OL]. GIGA Focus Lateinamerika, 2018（1）[2020-07-29]. https://www.giga-hamburg. de/de/publication/china-fordert-europa-in-lateinamerika-heraus-aber-verdraengt-es-noch-nicht.

② GIGA. Chinas Seidenstraßen-Initiative trifft auf transeuropäische Infrastrukturpolitik [J/OL]. GIGA Focus Global, 2015（7）[2020-07-29]. https://www.giga-hamburg.de/de/publication/chinas-seidenstrassen-initiative-trifft-auf-transeuropaeische-infrastrukturpolitik.

路"联系在一起①。

从 GIGA 为数不多的表态文件中看出,该智库对"一带一路"的总体评价较为客观,主要涉及媒体框架中的经济发展合作框架。

(4) 墨卡托基金会。

墨卡托基金会(Stiftung Mercator)是德国最大的私人基金会之一,由科学、教育和国际沟通三个事务部组成。德国墨卡托中国研究中心(Mercator Institut für China Studien,MERICS)成立于 2013 年 11 月,是位于柏林的一个新型智库,也是欧洲最大的当代中国研究和知识传播机构。MERICS 的宗旨是加深德国和欧洲对中国的认识和了解,与媒体保持密切交流,致力于及时将研究成果传递给公众,从而为政治、经济以及社会各界的决策者提供专业的见解和资讯。

MERICS 发布的"一带一路"相关文章约 10 篇。2020 年一篇题为《欧洲正在寻找自己的对华政策》的文章提到,鉴于目前的跨大西洋关系遭遇困境,以及华盛顿和北京之间的紧张关系,欧洲必须确定自己的对华政策。这包括呼吁在中国进行结构性经济改革,或者将欧盟的连通性战略与美国的蓝点网络合并,以替代中国的"一带一路"。欧盟不太可能遵循美国的对抗方式。美国和欧盟在中国方面有相似的利益,这就是跨大西洋对话很重要的原因②。

2019 年 3 月在题为《习近平在欧洲:尽管欧盟不断受到批评,意大利仍加入中国的"一带一路"》的文章中提到:①"一带一路"遭受越来越多的质疑——去年,欧盟 27 位驻华大使在一份联合报告中表示担心该倡议仅对中国和中国公司有益。中国也因不够遵守国际透明度规则、发展中国家的债务风险以及由此产生的政治依赖性而受到批评;②迄今为止,欧盟委员会尚未对意大利积极支持"一带一路"的计划发表评论。但欧委会发表了一项十点行动计划的提案,以加强对中国在欧洲投资的控制,特别是

---

① GIGA. Vision einer maritimen Seidenstraße: China und Südostasien [J/OL]. GIGA Focus Asien,2015(8)[2020-07-29]. https://www.giga-hamburg.de/de/publication/vision-einer-maritimen-seidenstrasse-china-und-suedostasien.

② MERICS. Europa sucht seinen eigenen Weg in der China-Politik [EB/OL]. (2019-06-18) [2020-07-29]. https://merics.org/de/newsletter/europa-sucht-seinen-eigenen-weg-der-china-politik.

第六章 "一带一路"倡议在德国传播的影响因素

在技术、关键资产和基础设施领域，该战略文件对中国的措辞更加强硬，将中国描述为"争取技术领导权的经济竞争者"和"推动替代政府模式的制度性对手"；③MERICS助理研究员卢克雷齐娅·波加蒂（Lucrezia Poggatti）表示，意大利希望以对华友好的政策取悦北京，以期获得经济利益。签署有争议的《"一带一路"倡议意向声明》将损害意大利作为可靠的欧盟伙伴的信誉。罗马政府正在破坏欧盟及其主要成员国为更好地协调与中国的往来所做的努力①。

在2019年4月一篇题为《"一带一路"峰会：中国主要想为国内公司获取订单》的访谈文章（访谈对象是MERICS助理研究员Thomas S. Eder）提到：①"一带一路"的总目标是加强中国领导人和中国共产党的合法性，特别是在经济增长缓慢的时期；②所谓的"一带一路"框架内的项目旨在为中国公司增加订单，这些公司正在扩大其国际市场份额，并从中国引进全球市场领导者。同时，中国领导人希望提高其国际声誉并扩大其全球影响力；③对欧洲而言，该倡议机遇或风险并存；④记者提问："中国领导人利用'一带一路'扩大其在欧洲的政治影响力。德国和欧盟应该如何定位？"得到的回答是：德国和其他欧盟成员国原则上应坚持欧盟连通性战略中确立的原则，只要中方不使项目及其招标透明化，并且不对项目的财务、社会和环境可持续性进行更严格的评估，合作仍然很难推进。欧洲方面应加强自己的全欧交通网络（TEN-T），以扩大和调整跨欧洲的运输系统。必须为欧洲邻国中经济实力较弱的国家提供更多替代方案，以防止它们在经济上依赖中国，从而可能在政治上受到影响。柏林和布鲁塞尔不应该低估强大的"一带一路"倡议的中国叙事在许多国家所获得的成功。欧盟必须在论坛上提出更多反对意见②。

---

① MERICS. Xi Jinping in Europa：Italien schließt sich ungeachtet wachsender EU-Kritik Chinas Seidenstraßen-Initiative [EB/OL]. （2019-03-21）[2020-07-29]. https://merics.org/de/newsletter/xi-jinping-europa-italien-schliesst-sich-ungeachtet-wachsender-eu-kritik-chinas.

② MERICS. Forum zur neuen Seidenstraße：China will vor allem heimische Unternehmen mit Aufträgen versorgen [EB/OL]. （2019-04-24）[2020-07-29]. https://merics.org/de/pressemitteilung/forum-zur-neuen-seidenstrasse-china-will-vor-allem-heimische-unternehmen-mit.

总体看来，MERICS对"一带一路"的观点和立场偏负面，涉及政治、经济和意识形态三个领域，政治立场与媒体的战略扩张框架、政治野心框架、渗透分裂框架一致，经济立场主要涉及经济威胁框架、保护主义框架，意识形态方面的立场涉及独断专行框架，与德国媒体塑造的"一带一路"形象框架一致。

（5）慕尼黑大学莱布尼茨经济研究所。

慕尼黑大学莱布尼茨经济研究所（Leibniz-Institut für Wirtschaftsforschung an der Universität München，ifo Institut）成立于1949年1月，是经济学的思想工厂，每月绘制被视为经济形势晴雨表的ifo商业气候晴雨表（德文：ifo Beschäftigungsbarometer für Deutschland）。

ifo对"一带一路"的关注度不高，在官网上搜索"一带一路"得到7个相关结果①，其中相关度较高的文章3篇，从新闻媒体转载报道3篇，相关度较高的报道题为《得益于新的丝绸之路，巴伐利亚和中国之间的贸易增长了8%》②，专题论著《世界贸易的大趋势："一带一路"》1篇③，对"一带一路"在经济领域的影响进行了分析。可见ifo主要关注"一带一路"的经济领域，并且对此持较为积极的态度。

德国政府的立场和智库的经济威胁论、战略扩张论、分化欧洲论等论调，显然将"一带一路"置于自身的对立面，与德国主流媒体的经济威胁、战略扩张、渗透分裂等主题框架一致。这表明"一带一路"作为国际新闻议题，在德国主流媒体中往往被置于国家利益框架下讨论。值得注意的是，政府和智库主要从政治、经济方面对"一带一路"进行评价和表态，对意识形态问题发表的立场相对较少。这是因为意识形态本身不具备客观性，在国际和国内官方层面容易引发争论甚至冲突，政府在这方面表态很容易影响外交关系甚至引发安全冲突。而媒体在意识形态议题上的报

---

① 检索日期为2020年7月29日。
② IFO INSTITUT. Handel zwischen Bayern und China steigt durch neue Seidenstraße um 8 Prozent [EB/OL]. (2019-05-29) [2020-07-29]. https://www.ifo.de/node/42653.
③ BIHK. Megatrends im Welthandel: Die neue Seidenstraße - Wachstumsregion zwischen Europa und Asien [M]. München: Oberländer GmbH & Co. KG, 2019.

道不会上升到政治层面,因而更能灵活地表达立场,并对舆论产生较大影响,这就解释了为何意识形态主题框架较少有官方立场和表态可循。

(二) 国家利益考量

关于德国利益的官方表述首次出现在 1992 年发布的国防政策方针中,文件指出欧洲一体化的扩大与深化和跨大西洋伙伴关系的维护是德国安全利益的核心①。德国的国家利益涵盖经济、政治、安全等方面。德国生存需求要求其具备稳定而强大的经济实力,这是实现其他利益的前提,同时能弥补其在政治、军事方面的不足。随着国际挑战日益加剧,德国对欧政策和对美政策都出现了裂痕——欧盟内部离心力之大前所未有,德国也在谋求欧洲战略自主,尝试适度与美国拉开距离②。可以看出,欧洲的振兴、欧盟的团结是德国的首要关切。

1. 经济利益

在欧洲,国家的地位取决于它们的实力③。德国的实力发展与欧盟发展紧密相关,可以说欧盟为德国经济复苏和腾飞创造了条件,也为德国国际地位的提升创造了平台。因此,德国的经济利益在很大程度上与欧盟经济凝聚力和稳定性正相关,经济实力确定了德国在欧盟体系内的地位,德国在欧盟的地位提升进一步巩固了其经济实力。随着欧盟东扩和一体化的不断深化,德国在欧盟各国中的实力愈发凸显,并且在欧盟决策推进、政策协调中发挥重要作用,逐渐居于主导地位,德国经济结构的稳定性和优越性远超其他各国。自欧债危机以来,德国成为欧元体制的最大受益者,在紧缩政策为经济实力弱国套上紧箍咒的同时,德国不但未受影响,反而因此而得以强大其融资能力。因此,德国对中东欧与欧盟的经济关联性尤为关注。

---

① BMVg. Die Verteidigungspolitischen Richtlinien für den Geschäftsbereich des Bundesministers der Verteidigungn [R/OL]. (1992-11-26) [2020-11-28]. https://zeitgedankenweb.files.wordpress.com/2017/09/verteidigungspolitische_richtlinien_1992.pdf.

② 郑春荣. 德国蓝皮书:德国发展报告 2020 [M]. 北京:社会科学文献出版社,2020:9-11.

③ WALTZ K. Theory of international politics [M]. New York: McGraw-Hill, 1979:97.

冷战后，重新统一的德国逐步成为欧盟领导力量，是欧盟东扩的主要支持者之一。德国大力发展与中东欧国家的政治与经济关系，提供大量发展援助，直接投资不断增加，并在推动中东欧民主化进程和经济改革等方面发挥巨大作用，德国政治、经济与外交布局均将中东欧视为其战略后院，增强对中东欧国家的出口贸易以及推动中东欧国家民主进程是德国重要外交目标，欧盟也花费巨资投入到中东欧国家的基础设施建设。在经贸往来层面，中东欧地区已成为德国在欧洲范围内一个较大的市场，是德国重要的贸易伙伴，中东欧国家在德国直接投资对象国中位居前列，日益成为德国产业资本青睐的投资目的地。近十年来，中东欧国家出口贸易总额约占德国的二分之一，占欧盟的三分之一；进口贸易总额约占德国的三分之二，占欧盟的三分之一。维护与发展和中东欧国家经贸关系，是推动欧洲经济一体化的必然要求，对德国和欧盟都具有重要意义①。

在此背景下，中国本着互利互惠、合作共赢理念，在明确支持欧洲一体化的前提下提出的"一带一路"倡议为欧洲经济注入新动力，符合德国的欧洲一体化认同。中国既没有德国与中东欧国家那样深远的历史渊源和长期经济合作基础，也没有教育和文化方面的互补性，而且迄今为止并未触及也不会触及德国在中东欧的既得利益格局。实际上，"一带一路"非但没有侵蚀德国在中东欧的既得利益，反而拉动了乏力的欧洲经济，带动了欧洲国家的就业和旅游业发展，拓宽了欧洲国家的投资来源和融资渠道，为欧洲一体化发展带来的利好毋庸置疑。有鉴于此，理论上德国没有理由将"一带一路"拒之于门外。

然而，随着中国和中东欧高层互访频繁、合作项目迅速推进，中东欧国家对"一带一路"的认同不断增加，德国认为中国会利用这些投资项目，逐步控制欧洲的主要基础设施，从而拉拢中东欧及南欧国家，甚至进一步对欧盟国家施压。欧盟也开始戴上有色眼镜看待中国与中东欧国家之间的经贸合作。2017年《中国，17+1合作形式与欧盟》报告指出，中国

---

① ZOU L. An analysis of Germany's suspicions about "16+1 Cooperation" and China's possible countermeasures - From the perspective of European integration [J/OL]. Working paper of China-CEE Institute, 2018, 5: 1-11 [2020-11-28]. https://china-cee.eu/wp-content/uploads/2018/08/Work_paper-201805.pdf.

与中东欧的合作可能与欧盟的法律及规范有不同之处，会进一步侵蚀欧盟的价值观和一致性，引起欧盟的分裂①。

德国的种种疑虑缺乏切实的论证依据和严密的论证逻辑，基于疑虑而呼吁欧洲国家一起排斥"一带一路"，实际上违背了欧洲一体化发展的本意。究其原因，德国实际上并没有将整个欧洲的经济发展与本国经济利益画等号，因而比起成员国经济是否得到发展和推动，德国更关注其利益来源是否在欧盟范围内，以免对欧元机制产生影响，进而削弱其在欧洲的经济地位。这说明德国认同的欧洲一体化是现实主义利益观下的"相对"一体化，不是绝对的超国家主义，对一体化发展的维护离不开德国对自身利益的考量。

斯坦利·霍夫曼（Stanley Hoffmann）提出，国家唯一的目的就是自我保存。各个国家之间的合作只不过是实现这个目的的手段，即这种合作只有在有利于保持各个国家的强大、安全及经济利益的范围内才受到人们的维护②。为实现自我保存，德国在中东欧问题上的表现与其外交文化理念相悖——倡导联盟团结，却只着眼于对自身利益板块的维护，不允许其他欧盟国家在经济上寻求更多合作渠道；强调欧洲一体化认同，却不顾成员国经济发展面临的巨大挑战，将有利于推动欧洲整体经济发展的合作机遇拒之门外；坚持多边主义，却在利益驱使下刻意抹黑他国带来的发展机遇，将欧盟对华政策向保护主义方向引导，体现了德式多边主义的局限性。从这个角度看，德国之所以竭力维护欧洲一体化成果，是因为德国是一体化的最大受益者，离开欧盟的德国无法取得今天这样的实力和地位。由此可见，德国不希望欧盟国家与中国合作是国家自我保存的需要，但是忽略了中东欧国家的自我保存需求，这与其"欧洲的德国"角色定位和坚持一体化的外交文化存在矛盾。括而言之，出于对"一带一路"对德国的经济效应产生的负面预判，以及对德国在欧元区的既得利益的过度担忧，德国没能客观、理性地接受"一带一路"对欧洲一体化整体发展的利好。

---

① 王灏晨. 欧盟对中国-中东欧合作的态度、原因分析及我国的应对措施 [J]. 发展研究，2018（7）：58.

② 科勒-科赫，康策尔曼，克诺特. 欧洲一体化与欧盟治理 [M]. 顾俊礼，潘琪昌，周弘，等译. 北京：中国社会科学出版社，2004：73.

在过度的经济利益保护倾向驱动下，德国无论如何都会对"一带一路"产生强戒备心态。

2. 政治利益

道德利益论认为，现实国家之间利益的冲突缘于各国未能就国家间利益的共同性达成共识，而是一味地主张别国的利益所得就是自身的损失。实际上，国家间的关系绝不是零和游戏，国家间的利益是相互联系的，一个国家不可能在牺牲其他国家利益的情况下获得本国利益。而德国对待"一带一路"的立场显然是出于零和博弈的思维逻辑，认为"一带一路"旨在提升中国的国际地位和影响力，塑造中国的世界大国形象，增加欧洲国家对中国的政治认同，这必然会降低欧盟的国际地位、削弱欧盟制度的凝聚力，不利于维护德国在欧盟的领导地位。因而从政治利益角度考虑，德国既要保护欧盟制度的合法性，以巩固其在欧盟的领导地位和政治利益，又要巩固自身制度的优越性，强化"西强东弱"的制度优势来维护其国际地位。于是德国更多地从制度层面质疑"一带一路"，正常的经贸往来逐渐被泛政治化的意识形态所笼罩。

"一带一路"在欧洲的积极推进和实施，使中国制度、中国价值在许多欧洲国家获得了认同和正向传播。在此背景下，成员国对"一带一路"投资规则的接受，被德国视为对欧盟规则及其在欧盟的领导地位构成挑战，担心中国投资规则会降低欧盟对成员国的影响力，并形成干预欧盟内部事务的政治能力，对欧盟形成"政治威胁"。加上近年来欧盟团结和凝聚力缺失、内部利益的分化以及争执和冲突的加剧加重了一体化的困境①，更易使其产生"一带一路"从制度层面削弱欧盟团结的疑虑。因此，德国不断提高对华投资审查力度，并对意大利加入"一带一路"大加批判，将其塑造为"影响欧洲团结"的典型②，担心由此产生连锁效应，加剧欧洲内部离心倾向，进而削弱欧盟的实力和国际地位。

在政治认同方面，德国同大多数西方国家一样对中国存有根深蒂固的

---

① 冯仲平. 新冠疫情下的欧洲战略困境与中欧关系［EB/OL］. （2020-06-19）［2022-04-26］. http://eu.ahu.edu.cn/2020/0619/c13410a240417/page.htm.

② 《焦点》2020年报道称，意大利加入"一带一路"破坏了欧盟加强对华投资审查力度的努力。

偏见。尤其是随着中国综合国力迅速增强、国际影响力大幅提升并带动国际关系的调整，欧洲对中国经济成功的理解开始向"政治成功"拓展，中国正在建立起来的经济竞争优势也开始被视作政治制度的产物，打破了"非西方民主不能促进经济繁荣"的迷思[①]。"一带一路"的中国制度属性令德国担心中国搞"制度输出"，会令西方制度的优越性遭受更大冲击，这显然是国际政治关系的冲突所致。德国十分强调中西方体制的差异，认为二者之间是此消彼长的关系，"一带一路"推动中国强大的同时必然会削弱西方制度的优越性，使包括德国在内的西方体制失去一直以来的优势地位，进而削弱其全球话语权。

德国的政治利益保护倾向，生成于欧洲一体化认同遭受巨大冲击的严峻环境。近年来欧洲经济整体疲软，福利缩水，失业率居高不下；欧债危机后欧洲南北鸿沟加剧，乌克兰危机、难民危机等又激化了东西矛盾；特朗普时期美欧关系倒退，英国脱欧又为欧洲民粹主义势力添柴加薪；受逆全球化思潮的影响，社会各阶层、族群和宗教矛盾愈演愈烈；国内政治生态发生嬗变，传统建制派遭受严重打击，欧盟双引擎——德法两国内忧外困，催生了一股强大的疑欧、反欧势力；全球疫情的暴发，俄乌冲突的冲击，令疲软的欧洲经济雪上加霜，欧盟结构性矛盾加剧，一体化成果面临前所未有的严峻挑战。正因如此，德国对欧盟国家的多边关系尤为敏感，以至于违背其坚持多边联盟和一体化发展的传统主张，将一切不利于本国政治利益的合作关系都置于自身对立面。

中德两国是全方位战略伙伴，一直在诸如气候、环保、国际危机应对等领域有良好的合作关系，面对当前国际形势中的诸多重大挑战，中德双方需要合作、能够合作的领域正在不断拓展，中德关系的战略意义和全球影响将得到进一步显现。中德两国在彼此核心利益问题上相互理解和照顾对方的合理关切，不断增进政治互信，有助于在国际和地区事务中发挥更大作用[②]，进而提升德国的国际形象和国际地位。从长远角度看，摆脱对

---

① 崔洪建. 透视欧洲的中国"制度威胁"幻象 [EB/OL]. (2020-10-12) [2020-11-21]. http://www.ciis.org.cn/yjcg/sspl/202010/t20201012_7554.html.

② 中国政府网. 外交部部长：中德需要合作、能够合作的领域越来越宽广 [EB/OL]. (2017-05-26) [2022-07-06]. http://www.gov.cn/xinwen/2017-05/26/content_5197119.htm.

待"一带一路"的零和思维，消除政治疑虑，符合德国的政治利益。

3. 安全利益

安全利益是德国的首要国家利益，包括保护德国及其公民不受外部威胁，预防、遏制和制止可能损害德国完整性和稳定的危机和冲突，推动欧洲一体化的深化和扩大等。德国要实现其国家安全利益，必须发展一个欧洲均衡机制，也就是通过推动欧洲一体化，有限地发挥北约的作用，同时加强德国对东欧国家的影响。

传统安全政策主要由军事维度来决定，而新的德国安全政策以"全面安全概念"为特征，旨在从经济、社会和法律维度来建立世界秩序政策。迄今为止以行动为导向的德国安全政策理念包括两方面：第一，维护自身基本价值观的核心地位；第二，将实现德国利益的良好运转以及自由市场经济的蓬勃发展视为世界社会"健康"或稳定的前提。因此，德国政府的目标是实现这些始终有益于德国的特殊利益和价值观。此外，陈旧的威慑概念被一体化战略取代，目标是实现以人权、民主和自由市场经济为特征的一体化世界秩序。

德国统一之后，关于德国安全利益的官方表述首次出现在时任联邦国防部部长沃尔克·吕尔（Volker Rühe）于1992年11月制定的国防政策方针中，其中保护德国及其公民不受外部威胁是首要利益[①]。1994年，时任联邦总理赫尔穆特·科尔（Helmut Kohl）将吕尔提出的十点德国外交和安全政策的指导方针压缩为五点，作为德国最主要的安全利益：①维护德国公民的自由、安全和福利以及德国国土不受侵犯；②和欧洲其他民主国家一起融入欧盟中，因为欧洲的民主、法治国家性和社会富裕对德国而言也意味着和平与安全；③维护基于价值共同体的、长期持续的跨大西洋盟友关系，美国是世界大国，因为世界稳定离不开美国的实力和潜力；④带领东欧邻国接轨西方结构，建构一个新的、涵盖所有欧洲国家的综合性合作安全秩序；⑤在世界范围内重视国际法和人权，依仗市场经济规则和公

---

① BMVg. Die Verteidigungspolitischen Richtlinien für den Geschäftsbereich des Bundesministers der Verteidigungn [R/OL]. (1992-11-26) [2020-11-28]. https://zeitgedankenweb.files.wordpress.com/2017/09/verteidigungpolitische_richtlinien_1992.pdf.

正的世界经济秩序，因为单个国家的安全只有在和平、法治和富裕的全球安全体系中才能得到保障①。

不难看出，新的德国安全政策的首要目标是维护国际秩序、一体化成果以及有益于德国的利益和价值观，而这些恰恰成了德国媒体抨击中国"一带一路"的出发点。如前所述，德国媒体表达的观点是："一带一路"旨在构建新型国际秩序，是对现有西方主导的国际秩序的破坏；欧洲国家加入"一带一路"是对欧盟凝聚力的挑战，加剧了一体化倒退危机；承载"一带一路"的中国价值观和制度获得更多认同，不利于德国的价值观和制度优势的维持，有损德国利益。

然而，事实并非如此。其一，当前国际秩序不断遭受霸权主义的挑衅，跨大西洋伙伴关系呈结构性倒退局面，德国的安全与防务战略不断尝试向欧洲转移，但对北约的依赖仍然存在，与跨大西洋盟友的天然联系依然难以割舍，因此不愿将安全威胁的原因直接归于美国，反而归咎于遥远的东方大国，曲解"一带一路"的地缘安全战略意义；其二，面对欧洲一体化倒退危机和欧盟内部分歧加剧、凝聚力减弱的事实，解决内部结构性问题是关键，顺应全球化趋势进行改革、发展、合作才是出路，而德国媒体却在转移舆论焦点，将一体化发展问题归咎于尚未完全落地欧洲的外部因素"一带一路"；其三，随着共建"一带一路"的积极意义不断显现，国际社会对中国制度和价值观的认同也有所提升，反衬出西方制度和价值观中的一些问题。据此，德国媒体将"一带一路"视为威胁德国安全利益之由彰明较著。

综上所述，德国在利益考量时的首要关切，是欧洲经济的振兴和欧盟凝聚力的增强，前提是这种关切有利于维护本国利益。一旦本国利益受到威胁，维护一体化成果就成为使其他国家利益让位德国的借口。合作共赢与零和博弈是中德两国对待"一带一路"的显著差异。德式思维催生德国的强防备心理，因而在经济上想要摆脱对中国的过度依赖，政治上想要强化资本主义制度的优越性。不过，"一带一路"给德国和欧洲带来的经济价值是显性

---

① BMVg. Weißbuch 1994： Weißbuch zur Sicherheit der Bundesrepublik Deutschland und zur Lage und Zukunft der Bundeswehr [M]. Bundesministerium der Verteidigung，1994：42.

的，排斥与中国的合作不仅不现实，也不符合德国的利益①，而基于制度差异的利益判断是隐性的，因而德国通过强化对异己制度的排斥意识来达到维护自身利益的目的。德国媒体报道中"一带一路"经济主题正负面框架兼而有之，而政治框架全为负面，就是对上述情形的直接反映。

二、社会层面：认同缺失

若论对欧洲的影响力，美国明显大于中国；论相对实力的差距，美欧大于中欧；论对欧洲的态度，美国比中国强硬。那么，为何德国对美国的认同度很高，却始终抱有对立的中国观？"一带一路"以合作共赢为主旋律，主张发展成果世界人民共享，为何得到的却是德国媒体借"一带一路"传播"中国威胁论""分裂欧洲论"，塑造中国负面形象呢？德国媒体如何传播"一带一路"，并非基于对客观现实的还原，而更多取决于自身的价值判断。

欧美共同价值体系的历史渊源可追溯到1776年跨大西洋交易，这些基本价值观念对二战后欧洲的和平与繁荣影响重大②。即便后来欧美共同价值观念遭到美国的无视，但欧洲对跨大西洋伙伴回归共同价值观仍抱有期待③。而中德价值体系没有如此深厚的历史积淀和共同追求。作为西方价值体系的一员，德国的意识形态和文化价值观均强调东西方之间的巨大差异。新闻媒体的国别属性决定了在国际议题上同样有自身的价值取向，正如社会学家赫伯特·甘斯（Herbert J. Gans）所言，新闻本身不局限于对真实的判断，它也包含了价值观，或者说，带有偏好的陈述④。

---

① 郑春荣. 德国为何再炒"对华过度依赖论"[EB/OL]. (2022-03-22) [2022-04-26]. https://opinion.huanqiu.com/article/47HsCuPdoAt.

② HAUFLER D. USA und Europa：Gemeinsame Werte verlieren an Wert [EB/OL]. (2016-12-18) [2020-07-08]. https://www.berliner-zeitung.de/politik-gesellschaft/usa-und-europa-gemeinsame-werte-verlieren-an-wert-li.38844?pid=true.

③ EUROPAUNION. Europa und die USA：Gemeinsame Interessen hervorheben, gemeinsame Werte verteidigen [EB/OL]. (2021-01-19) [2021-07-08]. https://www.europa-union-herne.de/meldungen/aktuelles/europa-und-die-usa-gemeinsame-interessen-hervorheben-gemeinsame-werte-verteidigen.

④ GANS H. The messages behind the news [J]. Columbia journalism review, 1979 (1-2)：40-45.

(一) 意识形态排他性

德国媒体对"一带一路"的负面框架建构的深层原因是认同缺失，表现为对"一带一路"所蕴含的价值理念的偏见，这本质上是意识形态上根深蒂固的偏见所致。正如梵·迪克所言，新闻反映了经济、政治和意识形态的价值观①。

中国的社会主义意识形态依托儒家文化等传统文化基源，蕴含着丰富的和平、仁爱、民本、诚信、正义等思想资源，崇尚大同之道、君子之道、中庸之道，反映了无产阶级的根本利益；德国的资本主义意识形态以基督教信仰为核心，将自由、民主、人权等资本主义价值观奉为圭臬，崇尚个人主义、规则思维、竞争精神，是资产阶级的阶级意识的集中体现。意识形态的差异并不必然导致偏见的产生，许多差异源于对同一概念的不同解读。譬如社会主义意识形态和资本主义意识形态均含有民主、自由、人权等内容，因解读视角不同，因而产生不同的理解。但若将意识形态差异上升到非此即彼的战略高度，就容易导致国际关系的冲突。

德国推行注重意识形态的价值观外交，把所谓的西方普世价值观作为德国外交政策的主要目标，甚至仅凭共同价值观念来定位与他国的亲疏关系。德国前总理默克尔曾多次强调，中德伙伴关系只有建立在共同价值观和理念基础上才能有长久生命力。这种主张包含一种潜在含义，即西方价值观代表着制度优越、道德优越和历史正确，凸显了西方价值观的优越性和排他倾向。然而，在国家决策中，影响国家行为的根本要素是国家利益，价值观外交实际上是满足国家利益需求的工具。因此，价值观外交的鼓吹者往往根据自身国家利益需求，大搞双标甚至多标，甚至导致意识形态层面的"党同伐异"，失去对人类文明的多样性、平等性、包容性的尊重和敬畏。

德国一方面在世界范围内大力推行资本主义意识形态的价值观，对内对外高举民主大旗，强调批判性思维，另一方面不断推行排斥"异己"的

---

① 胡春阳. 话语分析：传播研究的新路径 [M]. 上海：上海人民出版社，2007：222；程曼丽. 国际传播学教程 [M]. 北京：北京大学出版社，2006：56.

价值取向，利用西方普世价值观来批判中国，强调中德在政治价值观、宗教信仰等方面的对立关系，并根据自身的意识形态偏好来塑造中国的他者形象，以树立一种所谓的道德制高点，巩固资本主义社会制度的合理性，其意识形态的排他性本质一望而知。

德国媒体在新闻建构中，可以决定哪些观点被告知、哪些会被忽略，通过议程设置和叙事策略来影响受众的价值判断和认同倾向。他们擅长通过议程设置将自身的意识形态渗透到"一带一路"议题之中，在舆论中构建出一种有利于自身的思维模式。例如，以德国价值观标准评判中国人权和西藏问题，否定社会主义意识形态的合理性，歪曲中国民族团结的形象，构建一种排斥中国的价值取向——提到中国，人们就会联想到人权缺失、民族压迫等负面意象。而"一带一路"作为中国首倡、高层推动的国家战略，具有高解释性特点，相较于一般议题而言，更容易沦为德国媒体渗透价值取向、打造负面涉华舆论的话题。

（二）文化价值观差异

德国主流媒体的"一带一路"新闻框架不同程度地表现出对中国的排斥态度，其原因复杂多样，其中对自身文化的优越感是症结所在。西方现代文化史上负面的中国形象有着隐性的文化功能，即巩固西方现代世界秩序、维护其执政合法性[1]。德国媒体塑造中国负面形象，是用来确认自己文化身份的媒体传播策略。"一带一路"作为中国形象的重要代表元素，很容易成为德国媒体构建中国负面形象的一个重要标靶。

中德两国分别代表典型的东西方文化。由于文明起源、地理环境、风俗习惯、宗教信仰等不同，中西方文化存在很大的差异。历史上中西方文化存在重血缘与重民主、尚一统与尚多元、重直觉与重逻辑、重整体与尚个体、天人合一和主客二分等差异，并延续至今[2]。中国人在思想意识、思维模式和言语行为等方面都倾向于求整体、求综合，而西方文化将人类看成是自然万物的主宰者，认为人的价值高于自然万物；中国文化从集体

---

[1] 焦姝. 中国国家形象传播研究 [M]. 北京：企业管理出版社，2015：133.
[2] 贺毅. 中西文化比较 [M]. 北京：冶金工业出版社，2007：129.

主义的价值目标出发，推崇和而不同，而西方文化则崇尚个人主义，鼓励人与人之间竞争①。相较于中国人随机应变、含蓄内敛的风格，德国的文化批判传统历史悠久，喜欢争论，崇尚严谨，追求个性②。

文化价值观的差异容易导致跨文化沟通中的认同缺失，这是"一带一路"在德国遭遇传播困境的又一重要原因。"一带一路"是命运共同体，是文化多样性的共赢共存，不是零和思维或二元对立文化，而德国媒体倾向于塑造"专制主义""救世主"等意象，不关注"一带一路"的文化多样性以及所蕴含的开放、包容、普惠、平衡、共赢等中华传统文化的博大胸襟和情怀。德国新闻工作者在涉华报道中喜欢批判，并乐于从罕见的视角（有时甚至是偏激的视角）来挖掘新闻的独特性，常常致使新闻意义生产过程伴随主观性、片面性，而这种批判思维和报道风格符合德国受众的接受习惯，因此能够影响受众的认知和判断。相比之下，中国媒体内敛、含蓄的表达和含蓄、从众的心态反而不容易被德国受众接受，致使客观、真实的对外报道难以实现预期的传播效果。

约瑟夫·奈（Joseph S. Nye）曾说，文化上的障碍往往使人们听到的东西变得扭曲③。不同文化之间存在认同缺失在所难免，但文化差异本身并不必然引发排他倾向。德国媒体报道呈现的对"一带一路"的偏见，是其文化优越感的体现，源于民族中心主义，即"一种无意识的倾向，从自我群体视角来观察其他民族，将本文化的风俗和标准作为进行所有判断操作的标准。将我们自己、我们的种族、我们的民族、我们的社会群体置于宇宙的中心，并对其他人进行相应的等级排序"④。媒体在无意识中接纳了这种文化优越感，倾向于从自身文化价值观出发，解释他者文化，在传播过程中不断强化这种文化思维模式，通过议程设置对大众产生广泛的引导

---

① 刘琛，张玉宁，陈俊侠，等. 镜像中的中国国家形象 [M]. 北京：中国人民大学出版社，2015：12.

② 蔡馥谣. 国际传播视角下的"中国梦"：德国媒体建构研究 [M]. 北京：中国戏剧出版社，2019：194.

③ 奈. 网络时代"公民外交"的利弊 [N/OL]. 纽约时报，2010-10-04 [2021-01-05]. https://www.nytimes.com/2010/10/05/opinion/05iht-ednye.html.

④ MALETZKE G. Interkulturelle Kommunikation：Zur Interaktion zwischen Menschen verschiedener Kulturen [M]. Opladen：Westdeutscher Verlag，1996：23.

作用，最终形成一种"近乎无意识的机制，使所有人自动地和无意识地与自己的文化思维模式接轨"①。

国家文化层面的排他性还可以用文化规避理论来解释。根据霍夫斯泰德（Geert Hofstede）的观点，"文化规避性（cultural avoidance）是指本体对于他者文化表现出较强的戒备与防范心理……倾向于从自身文化理念和价值观出发，解释他者文化。对于他者文化的传播采取遏制态度"②。中西方文化在价值追求上的差异造成了西方媒体的文化规避态度。而随着中国实力和国际影响力的增加，西方国家在政治、经济上打压中国的同时，也从文明的角度把中国定位为全球竞争者，折射出对中国持有"非我族类，其心必异"的根深蒂固的偏见③。因此，德国媒体对于重大涉华议题如"一带一路"倡议具有很强的防备心理，部分媒体利用德国人对特定中国文化符号的误解打文化差，进行情境预设和暗示，不断强化其受众对中国文化的偏见。

然而，德国媒体的认同缺失不能完全代表德国社会各界的立场。实际上，一部分德国经济界、学术界和政界人士对"一带一路"都有一定程度的认同。如德国工商界人士认为，"一带一路"为德国打开了中亚、东南亚和中国的巨大市场，德国的基建、物流、贸易和工业都面临巨大发展机遇，同时促进了德中两国企业在第三方市场的合作④。德国丝绸之路倡议联邦协会（BVDSI）发言人汉斯·冯·赫尔多夫（Hans von Helldorff）指出，"一带一路"未来繁荣发展潜力巨大，德国越早加入越好⑤。德国教授塞巴斯蒂安·哈尼施（Sebasitian Harnisch）也指出，尽管一些结构性冲

---

① USUNIER J C, WALLISER B. Interkulturelles Marketing: Mehr Erfolg im internationalen Geschäft [M]. Wiesbaden: Gabler, 1993: 74.

② HOFSTEDE G. Cultural dimensions in management and planning [M]. Asia Pacific journal of management, 1984 (1): 81-99.

③ 刘琛，张玉宁，陈俊侠，等. 镜像中的中国国家形象 [M]. 北京：中国人民大学出版社，2015: 12.

④ 任珂. 德国工商界人士: "一带一路"带来发展新机遇 [EB/OL]. (2019-09-06) [2022-07-26]. https://www.gov.cn/xinwen/2019-09/06/content_5427852.htm.

⑤ GRZANNA M. Neue Seidenstraße: Das Billionen-Projekt [EB/OL]. (2019-04-25) [2022-07-25]. https://www.sueddeutsche.de/wirtschaft/neue-seidenstrasse-das-billionen-projekt-1.4418432.

突不可避免，但在"一带一路"框架下存在进一步推动合作共赢的广阔空间①。德国政治家赫尔穆特·施密特（Helmut Schmidt）也表示，西方人在中欧问题上"自以为是……上帝并没有赋予任何人认为西方文化更加优越和中国必须听取其教导的权利，相反，中国人并非是欧洲的敌人，也没必要传播害怕中国的言论。因为中国就像欧洲的邻居，绝不是敌人"②。这也从另一视角表明了"一带一路"在德国获得认同的潜在空间。

综上所述，德国媒体对"一带一路"的负面传播倾向，在社会层面可归因于对中国意识形态和文化价值观的认同缺失，主要体现为对"一带一路"蕴含的中国政治价值观、文化价值观和意识形态价值观的不认同甚至排斥，通过传递"排他"意识，形成所谓的政治正确。价值观念的传播和认同对提升海外影响力和国际话语权有决定作用，是国家软实力的重要组成部分。约瑟夫·奈非常尖锐地指出了软实力的威力，认为如果一个国家能使自身的权力在别的国家看来是合法与正当的，它的意愿和行为遭受质疑和反对的可能性便会大大降低；如果它的文化具有全球普遍性和吸引力，其他国家便会效仿和认同③。因此，弥合中德文化差异带来的种种理念分歧，是扭转国际形象、提升国家话语权和文化软实力的必然要求。

三、媒体层面：权力工具

（一）媒体的批判惯性

"一带一路"在德国遭遇传播困境，是德国媒体长期对中国议题进行负向传播的必然结果。中国一直是德国媒体热议的话题，无论是报刊、电视还是广播，德国媒体几乎每天都会对中国进行报道，但德国媒体所热衷的往往是中国的负面消息，即使报道中国进步或发展的一面，通常也含有怀疑或批判的态度，目的是揭露中国社会的黑暗面。随着中国经济的增长、与少数民族的交往增多、北京奥运会的举办以及在法兰克福书展上的

---

① 哈尼施. 德国与中国"一带一路"倡议：初期评估［J］. 黄萌萌，译. 欧洲研究，2018（3）：117.
② 王建芬. 德媒体：中国不是西方的敌人［N］. 环球时报，2006-10-09（6）.
③ 刘继南. 当前国家形象建构的主要问题及对策［J］. 国际观察，2008（1）：32.

亮相，德国媒体控诉中国的措辞越来越多且愈发犀利，如全球化的强盗、独裁统治、气候罪人。德国媒体对多数涉华议题不去探究事实真相，而是将固有的社会偏见和陈词滥调不假思索地传播开来①。

德国学者卡罗拉·里希特（Carola Richter）在《德国媒体中的中国报道》中对7家德国主流媒体对中国的报道进行了分析，证实了中国的确是遭受着歪曲事实和刻意贬低的非难。例如，在西藏问题报道中，德国媒体偷梁换柱，将尼泊尔警察追打游行者的照片注解成"中国警察在西藏镇压抗议者"，公然捏造事实②。这一方面源于德国媒体中长期存在的关于西藏等议题的刻板印象，另一方面源于新闻工作者的个人态度和偏见③。

德国海因里希·伯尔基金会2010年做了一项关于德国媒体如何报道中国的研究，证实了德国媒体对中国的"傲慢与偏见"。德国历史学家于尔根·奥斯特哈姆（Jürgen Osterhammel）在对中国在西方人心中的形象研究中也指出："根据不同人的感受，中国要么被当作榜样，要么被当成反面典型，却从来没有抛开一切先入为主的偏见。"正是这种带有个人色彩的偏见，阻挡了德国受众全面了解中国的视线④。

德国媒体素来坚持对媒体多样性和新闻自由的理解，批判中国是德国媒体涉华报道的一贯方式，对"一带一路"的批判惯性是其无差别批判态度的一种体现。也就是说，德国媒体不仅对中国采取批评的态度，对本国以及美国、俄罗斯也同样采取批评的态度。这与媒体在德国社会和政治中所扮演的角色和发挥的作用有关。在德国，媒体被认为是第四权力，承担

---

① RICHTER C, GEBAUER S, THOMAS H, et al. Die China-Berichterstattung in den deutschen Medien: Eine Studie von Carola Richter und Sebastian Gebauer mit Beiträgen von Thomas Heberer und Kai Hafez [M]. Berlin: Heinrich-Böll-Stiftung, 2010: 10.

② 央视网. 德国媒体屡次歪曲拉萨真相激怒各国民众 [EB/OL]. (2008-04-06) [2022-07-26]. news.cctv.com/china/20080406/100139.shtml.

③ RICHTER C, GEBAUER S, THOMAS H, et al. Die China-Berichterstattung in den deutschen Medien: Eine Studie von Carola Richter und Sebastian Gebauer mit Beiträgen von Thomas Heberer und Kai Hafez [M]. Berlin: Heinrich-Böll-Stiftung, 2010: 236.

④ 蔡馥谣. 国际传播视角下的"中国梦"：德国媒体建构研究 [M]. 北京：中国戏剧出版社，2019: 192.

着使民主制度正常运转的社会责任。德国媒体以监督政府工作,发现社会问题,揭露腐败、不公正为己任。近几年,德国媒体也曝出不少本国和美国、俄罗斯的丑闻①。

德国媒体对"一带一路"的批判惯性还源于信息获取局限性所导致的"无意识误读"。德国媒体工作者指出,由于很难直接从中国或中国媒体中获取关于"一带一路"的第一手资料,所以转向本国媒体和其他国家媒体,导致对"一带一路"的解读缺乏深度或常常出现误读的情况。由于他们很难参与相关活动,也很难接触到政治领导层,不得不借助官方媒体和新闻稿,这导致报道缺乏原创性和特色,因此许多话题越来越淡出德国记者的报道范围,或从小众人群如抗议人士中寻找报道素材,以便在官方观点之外寻找"对立的一面",导致不少片面乃至失真的"一带一路"形象出现②。但也有一些看似有理有据的分析,实则出于某种特定的动机,这类负面报道属于"蓄意误读"。

概言之,德国媒体对"一带一路"的批判倾向主要是其涉华议题负面传播惯性的延续,表现为无差别批判、无意识误读,但同样存在蓄意误读以抹黑中国形象的报道。德国媒体的负面传播惯性符合西方媒体在涉华议题上的整体风格,即负面事实报道占有压倒性地位③,通过反映和暴露社会明暗灰暗的一面,以使公众瞩目、警醒和震惊④。这是媒体定位、新闻特性、新闻工作者素养等因素综合作用的结果。

(二) 媒体的话语权力

米歇尔·福柯(Michel Foucaul)提出了一个著名的哲学命题:话语即权力。田海龙认为,话语权力不仅成为权力斗争的场所,而且成为权力

---

① 王异虹. 刍议德国民众对中国负面看法的原因[J]. 北大新闻与传播评论,2014 (1):253.

② RICHTER C, GEBAUER S, THOMAS H, et al. Die China-Berichterstattung in den deutschen Medien: Eine Studie von Carola Richter und Sebastian Gebauer mit Beiträgen von Thomas Heberer und Kai Hafez [M]. Berlin: Heinrich-Böll-Stiftung, 2010: 13.

③ 王异虹. 刍议德国民众对中国负面看法的原因[J]. 北大新闻与传播评论,2014 (1):251.

④ 孙有中. 解码中国形象:《纽约时报》和《泰晤士报》中国报道比较(1993—2002)[M]. 北京:世界知识出版社,2009:89.

斗争的手段；话语权力不仅是一种限制力量，而且是一种社会现实的创造力量。因此，拥有话语权力的人试图永久占有它①。从话语实践角度来看，西方国家在全球话语体系中长期居于优势地位，维护全球新闻话语的主导权也是其核心利益和共同追求。德国媒体的话语权追求目标和路径虽与西方媒体并非完全一致，但通过提升话语权来增强舆论引导力、进而提升政治合法性的意愿始终存在。

在长期以西方媒体为主导的国际传播环境中，中国形象被扭曲是一种常态。作为权力话语，东方是通过西方文本被制作出来和被驯化的，对东方的生产不是纯粹的知识生产，而是基于严密的政治情境中的政治知识的生产。其一方面得益于文化霸权的支配力量，另一方面得益于"欧洲和大西洋诸国与东方的关系中所处强势地位的符号比"，即话语霸权②。西方的话语霸权长期主导着国际舆论，阻碍了国际社会对中国的客观认知。"一带一路"作为中国推行的一项全球战略，成为中国形象的重要标志，因而更容易陷入强势话语的偏向性传播困境。

在全球化背景下，国际新闻传播的背后隐藏着全球传播话语权之争。话语作为媒体争夺传播主动权的手段，承载着重要的权力职能。话语通过反映和折射社会现实能够形成一种意识形态力量，新闻媒体可以运用话语参与社会变革③。与此同时，意识形态存在于人所创造的特殊的、社会的符号材料（包括新闻话语）之中④。换言之，媒体话语形成并承载意识形态，能够帮助媒体掌握意识形态力量。譬如对某次游行事件的报道，在一份报纸中是中性的"游行示威者"，很可能在另一份报纸中变成了"暴乱分子"或"自由斗士"，这取决于媒体的立场⑤。媒体话语更多是一种对社会意识形态的反映和确认。正如梵·迪克所说，媒体本质上就并非中立、

---

① 田海龙. 批评话语分析：阐释、思考、应用 [M]. 天津：南开大学出版社，2014：26-27.

② 张昆，张明新，陈薇. 国家形象蓝皮书：中国国家形象传播报告（2019）[M]. 北京：社会科学文献出版社，2020：219-220.

③ 田海龙. 批评话语分析：阐释、思考、应用 [M]. 天津：南开大学出版社，2014：14.

④ VOLOŠINOV V. Marxism and the philosophy of language [M]. NY and London：Seminar Press，1973：12.

⑤ 程雪莹. 新闻话语背后的社会认知 [J]. 青年记者，2015（34）：56.

懂常识或理性的社会事件协调者，而是帮助重构预先制定的意识形态①。

德国媒体运用话语的意识形态载体属性，对"一带一路"新闻框架的建构产生了较大影响。其长期运用人权和民族宗教等被意识形态偏见固化的话语体系建构涉华报道的负面舆论环境，通过新闻话语不断强化中西方意识形态的对立意识，并不断将这种意识形态导向与"一带一路"议题建立关联，潜移默化地渗透"一带一路"是"非西方"的、与西方意识形态对立的制度产物，而西方意识形态代表政治正确，借此巩固自身意识形态的优越性，并掌握在德国乃至欧洲定义"一带一路"的话语权。

德国媒体分别运用指代策略即通过隐喻、借代等表现手法来建构"一带一路"破坏全球秩序、破坏欧盟团结的他者形象，运用宣称策略即通过明确的断言来表达对"一带一路"的否定和排斥态度。这种意识形态导向型话语策略引导受众形成一种固定的思维模式，即以自身制度模式和价值标准来审视中国，容易催生认同偏见、强化刻板印象。长此以往，一种不利于"一带一路"推进的舆论环境便成为德国掌握并行使其新闻话语权的必然结果。

媒体的话语策略还表现在消息源的选取倾向上。德国媒体的消息来源主要是本媒体记者供稿，对德国业内人士的专栏采访，以及对特约撰稿人的邀稿，转引的报道来源主要有德新社、法新社、美联社，很少转引中国的官媒报道。可见在消息来源选择上，德国媒体多采用呈现"德国话语权"的框架，通过不断强化德国和欧洲的声音，引导舆论环境朝着利于巩固自身传播话语权的方向发展。

话语权力之争的本质是国家力量的竞争。德国媒体在涉华报道中采用愈发激烈的批判话语，也是将崛起的中国视作竞争威胁的社会心理所致。正如德国学者里希特等人的研究结果所示，德国对中国带有偏见的报道，是因为中国实力增强和国际影响力提升，在经济上对西方国家形成了竞争威胁②。

---

① 梵·迪克. 作为话语的新闻[M]. 曾庆香，译. 北京：华夏出版社，2003：12.

② RICHTER C, GEBAUER S, THOMAS H, et al. Die China-Berichterstattung in den deutschen Medien: Eine Studie von Carola Richter und Sebastian Gebauer mit Beiträgen von Thomas Heberer und Kai Hafez [M]. Berlin: Heinrich-Böll-Stiftung, 2010：198.

(三) 媒体的政治属性

大多数新闻界在运作时，都会与政府和政党、有势力的经济利益及其他权威有密切的共生关系①。一方面，政府需要媒体的辅助以加强舆论引导、释放影响力以及表达意愿。政府作为传播主体的权威性与影响力未必成正比，因此要想获得良好的传播效果、增强影响力，就必须尊重传播规律②。媒体作为国家重要的话语载体及公众获取他国信息的主要渠道之一，不仅是影响公众态度和看法的重要因素，还是反映社会观点与认识的明镜③。另一方面，媒体要想成为主流媒体，则政治新闻必然是其始终关注的首要领域。媒体系统及其新闻生产具有一定的政治利益指向。媒体市场处在政治活动的前沿阵地，受到各种政治权力的影响甚至左右。从历史到现实，人们看到的只是不断变换政治利益指向的媒体，还没有发现无政治利益指向的新闻媒体。由于政治与新闻传播关系紧密，使得政治性新闻本身就构成了新闻传播的头等性内容④。

媒体机构的政治利益指向性不仅可以辅助与强化政府意愿的表达，同样有助于强化现存社会制度。赫伯特·甘斯（Herbert J. Gans）认为，主流媒体的新闻是一种诠释现实的权力实践，媒体对效率的重视使有建制的机构，如政府、大商业公司成为新闻的最主要定义者，而没有太多资源的公民组织及其他社群被边缘化⑤。保罗·拉扎斯菲尔德（Paul F. Lazarsfeld）在《评行政和批判传播研究》一文中提出，大众媒体强化了现存社会制度，是为统治阶级服务的意识形态工具⑥。因此，媒体建构出的新闻框架同样具有政治属性，它对事物的定义与建构，不断对公众的政治

---

① 麦奎尔. 麦奎尔大众传播理论 [M]. 5版. 北京：清华大学出版社，2010：142.

② 程曼丽. 国际传播学教程 [M]. 北京：北京大学出版社，2006：56.

③ 章吟. 德国《法兰克福汇报》（2000—2017年）涉华环境报道的论式话语分析 [D]. 杭州：浙江大学，2019：2.

④ 杨保军. 新闻价值论 [M]. 北京：中国人民大学出版社，2003：217-291.

⑤ 杜涛. 框中世界：媒介框架理论的起源、争议与发展 [M]. 北京：知识产权出版社，2014：45.

⑥ LAZARSFELD P. Remarks on administrative and critical communications research studies [J]. Philosophy and social science, 1941, 9 (1): 2-16.

第六章 "一带一路"倡议在德国传播的影响因素

认识产生作用,会影响整体的政治运行①,进而帮助巩固现有社会制度。包括德国在内的欧洲媒体也是如此。杰伊·布鲁默(Jay G. Blumer)指出,欧洲媒体一方面要保持中立和独立,另一方面又跟主导型的政治结构、价值观和利益保持着联系,在社会功能上被视为统治阶级进行社会控制的工具,妨碍了激进的社会变革②。德国媒体机构虽自诩不具备政党属性和政府性质,但是资本的趋利性和重要信息由政府掌控的现实,注定了新闻媒体无论如何也无法摆脱政府及利益集团的束缚和制约。

德国政党通过拥有媒体集体股份或在媒体管理层中占据重要位置等方式来对媒体施加影响,这也是民主法团主义模式最显著的特征,即政党政治与媒体的高度整合。虽然所谓的政党报刊在德国几乎不存在,但媒体可以与有各种政治倾向的政党联姻,因此德国各大媒体都有比较明显的政党倾向,德国媒体的政治光谱也会在涉华报道中有所体现,例如《法兰克福汇报》是中间偏右的,《南德意志报》是中间偏左的,《世界报》更加偏右,《法兰克福评论报》则更加偏左。德国同一家电视台的各个节目也拥有不同的政治倾向,体现了一种内部多元主义的特点,如德国电视一台《每日新闻》就要比《今日》栏目更左一些③。

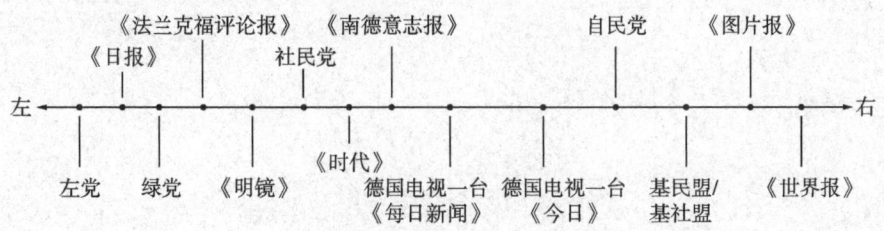

图20 德国政党及媒体倾向光谱图④

---

① 肖伟. 新闻框架论:传播主体的架构与被架构 [M]. 北京:中国人民大学出版社,2016:109.

② BLUMER J. Mass communication research in Europe: some origins and prospects [J]. Media, culture and society, 1980 (2):367-376.

③ 彭泉. 公共外交中的媒体困境:以德国媒体对华报道为例 [J]. 同济大学学报(社会科学版),2015 (4):44.

④ 彭泉. 公共外交中的媒体困境:以德国媒体对华报道为例 [J]. 同济大学学报(社会科学版),2015 (4):44.

实际上，德国政党、工会、教会及其他社会组织背后都有媒体集团的支持，这也是民主法团模式国家媒介制度的重要部分。很难说政治基金会是否直接影响媒体，但其通过政党与媒体串联却是不争的事实。

表 26 德国政党、政治基金会与媒体关系图①

政治基金会	政党	受影响媒体
康拉德·阿登纳基金会	基民盟	《世界报》《图片报》《法兰克福汇报》
弗里德里希·艾伯特基金会	社民党	《法评报》
汉斯·赛德尔基金会	基社盟	《南德意志报》
弗里德里希·瑙曼基金会	自民党	《商业日报》
海因里希·伯尔基金会	绿党/联盟 90	《日报》
罗莎·卢森堡联邦基金会	左党	《新德国报》

要而论之，德国媒体对"一带一路"的传播以维护国家利益为核心，以巩固现有制度为原则，以提升新闻话语权为目的，以强化价值认同为手段，对"一带一路"的报道呈现出有限的客观性和较强的偏向性，这种趋势在中欧实力消长对比之下愈发明显。借"一带一路"塑造负面中国形象，成为利益、观念和制度自我保护倾向下德国媒体的"政治正确"。

---

① 彭泉. 公共外交中的媒体困境：以德国媒体对华报道为例 [J]. 同济大学学报（社会科学版），2015（4）：45.

第七章 中德媒体"一带一路"传播框架对比分析

"一带一路"在德国的传播涉及两个范畴,即德国媒体针对德国受众的报道与中国媒体针对德国受众的报道。从传播路径来看,前者属于对内传播,后者属于对外传播,但显然"一带一路"在德国的传播效果主要受制于德国媒体掌握的新闻话语权。中国媒体对外传播力度虽大,却有信息流向不平衡之嫌,或存在"讲了传不到,传到没人听,听了没人信"的问题。基于此,对比分析中德主流媒体的"一带一路"传播框架,从中查找问题,寻找解决路径,对我国媒体提升对德传播效能、把握"一带一路"的国际传播话语权具有一定必要性。

鉴于"一带一路"的国际议题和战略议题属性,主流媒体在其传播中发挥着塑造视野、设置议题、引导舆论的功能,而非主流媒体发挥的作用有限,本研究选取具备一定的平台基础、语言基础、受众基础和海外传播经验的中国主流媒体作为研究对象。依据媒体在"一带一路"对外传播方面的代表性、权威性和影响力,选取8家国内主流媒体作为研究对象,分别是:中国国际广播电台国际在线德文版、中国环球电视网欧洲频道、新华网一带一路德语频道、中国一带一路网英文版、中国日报网英文版、人民网德文版、《今日中国》德文版、《北京周报》德文版。

一、中国媒体的"一带一路"对德传播框架

中国媒体的"一带一路"对德传播框架以我国对外传播理念为基础,主要包括对德报道态势和新闻框架两个方面。为尽可能完整地呈现"一带一路"对德传播框架,本文选取8家中国主流对外传播媒体历年的"一带一路"德文/英文报道,即2013年9月至2022年6月的对外报道作为分析样本。为保证分析样本的有效性和全面性,以报道中涉及的关于"一带一

路"的多种德文和英文表述作为检索词，如 die Neue Seidenstraße，Seidenstraße-Initiative，Belt and Road，One Belt One Road（缩写 OBOR），New Silk Road 等，剔除非相关项"古代丝绸之路"die（alte）Seidenstraße 或 the（ancient）Silk Road，得出共计 28493 篇报道样本。在此基础上，建立中国媒体"一带一路"对德报道语料库。报道分析同样设定为 5 个主要类目：报道数量、新闻主题、叙事方式、新闻符号、态度立场。其中第 1 个类目用于传播态势分析，后 4 个类目用于新闻框架分析。

（一）中国媒体的对外传播理念

中国的早期对外传播强调媒体的"外宣"功能。对外宣传是国家一项具有全局性、战略性的工作。改革开放以来，伴随着中国逐步融入世界，外宣理念和政策演进的步伐不断加快，力度不断加强，经历了从"对外宣传"到"对外传播"再到"战略演变"等阶段，逐步形成了全方位、宽领域、多层次的大外宣格局[1]。

第一阶段：让世界了解中国。

党的十一届三中全会重新确立了解放思想、实事求是的思想路线。对于在新的历史条件下如何开展对外宣传，邓小平同志明确指出，进行社会主义现代化建设，不仅需要一个稳定的国内环境，也需要一个良好的国际环境，创造良好的国际环境，关键是做好党的路线、方针、政策的对外宣传，让世界真正了解我们。在这一思想指导下，对外宣传的任务、对象、方式方法逐步清晰、丰富起来，形成了"让世界了解中国"的传播理念。

这一时期的对外传播任务是争取人心、保证对外开放政策顺利实施、扩大我国国际影响、加强同世界各国友好关系、为实现"四化"争取时间。对外宣传的广度不断扩大，对象包括世界各国各阶层、各种不同政治思想的人，还有港澳同胞、华侨、华裔人士和台湾同胞。对外传播的方式和方法要求生动、活泼、全面，切忌说教、浮夸、片面和强加于人[2]。

---

[1] 刘琛，张玉宁，陈俊侠，等. 镜像中的中国国家形象［M］. 北京：中国人民大学出版社，2015：7.

[2] 刘琛，张玉宁，陈俊侠，等. 镜像中的中国国家形象［M］. 北京：中国人民大学出版社，2015：7-8.

第二阶段：韬光养晦，解疑释惑。

20世纪80年代，西方国家掀起一股反华浪潮。邓小平根据国际形势调整了我国的对外政策，提出了"冷静观察、稳住阵脚、沉着应对、韬光养晦、善于守拙、决不当头、有所作为"的28字方针。1989—1992年间，外宣的中心思想是"融冰"，即解疑释惑，实事求是地向世界介绍中国，有理有据、不厌其烦地向世界解释中国，淡化社会主义中国的负面形象，树立正面形象。1992—1995年外宣战线贯彻执行"搭桥"思想，首先是向世界传递中国不仅继续实行改革开放政策，而且程度更深、领域更广；其次是为有中国特色的社会主义市场经济制造舆论，传递声音；再次为国家与国家之间的友好往来搭友谊之桥，为各国企业寻找新的商机搭互惠之桥。

经过融冰与搭桥工作的过渡与涵养，国际社会对社会主义中国的态度逐渐改变，中国形象逐步得到修复与改善。但这些改变只是渐次的量变，社会主义中国形象的根本转变，需要策划一系列外宣活动形成舆论攻势，清除负面刻板成见。1995年，中央责成中央对外宣传办公室统一负责香港回归的新闻舆论工作，外宣战线开始谋划中国对外宣传的突围。在邓小平逝世、长江三峡截流成功、香港回归、中美首脑正式会晤、中共十五大召开等众多重大历史事件前后，中国新闻机构都以国际传播的视野打出宣传"组合拳"，引导国际舆论[①]。

经过融冰、搭桥与突围，外宣思想逐步从宣传走向传播，更讲究方法和策略，逐步树立起服务意识和市场竞争意识，这与传统的宣传理念有明显区别。在此基础上，外宣工作要求着眼点主要放在争取国外最广大的中间群众上，同时做好国外上层人士或接近决策人士的工作。新闻媒体的功能从单一宣传功能向多种功能转变，受众从"宣传对象"向"信息消费者"转变，开始重视国际传播市场中的受众需求[②]。

第三阶段：向世界说明中国。

20世纪90年代以来，中国融入国际社会的步伐显著加快，经济实力

---

① 何国平. 改革开放30年来中国外宣思想的演进[J]. 当代传播，2008 (6)：95.

② 刘琛，张玉宁，陈俊侠，等. 镜像中的中国国家形象[M]. 北京：中国人民大学出版社，2015：9.

迅速增长，在国际事务中影响力不断增大，各种版本的"中国威胁论"此消彼长。为抓住战略机遇期，营造良好的国际舆论环境，"向世界说明中国"成为这一时期对外传播的指导思想①。

"向世界说明中国"是江泽民1999年提出的新的外宣纲领，强调对外宣传工作的5个着力点：继续向世界说明我国改革和建设的伟大成就，说明邓小平同志开创的建设有中国特色社会主义道路的正确性，充分展示中国人民坚定不移地走自己的路、实现社会主义现代化的形象；继续向世界说明我国改革开放的方针政策，充分展示中国人民坚持实行改革开放的形象；继续向世界说明我国反对霸权、维护和平、支持国际正义事业的立场，充分展示中国人民爱好和平的形象；继续向世界说明我国政治稳定、经济发展、社会进步、民族团结的局势，充分展示中国人民为维护安定团结和实现繁荣富裕而不懈奋斗的形象；继续向世界说明我国社会主义民主法制建设的成就，充分展示中国人民依法治国，建设社会主义法治国家的形象。这5个"继续"指明了外宣工作的努力方向，即新时期的中国外宣应进一步向世界全面说明中国的内政、外交、民生方面的新进步与新发展，展示国强民富、热爱和平的中国国家形象与中国人民形象②。

2000年，江泽民首次把"走出去"战略上升到"关系我国发展全局和前途的重大战略之举"的高度。"走出去"战略的正式实施，标志着中国国家形象的国际传播已经被提升到国家发展战略的高度，与此相适应，中国国际传播的实力和规模不断扩大。

第四阶段：讲好中国故事，传播好中国声音。

改革开放40年来，中国逐步成为国际事务的参与者和建设者，综合国力和国际地位得到显著提升，但对外传播的实力与国际政治、经济地位并不相称，仍面临国际舆论环境、文化差异等带来的挑战，中国国家形象仍不时被误读、歪曲甚至丑化。2008年北京奥运会后，中国的对外传播也随

---

① 刘琛，张玉宁，陈俊侠，等. 镜像中的中国国家形象 [M]. 北京：中国人民大学出版社，2015：10.

② 何国平. 改革开放30年来中国外宣思想的演进 [J]. 当代传播，2008（6）：96.

着时代的发展而与时俱进,不仅看重传播策略,更强调传播战略,对外传播站在新的历史起点上,迎来新一轮强劲发展。

中共第十七届三中全会提出了"构建覆盖广泛、技术先进的现代传播体系,形成与我国经济社会发展水平和国际地位相称的国际传播能力,打破西方媒体垄断格局"的战略任务。随后,党中央对做好外宣工作提出了新的更高要求:一是积极对外介绍我党的执政理念和政策主张;二是大力实施中华文化"走出去"工程;三是做好对外舆论引导和国际舆论斗争;四是继续推进我国主要媒体、新闻机构、记者协会等与国外新闻媒体的对口交流,加强同外国智库人物、各界知名人士的联系,注重发挥海外华人华侨、留学生的独特优势,使外宣工作更好地贴近海外受众,更好地在对象国落地生根①。此后,中国开始从战略角度淡化宣传概念。

2011年,中央对外宣工作作出新的指示:着力提高对外宣传水平和国际传播能力,进一步扩大我国在国际上的话语权和中华文化的影响力;要适应国际形势的新发展,适应中国国际地位的新变化,努力在"西强我弱"的舆论格局下更加有所作为,使对外宣传和文化交流取得更好效果;认真落实加强国际传播能力建设总体规划和实施方案,大力推进基础设施、传播渠道、信息内容建设和人才队伍建设,全面提升采编播发能力和产品营销能力,着力打造国际一流媒体,实现重点媒体国际传播能力建设跨越式发展,不断提高对外传播的覆盖面和影响力。按照党中央要求,中央各大传播机构纷纷提出了各自的传播宗旨和理念,如新华网的"传播中国,报道世界",中央电视台中文国际频道的"传承中华文明,服务全球华人",中国国际广播电台的"中国立场、世界眼光、人类胸怀"等②。主流媒体也开始探索在国际传播中的新角色,用更为柔性的方式扮演与海外媒体和海外用户的沟通互动角色③。

---

① 刘琛,张玉宁,陈俊侠,等. 镜像中的中国国家形象[M]. 北京:中国人民大学出版社,2015:14.

② 刘琛,张玉宁,陈俊侠,等. 镜像中的中国国家形象[M]. 北京:中国人民大学出版社,2015:15.

③ 朱鸿军,刘向华. "走出去"到"走进去":对外传播新境界的新媒体作为[J]. 对外传播,2017(9):8.

(二) 各媒体"一带一路"对德传播情况

1. 中国国际广播电台国际在线德文版

中国国际广播电台（CRI）创办于1941年，隶属于国务院直属正部级事业单位中央广播电视总台，是中国向全世界发出中国声音的重要渠道，也是世界主要国际广播电台之一。通过65种语言24小时全天候向世界进行广播，宗旨是"向世界介绍中国，向中国介绍世界，向世界报道世界，增进中国人民与世界人民之间的了解和友谊"①。国际在线（www.cri.cn）是由中央广播电视总台主办的国家重点新闻网站，1998年开始对外发布，通过44种语言（含德语）对全球进行传播，是中国使用语种最多、传播地域最广、影响人群最大的多应用、多终端网站集群，在全球拥有40多个驻外记者站，与许多国家的驻华机构建立了良好的合作关系，已发展成为拥有强大的信息采集网络、多形态传播渠道的国际化新媒体平台。访问者来自世界160多个国家和地区，网上节目时长达到每天221.5小时，日均收听人次70万。通过开展对外合作，转载国际在线内容的境外网站不断增加②。

在国际在线德文版（german.cri.cn）上分别搜索关键词Seidenstraße或Belt and Road③，经过筛重和剔除无关选项，得到关于"一带一路"的报道138篇，报道数量最多的年份是2022年（见表16）④。报道内容主要涉及"一带一路"相关重大会议与活动、具体项目合作进展、中国领导人讲话、（中国与德国的）专家评论等。节目形式包括视频、音频、新闻报道、评论、访谈等，也会转发德国各大城市使领馆的官方新闻资讯。2019年推出《请上车！——"一带一路"系列节目》，该节目共有10集，以视

---

① 百度百科. 中国国际广播电台 [EB/OL]. [2022-01-11]. https://baike.baidu.com/item/%E4%B8%AD%E5%9B%BD%E5%9B%BD%E9%99%85%E5%B9%BF%E6%92%AD%E7%94%B5%E5%8F%B0.

② 百度百科. 国际在线 [EB/OL]. [2022-01-11]. https://baike.baidu.com/item/%E5%9B%BD%E9%99%85%E5%9C%A8%E7%BA%BF/5670571?fr=aladdin.

③ 由于中国媒体报道中"一带一路"的德文表达较多，die neue Seidenstraße这种德文表达无法涵盖该词的所有语法变化形式，为确保样本全面性，本章选用Seidenstraße作为搜索关键词，再从结果中排除古代丝绸之路。其他4家德文媒体同样采用这种样本筛查方法。

④ 2022年数据采集截至6月30日，按倍数估算全年数量后得出此结论。

第七章 中德媒体"一带一路"传播框架对比分析

频形式(西班牙语音频,德语字幕)讲述"一带一路"的历史故事以及在中国城市和沿线国家的进展。

表27 国际在线德文版"一带一路"历年报道数量

报道年份/年	2013	2014	2015	2016	2017	2018	2019	2020	2021	2022	合计/篇
报道篇数/篇	1	3	8	0	9	16	16	20	35	30	138

将国际在线德文版网站上关于"一带一路"的报道标题和导语样本录入Nvivo质性分析软件,将德文表达中不影响文本意义却对词频分析造成影响的冠词、代词、介词、连词和数词等删除,进行第一次自由编码,得到的词云图很明显地突出了"一带一路""中国""新的""习近平""框架""建设""共同""合作""德国""欧洲""港口"等,表明国际在线德文版的显著特征是注重对"一带一路"的全方位阐释,国内与国际叙事兼有,宏观与微观视角并重,并关注中国国家领导人在"一带一路"推进中的作用。

在第一次编码的基础上,将"一带一路""中国""习近平""框架"等指代"一带一路"本身的相关德文词汇剔除,重新编码生成与本研究密切相关的词云图,可以从新的高频词汇云图及加权占比中挖掘出国际在线报道的高频词汇,图中词语的大小表示该词汇出现的频率(见图21)。

图21 国际在线德文版"一带一路"报道词云图①

---

① 制图时间:2022年7月1日。

"建设"（Aufbau）、"共同"（Gemeinsam）、"合作"（Kooperation/Zusammenarbeit）、"德国"（Deutschland）、"欧洲"（Europa）、"港口"（Hafen）、"香港"（Hongkong）、"关系"（Beziehung）、"发展"（Entwicklung）、"资助"（Förderung）、"推动"（Impuls）、"新疆"（Xinjiang）、"北京"（Beijing）、"汉堡"（Hamburg）、"机遇"（Chance）等高频词汇，表明国际在线对"一带一路"新闻建构的显著特征是注重共建叙事，描绘出中德/中欧合作共建"一带一路"的图景，并呈现出"一带一路"的如下特征：一是具有中国属性，这通过第一次词频筛选的"中国""习近平"等特高频词和第二次筛选的"香港""新疆"等高频词显示出来；二是具有双边/多边合作性质，"欧洲""德国""港口""合作"等高频词具体指向欧洲国家参与共建"一带一路"。综合看来，国际在线对"一带一路"的国际公共产品属性进行了多方位阐释。

国际在线德文版上的"一带一路"报道主要以文字、图片和视频新闻形式呈现，以文字报道为主，图片和视频报道为辅。新闻图式主要涵盖事件基本信息型、细节描述型、分析与评估型三类，其中，事件基本信息型报道篇幅约100字（德文），分析评论类文章篇幅平均为200字，图片和视频新闻一般只配有标题。"一带一路"新闻报道官方特点鲜明，语言简洁凝练，文风较为平实，权威话语引用较多，叙事立场客观，措辞较为严肃，很少使用容易引发歧义的修辞手法，整体风格实事求是。

2. 中国环球电视网欧洲频道

中国国际电视台是国务院直属正部级事业单位，是中国面向全球播出的新闻国际传播机构，开办有6个电视频道、3个海外分台、1个视频通讯社和新媒体集群。初名为中央电视台英语国际频道，2010年更名为英语新闻频道，2016年央视旗下的中国环球电视网（China Global Television Network，CGTN）正式成立①。伴随中国环球电视网开播，外语频道开始建设融媒体中心，同时新闻移动网同步上线，为外语旗舰打造国际网络和

---

① 百度百科. 中国国际电视 [EB/OL]. [2022-01-11]. https://baike.baidu.com/item/中国国际电视台#ref_[34]_21050869.

数字传播新渠道。融媒体中心于 2017 年正式上线，它是中国国际电视台按照融合传播理念打造的核心业务平台，统筹旗下北京总部和北美、非洲两个分台，英、西、法、阿、俄 5 个语种的新闻生产运营①。

CGTN 欧洲频道官网（www.cgtn.com/europe）没有德文版。在欧洲频道英文版上搜索关键词 Belt and Road，发现 CGTN 欧洲频道英文版上的"一带一路"新闻数量在同类媒体中位居前列，且主题相关度较高，绝大多数是主题报道，而非素材报道。2017 年 1 月 1 日至 2022 年 6 月 30 日"一带一路"相关新闻报道数量达 1600 篇，其中报道数量最多的是 2017 年，占历年报道总数近三成。

表 28　CGTN 欧洲频道"一带一路"历年报道数量②

报道年份/年	2017	2018	2019	2020	2021	2022	合计/篇
报道篇数/篇	505	392	462	77	131	33	1600

将 CGTN 欧洲频道网站上关于"一带一路"的报道标题和导语样本录入 Nvivo 质性分析软件，将英文表达中不影响文本意义却对词频分析造成影响的冠词、代词、介词、连词和数词等删除，进行第一次自由编码，得到的词云图很明显地突出了"一带一路""中国""合作""主席""世界""论坛""发展""国际""北京""促进""贸易"等，表明 CGTN 欧洲频道关注中国与世界层面，聚焦促进合作、发展等事实相关高层活动。

在第一次编码的基础上，将"一带一路""中国""主席"等指代"一带一路"的英文词汇剔除，重新编码生成与本研究密切相关的词云图（见图 22）。"合作""主席""世界""论坛""发展""国际""北京""促进""贸易""建设""参与""项目""经济""观点""关系"等高频词汇，显示出 CGTN 对"一带一路"新闻建构的显著特征，即兼顾国内和国际视角，关注经济与政治领域，侧重"一带一路"框架下的高层活动及合作进展，对内和对外传播齐头并进。

---

① 黄鹂. 外宣媒体的深度融合实践：以中国国际电视台为例 [J]. 对外传播，2019（5）：19.

② 数据采集时间截至 2022 年 6 月 30 日。

图22　CGTN欧洲频道"一带一路"报道词云图①

CGTN的"一带一路"对外报道侧重展示其多维立体的形象。一方面通过经贸与投资实例、高峰论坛等活动的举办、基础设施建设的顺利推进、对沿线国家经济的带动作用等实质性的利好事实,向世界说明共建"一带一路"的积极意义;另一方面通过理念阐释和政策解读,从理论视角深入介绍倡议内涵,并从文化、媒体、旅游、教育、生态、全球化等视角全面阐释"一带一路",让世界对该倡议有更全面、深入的了解。

CGTN欧洲频道上的"一带一路"报道涵盖文字、图片和视频三种形式,多以"文字+图片+视频"三合一的报道形式呈现。新闻图式主要涵盖事件基本信息型、细节描述型、分析与评估型,也有少量事件背景型报道,介绍"一带一路"的发展脉络。其中,基本信息型报道篇幅约150字(英文),分析评论型报道篇幅为300~400字,事件背景型主要采用图片或视频新闻,配有100字左右文字。"一带一路"新闻报道官方特点鲜明,语言简洁凝练,文风较为平实,权威话语引用较多,新闻客观性强,很少使用容易引发歧义的修辞手法,整体风格严肃、严谨。

3. 新华网一带一路德语频道

新华网是由中国国家通讯社和世界性通讯社——新华社主办的综合新闻信息服务门户网站,是中国最具影响力的网络媒体和具有全球影响力的

---

① 制图时间:2022年7月1日。

中文网站，用户遍及 200 多个国家和地区，拥有 31 个地方频道以及英、法、西、俄、阿、日、韩、德、藏、维、蒙等多种语言频道，日均多语种、多终端发稿达 1.5 万条，在 Alexa 排名中大幅领先美联社、路透社、法新社等通讯社主办的网站①。新华网于 2016 年 6 月 17 日开通一带一路频道，现已涵盖中、英、阿、西、法、俄、葡、德、日、韩文版，设有丝路聚焦、高清大图、丝路国际、丝路中国、丝路商机、丝路智库、人文及旅游等板块，旨在使世界各国准确深入地了解"一带一路"的建设构想、前景预期和建设成果，主动阐释、权威回应海内外的关切，力图打造"一带一路"重要信息的最准确发布平台、重要政策的最权威解读平台、实用信息的最全面汇总平台、沿线企业商贸往来的便利服务平台、沿线受众人文交流、旅游出行的丰富展示平台②。

新华网一带一路德语频道（german.xinhuanet.com/ydylpd/index.htm）设有最新消息、经济合作、评论和高清大图等栏目。2020 年之前还设有丝路人文栏目，由于与高清大图栏目重叠率高，之后保留了后者。德语频道从 2018 年开始发布新闻报道，发布时间主要集中在 2018 年和 2019 年，两年共发布 255 篇报道，占 2018 年至今报道总量的 72%。一带一路德语频道的新闻发布数量适中，新闻更新速度较慢，但报道主题覆盖面较广，对想要了解"一带一路"倡议的德语受众而言是一个比较好的权威渠道。

表 29　新华网一带一路德语频道历年"一带一路"报道数量③

栏目	年份/年					合计/篇
	2018	2019	2020	2021	2022	
最新消息	58	103	2	29	24	216
经济合作	12	7	0	14	11	44
评论栏目	12	9	0	1	2	24
高清大图	26	28	0	5	12	71
合计/篇	108	147	2	49	49	355

---

① 百度百科. 新华网 [EB/OL]. [2022-01-11]. https://baike.baidu.com/item/新华网/2797757?fr=aladdin.

② 新华网. 新华网"一带一路"频道正式上线　打造"新丝路"资讯服务平台 [EB/OL]. (2016-06-17) [2022-01-11]. https://www.xinhuanet.com/world/2016-06/17/c_129071239.htm.

③ 数据采集时间截至 2022 年 6 月 30 日。

在新华网一带一路德语频道上分别搜索关键词 Seidenstraße 或 Belt and Road，经过筛重和剔除无关选项，得到关于"一带一路"的报道 355 篇。将这 355 篇报道样本的标题和导语样本录入 Nvivo 质性分析软件，将德文表达中不影响文本意义却对词频分析造成影响的冠词、代词、介词、连词和数词等删除，进行第一次自由编码，得到的词云图很明显地突出了"中国""一带一路""货运班列""北京""欧洲""合作""论坛""习近平""国际""展览""贸易"等，表明新华网一带一路德语频道同样对国内与国际视角并重，同时关注经济与文化领域，也关注中国国家领导人在"一带一路"推进中的重要作用。在第一次编码的基础上，将"中国""一带一路""习近平"等指代"一带一路"本身的相关德文词汇剔除，重新编码生成与本研究密切相关的词云图（见图23）。

图 23 新华网一带一路德语频道"一带一路"报道词云图①

"货运班列"（Güterzug）、"北京"（Beijing）、"欧洲"（Europa）、"合作"（Zusammenarbeit/Kooperation）、"论坛"（Forum）、"国际"（International）、"展览"（Ausstellung）、"贸易"（Handel）、"关系"（Beziehung）、"海外"（Ausländisch）、"重庆"（Chongqing）、"全球"（Global）、"部长"（Premierminister）、"企业"（Unternehmen）、"新疆"（Xinjiang）等高频词汇表明"一带一路"报道的显著特点：一是关注国际层面，重点在欧洲；二是关注具体合作，包括货运班列、贸易往来等；三

---

① 制图时间：2022 年 7 月 1 日。

是关注国内进展，如在北京举行高层会晤、高峰论坛、友城规划交流会、协议签署等活动，以及"一带一路"在重庆、新疆的新进展；四是除经济领域外也关注文化领域，报道涉及各种"一带一路"相关艺术展。

新华网一带一路德语频道的报道主题特色鲜明，最新消息栏目主要收录政府领导相关报道议题，如"习近平在北京会见联合国秘书长""习近平在北京会见越南总理""习近平在'一带一路'论坛上发言"等；经济合作栏目侧重对论坛、会议、博览会，以及铁路建设、投资、友城交流等共建"一带一路"最新进展的报道；评论栏目注重从政策、理论与实践角度进行报道，多转引中外政要、专家、智库对倡议的本质、进展、成果、带来的机遇等方面的分析和评价，主要呈现正面立场；高清大图栏目主要报道"一带一路"参与国之间的人文艺术交流活动，涵盖音乐、绘画、中医药、教育合作等方面的图片新闻，配有简要的文字说明，该栏目的报道与最新消息栏目有部分报道重叠。

新华网一带一路德语频道的新闻图式主要涵盖事件基本信息型、细节描述型、分析与评估型，其中，事件基本信息型报道篇幅约100字（德文），细节描述型200字左右，分析评论类文章篇幅400～600字，图片专栏的图片新闻配文50字左右。新闻报道以文字为主，大部分新闻报道都附有一张图片。"一带一路"新闻报道的语言特点是简洁凝练，实事求是，注重权威话语的引用，整体上呈现出较强的客观性和严肃性。

4. 中国一带一路网英文版

中国一带一路网以推进"一带一路"建设工作领导小组办公室为指导单位，由国家信息中心主办，于2017年3月21日正式上线。目前运行中、英、法、俄、西、阿6个语种版本，覆盖全球大部分地区。中国一带一路网以传递信息、沟通文明、合作共赢为宗旨，及时回应国内外重大关切，科学准确阐释"一带一路"核心理念，权威发布解读国内外有关"一带一路"的政策法规，全面客观介绍"一带一路"建设的新进展新成果，为沿线各国企业、社团组织和公民积极参与"一带一路"建设提供信息服务和互动交流①。中文版主要栏目板块包括新闻资讯、政策环境、五通发展、基础数据、国际合作、项目、共话丝路，同时开设政策法规、民心相通、

---

① 百度百科. 中国一带一路网［EB/OL］.［2022-07-30］. https://baike.baidu.com/item/中国一带一路网/20496234?fr=aladdin.

丝路观察、国别美图等。目前尚未开设德文版，不过德国的英语普及度较高，英文版同样可以将信息传递给德国受众。

中国一带一路网英文版（eng.yidaiyilu.gov.cn）设有"一带一路"数据库（子板块有宏观经济数据、国内贸易、对外贸易、外来投资、海外直接投资）、最新要闻、政策环境、合作重点、国际合作、企业风采、共话丝路等主要信息类栏目。其中，最新要闻是"一带一路"新闻报道的主要发布渠道；企业风采栏目关注中国企业和外国企业的合作情况；共话丝路栏目主要报道中外国家领导、政要、专家、学者等各界人士对"一带一路"内涵、发展和前景的立场、态度、分析、评价和前景展望。这3个栏目是"一带一路"新闻报道样本的主要来源。此外，数据库栏目主要发布最新统计数据及数据分析报告；政策环境栏目发布双边宣言及协议、政策文件、地区行动计划和政策解读文章；合作重点栏目按照"五通"划分为5个板块，各板块只显示6篇要闻；国际合作栏目按照国家划分，对"一带一路"沿线143个国家与中国的合作情况按照国别进行介绍；合作企业目录列举了84家企业。

中国一带一路网英文版是"一带一路"对外传播的主力型媒体。自2013年9月开始发布新闻报道，2013—2015年共发布18篇，年均发布量约6篇，2016年8—12月共发布308篇，月均发布约62篇，2017年正式上线后新闻报道更新明显增速，报道数量呈逐年增长态势。2017年共发布2412篇新闻报道，月均201篇；2020年共发布4348篇，月均362篇；2021年共5467篇，月均456篇；2022年1—6月共4309篇，月均718篇。可以看出，相较于其他主流对外传播媒体而言，中国一带一路网的新闻发布速度和数量、内容范围和数据覆盖面均居首位。

表30 中国一带一路网英文版"一带一路"历年报道数量[①]

栏目	年份/年										合计/篇
	2013	2014	2015	2016（8—12月）	2017	2018	2019	2020	2021	2022（1—6月）	
最新要闻	4	3	4	241	2043	1486	1888	4232	5095	3599	18595
企业风采	0	0	7	32	48	71	105	30	145	357	795

---

① 数据采集时间截至2022年6月30日。

续表

栏目	年份/年									合计/篇
	2013	2014	2015	2016(8—12月)	2017	2018	2019	2020	2021	2022(1—6月)	
共话丝路	0	0	0	35	321	283	409	86	227	353	1714
合计/篇	4	3	11	308	2412	1840	2402	4348	5467	4309	21104

由于中国一带一路网英文版上关于"一带一路"的报道数量巨大，本文通过随机抽样方法进行词频分析。从最新要闻、企业风采、共话丝路栏目中，选取2013—2015年全部报道18篇，2016—2022年随机选取每月20篇，其中2022年统计到6月，最终获取样本共1578篇。将报道标题样本录入Nvivo质性分析软件，将英文表达中不影响文本意义却对词频分析造成影响的冠词、代词、介词、连词和数词等删除，进行第一次自由编码，得到的词云图突出了"中国""一带一路""合作""贸易""火车""促进""全球""建设""货运""经济""北京"等高频词，表明中国一带一路网英文版的报道国内与国际视角并重，宏观和微观视角兼顾。此外，中国国家领导人在"一带一路"报道中出现的频率较低，这与上述3家媒体略有不同。在第一次编码的基础上，将"中国""一带一路"等指代"一带一路"本身的相关德文词汇剔除，重新编码生成与本研究密切相关的词云图（见图24）。

图24 中国一带一路网英文版"一带一路"报道词云图①

---

① 制图时间：2022年7月1日。

在中国一带一路网英文版上,"一带一路"报道中出现的高频词汇有"合作""贸易""火车""促进""全球""建设""货运""经济""北京""项目""增长""支持""欧洲""新冠""投资"等,从中可以看出报道重点是经贸领域,主要关注合作进展,譬如铁路、货运等具体合作项目,凸显了媒体的具象化叙事特点。此外,媒体对新冠疫情也有一定关注。实际上,中国一带一路网覆盖了政治、安全、外交、环境等多个领域,只是由于报道总量大,在词云图中没有明显体现。

中国一带一路网的新闻图式主要涵盖事件基本信息型、细节描述型、事件分析与评估型,其中,事件基本信息型报道主要出现在"一带一路"最新要闻、企业风采栏目中,事件分析与评估型报道主要出现在共话丝路栏目中。新闻报道篇幅差别较大,基本信息型新闻约100字(英文),细节描述型300~500字不等,评论类报道700~800字不等。语言风格与其他几家主流媒体类似,语言简洁凝练,文风较为平实、客观、严谨。

在图文运用方面,该网站上以文字为主的新闻报道占绝大多数,以图片为主的新闻报道占比较小。图片新闻主要出现在国际合作栏目的图片板块,以"一带一路"合作国家为索引,用系列图片对突尼斯、玻利维亚、安提瓜和巴布达、特立尼达和多巴哥、奥地利(按照网站索引排序)等75个国家的国情、人文风貌和合作情况进行了展示。该板块图片只配发标题,没有其他说明性文字。

5. 中国日报网英文版

《中国日报》创刊于1981年,是中国唯一的国家级英文日报,被国内外誉为中国最具权威性的英文媒体之一,又是我国唯一进入西方主流社会并被国外主流媒体转引率最高的报纸。《中国日报》发行至150多个国家和地区,日均发行量20余万份[①]。《中国日报欧洲版》创刊于2010年,发行至英国、德国、法国、比利时约40个国家的政府机构、议会、外交机构、高端智库、跨国企业及社会名流等,目标受众定位于欧洲国家的高端读者,聚集中国和欧洲国家的时政要闻、财经新闻,对政治、经济、文化、民生和

---

① 百度百科. 中国日报社 [EB/OL]. [2022-07-30]. https://baike.baidu.com/item/中国日报社/12574547?fr=aladdin.

第七章　中德媒体"一带一路"传播框架对比分析

社会等各种人们关心的热点、重点和焦点问题进行深入剖析和报道①。

中国日报网（chinadaily.com.cn）创办于1995年，是国家六大重点媒体网站之一，是中国最早的国家级英文网站，现已成为国家级综合性媒体网站和中国最具影响力的英文门户网站，日访问量5200万人次。中国日报网集新闻信息、娱乐服务为一体，服务于国内外主流中高端读者群，多渠道、全天候向全球传播权威中国资讯，备受海内外各领域高层次读者青睐，是海外人士了解中国的首选网站，是沟通中国与世界的网上桥梁②。网站拥有英文版、中文版和法文版三大版块，英文版下设中国、世界、商务、生活、文化、视频、体育、观点、地方、服务、论坛等栏目，为读者提供大量新闻资讯和深度报道，是海内外读者赖以了解中国的窗口。

表31　中国日报网英文版"一带一路"历年报道数量③

报道年份/年	2013	2014	2015	2016	2017	2018	2019	2020	2021	2022 1—6月	合计/篇
报道篇数/篇	23	357	675	484	660	425	325	86	133	50	3218

由于中国日报网英文版上关于"一带一路"的报道数量较大，本文通过随机抽样方法进行词频分析。选取2013年全部"一带一路"新闻报道23篇，在2014—2019年期间随机选取每月20篇"一带一路"新闻报道，2020年全部86篇，2021年全部133篇，2022年1—6月全部50篇，最终获取样本共1732篇。将样本的标题和导语录入Nvivo质性分析软件，将英文表达中不影响文本意义却对词频分析造成影响的冠词、代词、介词、连词和数词等删除，进行第一次自由编码，得到的词云图很明显地突出了"一带一路""丝绸之路经济带""发展""合作""建设""促进""贸易""全球""元（人民币）""地区""纽带"等，表明该媒体报道紧随"一带一路"脚步，从倡议提出第一天开始发布报道，且措辞随时间变化，初期多用New (maritime) Silk Road，后主要用Belt and Road。在第一次编码基础上，将"一带一路""丝绸之路经济带"指代"一带一路"本身的相

---

① 百度百科. 中国日报 [EB/OL]. [2022-07-30]. https://baike.baidu.com/item/中国日报/2266742? fr=aladdin.

② 百度百科. 中国日报网 [EB/OL]. [2022-07-30]. https://baike.baidu.com/item/中国日报网/2361252? fr=aladdin.

③ 数据采集时间截至2022年6月30日。

关英文词汇剔除，重新编码生成与本研究密切相关的词云图（见图25）。

图25　中国日报网英文版"一带一路"报道词云图①

"发展""合作""建设""促进""贸易""全球""元（人民币）""地区""纽带""经济""世纪""关系""国际""北京""投资"等高频词汇，凸显了中国日报网英文版上"一带一路"报道的特点：①突出"一带一路"的纽带性质，通过政策沟通、设施联通、贸易畅通等"五通"加强沿线各国之间的联系；②视角广阔，关注各国、地区的发展；③对经济领域给予较多关注，并注重具象化叙事，总体上描绘出"一带一路"加强世界各地互联互通的图景。

中国日报网英文版上"一带一路"报道的新闻图式主要涵盖细节描述型、分析与评估型、事件基本信息型、事件背景型。报道篇幅不固定，如细节描述型报道篇幅以400～500字为主，也有少量篇幅约1000字，个别报道篇幅达2000字左右；分析与评估型篇幅从100字到1400字均有涉及，以500～800字为主；基本信息型报道篇幅大部分在100～300字之间；背景型报道主要是图片报道，也有超过千字的背景描述②。在图文运用方面，

---

①　制图时间：2022年7月1日。

②　CHINA DAILY. What is the "Belt and Road" Initiative? [EB/OL]. (2015-07-16) [2022-07-17]. https://www.chinadaily.com.cn/silkroad/2015-07/16/content_21297594.htm & OMORUYI E. Belt and Road's journey to the west[EB/OL]. (2017-12-08) [2022-07-17]. https://africa.chinadaily.com.cn/weekly/2017-12-08/content_35257729.htm.

以文字报道为主，多数新闻有 1 张配图，也有一些纯图片和纯视频报道；既有严肃、正式的官方新闻图片，也有活泼的文艺配图，还有介绍"一带一路"发展脉络的流程图和地理方位图。措辞风格多样，以严谨平实、简洁凝练为主，转引权威话语较多，间或出现拟人用法，报道风格整体上严肃中不乏活泼。

6. 人民网德文版

《人民日报》（*People's Daily*）是中国共产党中央委员会机关报，是中国对外文化交流的重要窗口和展现蓬勃发展社会主义新中国的舞台，1992 年被联合国教科文组织评为世界十大报纸之一。《人民日报》于 1997 年 1 月 1 日创办人民网（People's Daily Online），是以新闻为主的大型网上信息交互平台，也是国际互联网上最大的综合性网络媒体之一。人民网拥有中文、蒙古文、藏文、维吾尔文、哈萨克文、朝鲜文、彝文、壮文、英文、日文、法文、西班牙文、俄文、阿拉伯文、韩文、德文等 20 种语言版本，依托人民日报社国内外 70 余个分社的采编力量，每天 24 小时在第一时间向全球网民发布丰富多彩的信息，内容包括政治、经济、社会、文化等各个领域。作为国家重点新闻网站的排头兵，人民网坚持"权威、实力，源自人民"的理念；以"权威性、大众化、公信力"为宗旨；以"多语种、全媒体、全球化、全覆盖"为目标；以"报道全球、传播中国"为己任[1]。

人民网德文版（german.people.com.cn）于 2014 年 1 月 22 日上线，开设了政治、经济、文化、社会、科技、视频、图片、档案栏目，是人民网近年来不断加强海外本土化建设、增强国际传播能力的结果，为中国和德国、奥地利、瑞士等德语国家网民搭建新的交流平台，谱写中国与德语国家文化交流的新篇章[2]。在人民网德文版上搜索关键词 Seidenstraße 或 Belt and Road，经过筛重和剔除无关选项，得到关于"一带一路"的报道 1577 篇，报道数量最多的年份是 2017 年（见表 32）。

---

[1] 百度百科. 人民网 [EB/OL]. [2022-07-30]. https://baike.baidu.com/item/%E4%BA%BA%E6%B0%91%E7%BD%91/2842475?fr=aladdin.

[2] 人民网. 人民网德文版正式上线 [EB/OL]. (2014-01-26) [2022-07-30]. http://www.people.com.cn/n/2014/0126/c374012-24234092.html.

表32　人民网德文版"一带一路"历年报道数量①

报道年份/年	2013	2014	2015	2016	2017	2018	2019	2020	2021	2022	合计/篇
报道篇数/篇	0	34	213	188	408	245	285	69	86	49	1577

将人民网德文版上关于"一带一路"的报道标题和导语样本录入Nvivo质性分析软件，将德文表达中不影响文本意义却对词频分析造成影响的冠词、代词、介词、连词和数词等删除，进行第一次自由编码，得到的词云图很明显地突出了"一带一路""合作""国际""框架""建设""发展""中国""欧洲""北京""论坛""共同"等，表明人民网德文版关注国内与国际层面的"一带一路"建设情况，尤其关注欧洲，聚焦合作与论坛等重要事件。在第一次编码的基础上，将"一带一路""中国""框架"等指代"一带一路"的德文词汇剔除，重新编码生成与本研究密切相关的词云图（见图26）。

图26　人民网德文版"一带一路"报道词云图②

"合作"（Zusammenarbeit/Kooperation）、"国际"（International）、"建设"（Aufbau）、"发展"（Entwicklung）、"欧洲"（Europa）、"北京"

---

① 数据采集时间截至2022年6月30日。
② 制图时间2022年7月1日。

(Beijing)、"论坛"(Forum)、"共同"(Gemeinsam)、"关系"(Beziehung)、"海上(丝绸之路)"[Maritime (Seidenstraße)]、"世纪"(Jahrhundert)、"资助"(Fördern)、"经济带"(Wirtschaftsgürtel)、"贸易"(Handel)、"企业"(Unternehmen)等高频词汇,显示出人民网德文版对"一带一路"新闻建构的显著特征:①国际与国内视角兼顾,国际层面尤其关注欧洲及各国关系,国内层面侧重北京及相关重大活动;②关注经济与政治领域,经济方面突出"一带一路"合作进展与资金支持情况,政治方面突出重大外事活动;③侧重共商共建共享的原则和全球公共产品属性;④分开叙事,即对丝绸之路经济带和海上丝绸之路分别进行报道,描绘出一幅新时代背景下"一带一路"推动经济发展、拉近彼此关系的美好图景。

与其他几家媒体的德文表达略有不同,人民网德文版上"一带一路"的主要德文表达是 die Seidenstraße-Initiative,其次是 die neue Seidenstraße,其中 2015 年出现频率最高的是 die maritime Seidenstraße。新闻图式以基本信息型为主,主要从政治、经济、文化、科技等方面介绍"一带一路"的进展情况;其次是分析与评估型,一方面涵盖中外各界重要人士对"一带一路"的意义和具体案例的评价,另一方面是我国对外界误解甚至污蔑的回应;接着是细节描述型,主要对"一带一路"相关项目、活动等进行细致描述;事件背景型较少,主要介绍"一带一路"的历史由来和基本情况。基本信息型报道篇幅 150~200 字(德文),分析与评估型与细节描述型篇幅 300~500 字,其中政府工作报告或领导讲话文稿字数过千或过万,背景型报道 100~200 字,多配有视频或图片。在图文运用方面,以文字报道为主,部分新闻有 1 张配图,少数新闻有多张配图,也有少量视频新闻;配图主要是严肃、正式的官方图片,包括外事活动、工地建筑、艺术展览、自然风景等。措辞风格以严谨平实、简洁凝练为主,官方报告和权威话语较多,符合人民网的官媒身份。

7.《今日中国》德文版

《今日中国》(原名《中国建设》)是中国唯一一本多文种综合性对外报道月刊,1952 年 1 月由孙中山夫人、国家副主席宋庆龄创办,以英、法、西、阿、德、中文及土耳其文 7 种文字,9 个印刷文版(中文版、英文北京版、英文北美版、法文版、西班牙文北京版、西班牙文墨西哥版、西班牙文秘鲁版、阿拉伯文版、土耳其文版），以及中、英、法、西、阿、德6个网络版本，发行世界160多个国家和地区。《今日中国》致力于及时、深度报道当代中国的经济发展、社会进步、人民生活、文化艺术、山川风貌、民族风情等方面的真实情况，秉持真实报道的传统和社会化的报道手段，为国外经济、文化、社会各界，特别是来华、在华的各国商界人士、文化人士、留学生、旅游者提供了解中国社会发展和人民生活变化的重要窗口①。

《今日中国》德文版门户网站（CHINA HEUTE，网址 german.chinatoday.com.cn）自2018年2月开始发布"一带一路"新闻报道，设有头条新闻、时事新闻、政治新闻、经济新闻、社会新闻、配图新闻、中国文化指南、文教旅新闻、新闻特辑（两会、奥运、建党100周年等）、视频新闻、图片故事栏目，各栏目平均每天更新约1条新闻报道。在《今日中国》德文版上分别搜索关键词 Seidenstraße 和 Belt and Road，经过筛重和剔除无关选项，得到"一带一路"相关报道共104篇，年发布数量呈递减趋势，对"一带一路"的传播力度与其他几家媒体相比较弱。

表33 《今日中国》德文版"一带一路"历年报道数量②

报道年份/年	2018	2019	2020	2021	2022	合计/篇
报道篇数/篇	37	30	13	13	11	104

将《今日中国》德文版上关于"一带一路"的报道标题和导语样本录入Nvivo质性分析软件，将德文表达中不影响文本意义却对词频分析造成影响的冠词、代词、介词、连词和数词等删除，进行第一次自由编码，得到的词云图很明显地突出了"一带一路""中国""建设""共同""欧洲""世纪""丝绸之路经济带""海上丝绸之路""北京""框架""合作"等，凸显出《今日中国》德文版与上述媒体的差异：一是关注时代背景，二是注重分开叙事，"丝绸之路经济带"与"海上丝绸之路"的词频较高，表

---

① 百度百科. 今日中国 [EB/OL]. [2022-07-30]. https://baike.baidu.com/item/今日中国/4671380? fr=aladdin.

② 数据采集时间截至2022年6月30日。

第七章 中德媒体"一带一路"传播框架对比分析

明该媒体对"一带一路"的报道划分更细致。在第一次编码基础上,将"一带一路""中国""框架"等指代"一带一路"本身的相关德文词汇剔除,重新编码生成与本研究密切相关的词云图(见图27)。

图27 《今日中国》德文版"一带一路"报道词云图①

《今日中国》德文版上"一带一路"报道的高频词汇有:"建设"(Aufbau)、"共同"(Gemeinsam)、"欧洲"(Europa)、"世纪"(Jahrhundert)、"经济带"(Wirtschaftsgürtel)、"海上(丝绸之路)"[Maritime (Seidenstraße)]、"北京"(Beijing)、"发展"(Entwicklung)、"合作"(Zusammenarbeit/Kooperation)、"论坛"(Forum)、"汉堡"(Hamburg)、"全球"(Global)、"命运共同体"(Schicksalsgemeinschaft)、"新疆"(Xinjiang)、"关系"(Beziehung)等。从高频词中可以看出《今日中国》德文版的报道特点:①侧重经济领域,突出"一带一路"共商共建共享的原则和全球公共产品属性;②关注欧洲视角;③强调新时代背景;④分开叙事,即对丝绸之路经济带和海上丝绸之路分别进行报道;⑤国家角色叙事,通过命运共同体理念阐释、高层会议活动、智库观点、文化专题等不同议题,介绍中国在推进"一带一路"方面的努力和对世界的贡

---

① 制图时间:2022年7月1日。

献。由此，细致、深入地描绘中欧共建"一带一路"的积极图景。

《今日中国》德文版上"一带一路"报道的新闻图式主要涵盖事件基本信息型、细节描述型、分析与评估型。其中，基本信息型报道篇幅约200字（德文），细节描述型报道1000字左右，分析评论类文章2000～3000字不等。在图文运用方面，以文字报道为主，图片报道为辅，有纯文字报道，多数文字报道配有多张图片，在符号运用方面较为灵活，生活化、本地化图片较多，呈现出较为活泼的报道风格。"一带一路"新闻报道在语言运用上注重简洁凝练，文风较为平实，很少使用比喻、拟人等修辞手法，重视权威话语，通过图片的选择增加新闻的色彩，使报道严肃中带有活泼。

8.《北京周报》德文版

《北京周报》（Beijing Review）是中国唯一的英文新闻周刊，于1958年在周恩来总理的亲切关怀下创办，是中央级重点对外宣传刊物之一。主要报道中国的政治经济现状，介绍中国政府对内对外的重大方针政策，为外国政府官员、投资人、商人、学者提供有关中国发展的新闻和评论[1]。《北京周报》是中国唯一的多语种新闻周刊网站，拥有中、英、法、德、日五个语种版本，日点击量超过百万。北京周报网根据不同国家受众群体的需求，广泛引用权威人士和专家学者的观点言论，注重深度报道与评论，以专题报道和新闻聚合等形式，有针对性地提供有关中国政治、经济、社会、文化、体育等各领域的新闻信息，是国内外政界、商界及各领域高端人士了解和研究中国的可靠信息平台。是真正进入西方主流社会的中国网络媒体，是国外政要、商界精英解读中国的首选网络媒体[2]。

《北京周报》德文版门户网站（german.beijingreview.com.cn）从2015年7月24日开始发布"一带一路"相关报道，截至2022年6月30日共发布报道397篇。网站设有中国专栏、国际专栏、经济专栏、文化专栏、人物专栏、图片新闻、视频新闻栏目，其"一带一路"的报道数量

---

[1] 百度百科.北京周报[EB/OL].[2022-07-30]. https://baike.baidu.com/item/北京周报/7336665?fr=aladdin.

[2] 北京周报.北京周报网[EB/OL].[2022-07-30]. http://www.beijingreview.com.cn/2009news/cse/node_35301.htm.

在 8 家中国对外传播媒体里居中。中国和国际专栏分别从国内和国际视角对"一带一路"相关合作进展、国际会议、外事活动等进行介绍、分析和评论；经济和文化专栏针对不同领域进行报道；人物专栏主要涉及国内外专业人士对"一带一路"的认知与评价；图片新闻通过简要的图文对"一带一路"基本情况进行介绍，对重要时间节点进行简要阐述。

表34 《北京周报》德文版"一带一路"历年报道数量①

栏目	年份/年								合计/篇
	2015	2016	2017	2018	2019	2020	2021	2022	
中国专栏	19	17	36	27	25	1	6	1	132
国际专栏	20	24	24	13	28	9	6	1	125
经济专栏	5	13	17	17	17	6	9	5	89
文化专栏	4	3	4	9	6	0	1	2	29
人物专栏	5	0	5	2	1	0	0	1	14
图片新闻	0	0	6	1	0	1	0	0	8
合计/篇	53	57	92	69	77	17	22	10	397

在《北京周报》德文版上分别搜索关键词 Seidenstraße 或 Belt and Road，经过筛重和剔除无关选项，得到关于"一带一路"的报道397篇。将这397篇报道样本的标题和导语样本录入 Nvivo 质性分析软件，将德文表达中不影响文本意义却对词频分析造成影响的冠词、代词、介词、连词和数词等删除，进行第一次自由编码，得到的词云图很明显地突出了"一带一路""中国""世纪""（丝绸之路）经济带""海上（丝绸之路）""合作""建设""欧洲""共同""国际""论坛"等，表明《北京周报》德文版与《今日中国》德文版的"一带一路"报道特点相似，一是分别关注丝绸之路经济带与海上丝绸之路的实施进展，二是没有过多关注国家领导人的叙事视角。在第一次编码基础上，将"一带一路""中国"等指代"一带一路"本身的相关德文词汇剔除，重新编码生成与本研究密切相关的词云图（见图28）。

---

① 数据采集时间截至2022年6月30日。

图 28　《北京周报》德文版"一带一路"报道词云图①

　　《北京周报》德文版上"一带一路"报道的高频词汇有："世纪"（Jahrhundert）、"合作"（Zusammenarbeit/Kooperation）、"（丝绸之路）经济带"（Wirtschaftsgürtel）、"海上（丝绸之路）"［Maritime（Seidenstraße）］、"建设"（Aufbau）、"欧洲"（Europa）、"共同"（Gemeinsam）、"国际"（International）、"论坛"（Forum）、"贸易"（Handel）、"德国"（Deutschland）、"北京"（Beijing）、"汉堡"（Hamburg）、"关系"（Beziehung）、"亚洲"（Asien）等。从高频词中可以看出，《北京周报》德文版与《今日中国》德文版的报道关键词相似，只是高频词排序不同，报道特点也相近：①侧重经济领域，突出"一带一路"共商共建共享的原则和全球公共产品属性；②关注欧洲视角；③强调新时代背景；④分开叙事，即对丝绸之路经济带和海上丝绸之路分别进行报道；⑤注重权威分析，在此基础上，勾勒出立体的"一带一路"画像。图片新闻栏目报道数量虽少，但涉及基础性、关键性选题，如"一带一路"、丝路基金、丝绸之路精神等"一带一路"相关基本概念解释，也有关于新疆的民族融合和治理情况的背景性报道，有助于消除海外舆论中的一些误解和偏见。

---

① 制图时间：2022 年 7 月 1 日。

《北京周报》德文版的"一带一路"新闻图式主要涵盖事件基本信息型、细节描述型、分析与评估型,相应报道篇幅差别较大。其中,基本信息型报道篇幅200~500字(德文)不等,细节描述型报道1000~2000字不等,分析评论类文章500~1000字不等。细节描述型报道有一部分以讲故事的方式讲述"一带一路"建设与发展中的具体事例。在图文运用方面,以文字报道为主,图片报道为辅,多数文字报道配有多张图片,生活化、本地化图片较多,呈现出较为活泼的报道风格。"一带一路"新闻报道使用语言简洁凝练,文风较为平实,权威话语引用较多,具有较强的客观性和严肃性。

(三)中国媒体"一带一路"对德传播框架

中国主流媒体的"一带一路"对外新闻报道具有鲜明特点:一是多语种传播,8家主流对外传播媒体中有5家设有包括德语在内的多语言版本;二是涉及多个国家、多种视角、多个领域,注重理论深度与历史维度的结合;三是遵循和平理念,以塑造国家正面形象为目的;四是报道数量大,传播力度强。2013年至今中国主流媒体"一带一路"对德新闻报道总量逾万条,报道总量呈逐年上升趋势。

表35 8家中国主流媒体"一带一路"对外报道历时分布[①]

媒体名称	新闻报道年份/年										合计/篇	排名
	2013	2014	2015	2016	2017	2018	2019	2020	2021	2022		
中国—带—路网英文版	4	3	11	308	2412	1840	2402	4348	5467	4309	21104	1
中国日报网英文版	23	357	675	484	660	425	325	86	133	50	3218	2
中国环球电视网欧洲频道	0	0	0	0	505	392	462	77	131	33	1600	3
人民网德文版	0	34	213	188	408	245	285	69	86	49	1577	4
《北京周报》德文版	0	0	53	57	92	69	77	17	22	10	397	5

---

① 数据采集时间截至2022年6月30日。

续表

媒体名称	新闻报道年份/年										合计/篇	排名
	2013	2014	2015	2016	2017	2018	2019	2020	2021	2022		
新华网一带一路德语频道	0	0	0	0	0	108	147	2	49	49	355	6
国际在线德文版	1	3	8	0	9	16	16	20	35	30	138	7
《今日中国》德文版	0	0	0	0	0	37	30	13	13	11	104	8
合计/篇	28	397	960	1037	4086	3132	3744	4632	5936	4541	28493	/

中国主流媒体对外报道数量历时走向与重大事件的发生密切相关。2013—2016 年是中国媒体关注度较低的阶段，在"一带一路"倡议提出的最初几年，国家将主要力量集中在推动实施上，对国际传播工作关注较少，媒体关注度也较低；2017—2019 年多数媒体报道量达到历史高峰，2017 年、2019 年两届"一带一路"峰会的举办成为激发媒体报道动力的主要外因；2020 年后 6 家媒体报道量均有所回落，全球疫情肆虐、大国冲突不断，致使媒体的关注焦点有所转移，但中国一带一路网英文版例外，其报道量呈持续上升态势。总体来看，随着"一带一路"主场外交活动不断增加，国际合作硕果累累，我国对外传播平台和渠道也在不断拓展，几家媒体陆续开设德文版，表明对德传播力度也在加大。

在总量上升的传播态势下，8 家媒体的报道量变化呈现出差异化特点。中国一带一路网英文版的报道量从 2013 年至今稳步上行；中国日报网英文版也从 2013 年开始报道"一带一路"，但报道量较多集中在 2014—2019 年，2022 年后开始回落；国际在线德文版也是为数不多从 2013 年开始发布"一带一路"报道的媒体之一，但从发布之日起至 2017 年报道量持续走低，从 2018 年开始呈小跨度上升之势；人民网德文版 2014 年上线后开始发布报道，2015—2019 年为报道量较大时期，其间 2017 年报道量最大，2020 年后报道量有所回落；《北京周报》德文版从 2015 年开始报道"一带一路"，报道量总体不大，在 2017 年、2019 两年达到小高峰，之后开始下降；中国环球电视网欧洲频道从 2017 年开始发布"一带一路"报道，这也是发布报道最多的一年，2017—2019 年报道量较为平稳，2020 年后明显回落；新华网一带一路德语频道和《今日中国》德文版从 2018 年开始运行，报道量较多的年份是 2018—2019 年，之后报道量回落。显然，对报道量贡献最大的当属中国一带一路网英文版，占 8 家媒体历年报道总量的 74%，从报道数量、更新速度和时间跨度来看，中国一带一路网英文版成为中国"一带一路"对外传播的主力媒体。

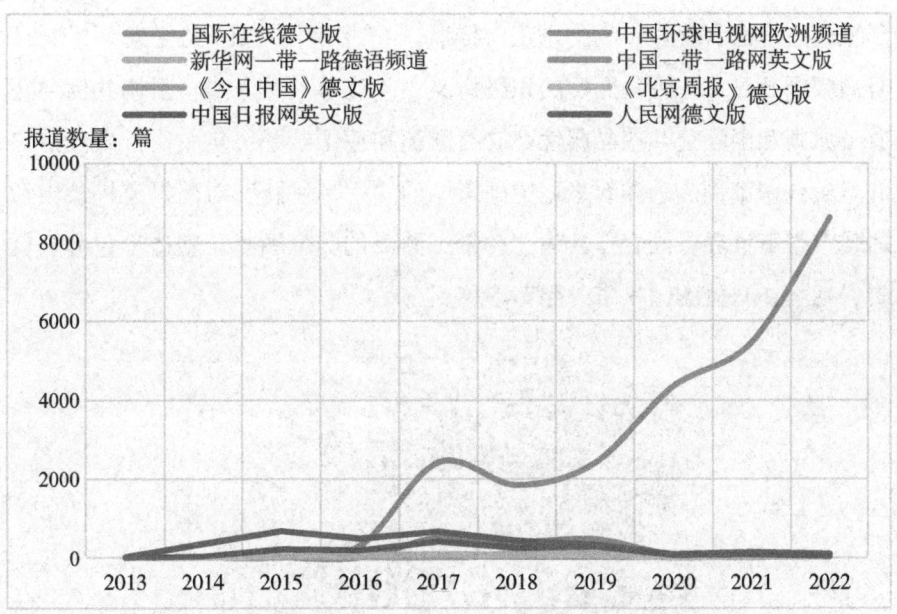

图 29　中国主流媒体"一带一路"对外报道的历时走向①

从 8 家中国媒体"一带一路"报道的总词云图来看，"合作"（Cooperation/Zusammenarbeit/Kooperation）、"经济"（Economic）、"国际"（International）、"海上（丝绸之路）"［Maritime（Seidenstraße）］、"发展"（Development/Entwicklung）、"世界"（Global/world）、"北京"（Beijing）、"贸易"（Trade）、"论坛"（Forum/Forum）、"促进"（Boost）、"总统"（President）、"欧洲"（Europa）、"建设"（Build）、"增长"（Growth）、"（丝绸之路）经济带"（Wirtschaftsgürtel）、"共同"

---

① 制图时间：2022 年 7 月 1 日。由于 8 家中国媒体报道的数据采集截至 2022 年 6 月 30 日，此图中 2022 年全年报道量按照现有统计数据的 2 倍计算并代入，旨在大致呈现历年总趋势。

(Gemeinsam)、"投资"(Investment)、"关系"(Beziehung)、"东南亚"(Asean)、"基础设施"(Infrastructure)等成为报道的高频词汇。

结合前文对8家媒体报道内容的分析,得出中国媒体"一带一路"对外报道的共性:①兼顾国内和国际视角,关注高层活动、协议签署等重大事件;②议题范围广,涵盖经济、政治、文化等多个领域,"一带一路"形象塑造全面、立体;③侧重正向传播,"合作""发展""促进""增长"等高频词凸显"一带一路"的积极意义;④注重共建叙事,强调共商共建共享原则和国际公共产品属性;⑤对欧洲和德国给予一定关注,聚焦港口和货运合作案例。总体看来,中国媒体的"一带一路"对外报道描绘出新时代背景下世界各国合作共建"一带一路"的美好图景,塑造出包容、负责、互惠、开放的"一带一路"形象。

图30 8家中国主流媒体"一带一路"报道词云图①

在此基础上,对"一带一路"主题框架进行总结和提炼,得出四个框架:"命运共同体框架""合作共赢框架""振兴协作框架"和"和平共建框架"。主要观点分为两类:一是"一带一路"促进中国经济发展与国际

---

① 制图时间2022年7月1日。由于8家中国媒体使用语言不同,因此词云图包含德文和英文。

友好关系的建构;二是"一带一路"促进他国发展。中国主流媒体的"一带一路"对外传播多呈现正面和中立立场,以塑造良好的"一带一路"形象为目标,为其海外推进与实施奠定舆论基础。

中国主流对外传播媒体的"一带一路"叙事类型多样,主要涵盖基本信息型、细节描述型、分析与评估型、背景介绍型。各种新闻图式篇幅有长有短,从百字的消息到数千字的文章均有涉及。对"一带一路"相关国际合作、高层互访及其他重大事件的报道主要采用基本信息型报道,关注事件本身,不涉及成因或结果;对"一带一路"具体合作案例报道主要采用细节描述型报道,结合报道的背景更完整地呈现内容,提供充分的信息;对"一带一路"理念、政策和意义等阐释型报道采用分析与评估型叙事,侧重理论分析的深度和历史维度。基本信息型和背景介绍型报道篇幅较短,平均100~200字,细节描述型篇幅居中,平均300~1000字,分析与评估型报道篇幅相对较长,300~2000字不等。相对而言,《今日中国》和《北京周报》德文版的"一带一路"报道篇幅较长(平均1000字),国际在线德文版、中国环球电视网欧洲频道的报道字数偏少(平均200字),新华网一带一路德语频道、中国一带一路网和人民网德文版的报道字数居中(平均500字)。

从新闻符号运用来看,中国主流对外传播媒体对"一带一路"的报道涵盖文字新闻、图片新闻、视频新闻三种形式,以文字为主,图片和视频为辅,也有部分"文字+图片+视频"三合一的报道形式。针对不同议题采用不同新闻符号,以实现不同的传播效果。在语言运用方面,以英语为主,德语比重较小。"一带一路"新闻话语特点鲜明,语言简洁凝练,文风较为平实,很少使用比喻、拟人等修辞手法;整体语言风格严肃、严谨,权威话语引用较多,新闻客观性强;通过不同风格的图片和视频营造轻松的氛围,使报道严肃中带有活泼。

二、中德媒体"一带一路"传播框架对比

(一)传播态势对比

第一,从报道数量来看,中国媒体远多于德国媒体。2013年9月至

2022年6月，中媒报道总量约为德媒的22倍，排名前三的中媒依次是中国一带一路网英文版、中国日报网英文版、中国环球电视网欧洲频道，德媒依次是《南德意志报》《明镜》《焦点》，中德媒体总排名前五位均为中媒。不过中德媒体报道历时走向基本一致，表明对重大事件的关注度相近，只是传播力度相差较大。8家德媒对"一带一路"的报道共计1316篇，其中报道量最多的《南德意志报》共364篇，而8家中媒同期报道量共计28493篇，其中报道量最多的中国一带一路网共21104篇，2017年正式上线后年均报道约3463篇。这种差距的原因显而易见，"一带一路"倡议是中国发起的，中国媒体的信息获取和解读能力远超德国媒体。这也给我们一个启示，可以通过加强主流媒体合作交流、加深新闻资讯互通往来，来推动信息的及时、有效、准确传播。

表36 中国和德国主流媒体历年"一带一路"报道数量对比

媒体名称		新闻报道年份/年									合计/篇	排名	
		2013	2014	2015	2016	2017	2018	2019	2020	2021	2022		分	总
中国主流媒体	中国一带一路网英文版	4	3	11	308	2412	1840	2402	4348	5467	4309	21104	1	1
	中国日报网英文版	23	357	675	484	660	425	325	86	133	50	3218	2	2
	中国环球电视网欧洲频道	0	0	0	0	505	392	462	77	131	33	1600	3	3
	人民网德文版	0	34	213	188	408	245	285	69	86	49	1577	4	4
	《北京周报》德文版	0	0	53	57	92	69	77	17	22	10	397	5	5
	新华网一带一路德语频道	0	0	0	0	0	108	147	2	49	49	355	6	7
	国际在线德文版	1	3	8	0	9	16	16	20	35	30	138	7	10
	《今日中国》德文版	0	0	0	0	0	37	30	13	13	11	104	8	15
	合计/篇	28	397	960	1037	4086	3132	3744	4632	5936	4541	28493	—	

续表

媒体名称		新闻报道年份/年										合计/篇	排名	
		2013	2014	2015	2016	2017	2018	2019	2020	2021	2022		分	总
德国主流媒体	《南德意志报》	1	4	7	13	47	65	130	39	31	27	364	1	6
	《明镜》	0	4	3	14	20	60	88	10	19	3	221	2	8
	《焦点》	0	0	0	0	4	13	77	31	15	14	154	3	9
	《时代》	0	3	8	3	22	18	35	17	18	2	126	4	11
	《今日新闻》	0	0	1	7	13	19	35	19	21	6	121	5	12
	《世界报》	0	0	2	0	1	12	13	28	53	9	118	6	13
	《法兰克福汇报》	0	1	3	1	9	12	49	15	19	1	110	7	14
	德国电视二台	0	0	0	0	1	8	75	5	7	6	102	8	16
	合计/篇	1	12	24	38	117	207	502	164	183	68	1316	—	

第二，从高频词来看，中德媒体的报道范围和关注点既有共性也有差异。对比8家中国媒体和8家德国媒体的"一带一路"高频词："（中媒）合作""经济""国际""海上（丝绸之路）""发展""世界""北京""贸易""论坛""促进""总统""欧洲""建设""增长""（丝绸之路）经济带""共同""投资""关系""东南亚""基础设施""（德媒）德国""欧洲""北京""政治""经济""西方""俄罗斯""政府""国际""项目""港口""十亿""企业""总统""乌克兰""哈萨克斯坦""影响""巴基斯坦""投资""美元"。可以看出，中德媒体均从经济和政治视角报道"一带一路"，且经济领域词频更高；均关注"一带一路"在世界各地的进展，而德媒主要聚焦欧洲，尤其是德国；中媒的"建设""投资""基础设施"和德媒的"港口""十亿""投资"表明双方均注重具体叙事；"合作""发展""促进"等词体现了中媒的和平叙事视角，"俄罗斯""乌克兰"等词体现了德媒的冲突叙事视角；中媒注重对"一带一路"内涵和外延进行全方位意义解读，德媒侧重国际关系层面的解读。总体看来，中媒描绘了世界各国合作共建"一带一路"的美好图景，德媒描述了动荡国际局势下"一带一路"在欧洲的进展及影响。

第三，从报道倾向上来看，中国媒体通过全方位、多视角报道"一带一路"在政治交往、经济合作、文化交流、外交互动、环境政策等领域的建设和交融,致力于展现"一带一路"丰富、立体、正面的形象;德国媒体也发布少量正面报道,主要分布在经济议题之下,但从报道倾向的整体分布上可以看出,德国媒体主要意在塑造"一带一路"的负面形象。从表达的观点上看,中国媒体认为"一带一路"促进中国经济发展、促进国际友好关系的建构、促进他国发展;德国媒体承认"一带一路"给德国和欧洲经济注入动力,但认为"一带一路"对中国的利好大于对包括德国在内的欧洲国家的利好,并且有加剧欧盟分裂的倾向,对他国造成经济依赖,不利于全球秩序的维护。

(二)新闻框架对比

中德媒体对"一带一路"的新闻建构在主题、叙事和符号层面呈现出一定差异。

在主题层面,中德媒体新闻报道显示出较强的差异性。中媒报道主题覆盖面广泛且多元,涉及政治、经济、文化、外交、环境等领域,关注世界各国、各地区的发展情况;而德媒聚焦政治经济议题,侧重欧洲利益视角。在经济主题框架下,中媒侧重传播"一带一路"的普惠、合作、共赢理念及对人类发展的利好,而德媒关注零和思维下"一带一路"对欧洲的负面经济效应;在政治主题框架下,中媒强调人类共同发展、全球共同繁荣的目标,而德媒质疑"一带一路"会破坏现有国际秩序并加剧欧盟分裂趋势;在意识形态框架下,中媒侧重传播人类命运共同体理念,强调多元融合而非差异与对立,而德媒强调中德方意识形态的二元对立,以自身价值标准评价中国制度和价值观。与德国主流媒体的窄化议题设置相比,中国主流媒体对"一带一路"的形象塑造更加全面、立体。

中德媒体的叙事框架差异不大,均涵盖基本信息型、细节描述型、分析与评估型叙事,也都少量涉及背景介绍型新闻图式,但在叙事方式上各有侧重。德媒重分析评价,主观叙事较多,追求新闻的"个性",对大多数议题采取批判性叙事;而中媒重信息细节,客观叙事占比较大,崇尚大同思想,对大多数议题采用包容性叙事,多从积极的视角进行报道。换言之,中媒习惯从包容、开放的视角看待"一带一路",主要塑造正面形象;而德媒正相反,习惯从批判的视角看待"一带一路",主要塑造负面形象。由于德媒喜欢抛开官方正式渠道,从小众人群如抗议人士中寻找素材以追求新闻独特

第七章 中德媒体"一带一路"传播框架对比分析

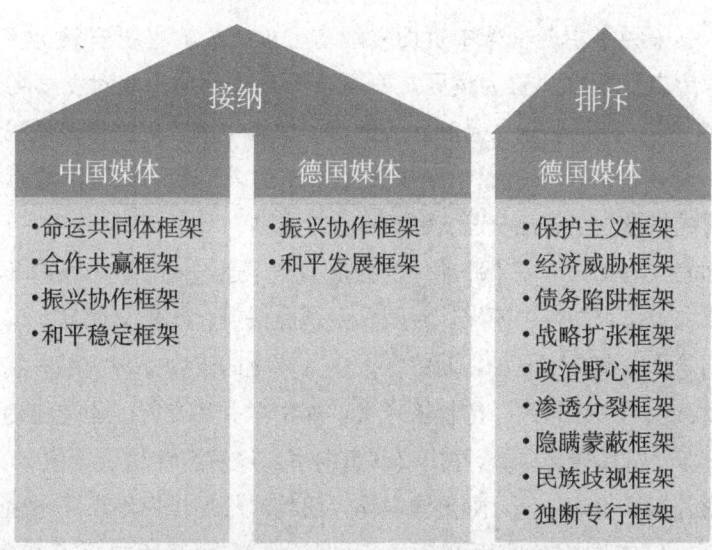

图 31 中德媒体"一带一路"主题框架倾向比较

性,因而容易出现片面甚至偏激的报道视角。

在传播形式上,中德媒体均涵盖文字新闻、图片新闻、视频新闻 3 种形式,德媒以文字为主,音视频为辅①,图片以配图形式出现;中媒以文字为主,图片为辅,视频为点睛之笔。在语言运用上,德媒在重大涉外新闻上主要使用德语,其次是英语,以保护母语地位;中媒对外传播以英语为主,德语为辅。在语言风格上,德媒修辞丰富、个性张扬、不乏偏见;中媒客观严谨、平实朴素、含蓄凝练。总体上,德媒喜用隐喻、拟人、反讽、类比等修辞手法,潜移默化地影响受众认知,塑造失真的"一带一路"形象;中媒注重新闻符号的严肃性、客观性,用简洁朴素的语言、自然真实的图片展示"一带一路"客观、公正的形象。

(三) 立场倾向对比

中德媒体对"一带一路"具有明显不同的报道倾向。中媒力图呈现"一带一路"的积极形象,对外新闻报道主要呈现正面和中立立场,侧重维护本国形象和建立舆论导向。而德媒偏向于对"一带一路"进行负面报道,媒体塑造的 7 个"一带一路"形象中有 6 个负面形象,11 个主题框架中有 9 个排

---

① 德媒报道还包括音频新闻。

斥框架，其中经济主题框架中负面立场占七成，政治主题框架立场全为负面，意识形态框架也主要为负面。德媒几乎一边倒地采用对立立场进行报道，对"一带一路"带来大量利好的报道如蜻蜓点水，对少数偏激视角的挖掘则大刀阔斧，力图营造出与中媒完全相反的"一带一路"形象。相比之下，中媒的报道立场更加全面、客观、实事求是。

以对意大利加入"一带一路"的报道为例，通过对 8 家中媒和 8 家德媒报道的横向对比可知，中德媒体对同一主题的报道立场差异明显，德媒报道总体倾向于中立偏负面立场，而中媒报道总体倾向于中立与正面立场。中媒视角侧重：①"一带一路"的积极意义，如中意关系良好、创造机遇；②具体合作内容，如签署 29 项合作协议或意向书，经贸合作协议价值 25 亿欧元等；③对外媒评价的态度，如美国媒体《纽约时报》试图在新闻报道中挑拨中欧关系，但中国相信欧洲的理性判断能力[①]。而德媒的报道视角侧重：①批判意大利，如意大利加入"一带一路"遭批评（Fokus，2019），引起布鲁塞尔、华盛顿、巴黎和柏林的强烈不满（SZ，2019），令许多欧洲人震惊（SZ，2020）；②讥讽意大利，如意大利像国王一样接待中国国家主席、意大利和中国眉来眼去（SZ，2019），G7 成员国意大利成为第一个屈服并加入"一带一路"的国家（Fokus，2020）；③分裂欧洲论调，如默克尔、马克龙、容克一致要求中国国家主席"尊重欧盟统一"，停止向欧盟成员国如意大利提供诱人的条件而造成欧盟的分裂（FAZ，2019），"对特洛伊木马的恐惧"（SZ，2019）。

表37 8家中国对外传播媒体关于意大利加入"一带一路"的报道对比

中国媒体	报道内容
中国国际广播电台 国际在线德文版	意大利和中国将通过"一带一路"在卫生领域合作； 意大利对"一带一路"有浓厚兴趣，希望积极参与。
中国环球电视网 欧洲频道	意大利是让中国更好地了解西方世界的门户； 中国提出使"中意合作"成为"一带一路"倡议下中欧合作的典范。

---

① 环球时报. 意大利加入"一带一路"，欧洲完全无需担心！意大利迎来复兴机会[EB/OL].（2019-03-25）[2020-01-01]. https://baijiahao.baidu.com/s?id=16289174668 66218922&wfr=spider&for=pc.

第七章 中德媒体"一带一路"传播框架对比分析

续表

中国媒体	报道内容
新华网一带一路德语频道	意大利是北京的重要合作伙伴和促进地中海地区稳定与发展的有力推动者； 与对中国持批评态度的传统盟友相反，意大利对中国没有偏见。
中国一带一路网英文版	作为欧盟的老牌成员国，意大利在财政政策和难民问题上逐渐与欧盟背道而驰； 高失业率和经济下滑迫使意大利政府积极探索与其他国家的经济合作； 合作不仅会促进意大利经济复苏，还会使中意两国关系更加紧密。
中国日报网英文版	意大利成为七国集团中第一个签署"一带一路"倡议谅解备忘录的国家； "一带一路"有助于维护意大利及其盟友的经济利益； 意大利的传统盟友将罗马对北京的积极政策解读为损害西方国家的利益。
人民网德文版	意大利总理向议会表示，"一带一路"创造的经济和商业利益完全合法，并符合意大利的利益； 意大利外长表示意方愿与中方一道，推动"一带一路"建设； 意大利专家："一带一路"互惠互利。
《今日中国》德文版	中国积极支持意大利政府的疫情预控措施，将向意大利派遣更多医学专家并提供大量医疗用品； 中国希望与意大利一道为抗击疫情建立"健康的丝绸之路"； 中意签署了"一带一路"谅解备忘录之后，似乎那些最初持怀疑态度和谨慎态度的欧洲国家也慢慢开始接受该倡议。
《北京周报》德文版	"一带一路"在疫情中支持全球复苏，为世界带来了希望； 中国准备与意大利合作，在全球范围内与新冠疫情作斗争，建立健康丝绸之路； 中国愿在"一带一路"框架下与意大利合作，以强化其发展模式，使两国关系提升到新的水平。

表38　8家德国主流媒体关于意大利加入"一带一路"的报道对比

德国媒体	报道内容
《时代》	中国可能为欧洲带来机遇，但中国也是危险的存在； 欧盟成员国步调不一致，意大利与中国签署"一带一路"意向书引起了布鲁塞尔的关注，认为中国专制政府希望通过经济扩张施加全球地缘政治影响。

续表

德国媒体	报道内容
	过去几年匈牙利、捷克和波兰等东欧国家与中国保持着密切的联系，许多国家已与中国政府签署了"一带一路"意向书，但意向书从未公开，目前为止获得的投资很少； 由于有间谍嫌疑的华为参与国家数字网络扩建，波兰和捷克已经与北京的领导层保持距离。
《世界报》	随着"一带一路"意向书的签署，意大利再次脱离了欧盟主导国家之间的共识，这些国家迄今对"一带一路"持批判态度； 欧洲越来越担心中国将意大利用作通往欧洲的门户； 美国强烈批评意大利签署的协议。
《今日新闻》	欧洲伙伴以及华盛顿都担心，中国将在"一带一路"框架下建立经济依存关系，北京随后将在政治上利用这一倡议； 意大利经济发展部前副部长认为，欧洲完全没有理由担心意大利会成为中国的门户，或被中国利用来将手伸进欧洲。
《法兰克福汇报》 德国电视二台	意大利不顾欧盟其他国家的担忧，成为首个加入"一带一路"的西方工业大国； 中国领导人要在许多国家的港口、公路、铁路、电信网络和机场投资数十亿美元，要建立通往欧洲、非洲以及拉丁美洲的新的经济贸易走廊； 其他欧盟国家和美国此前对罗马政府的决定表示不满，认为该项目缺乏透明度、竞争条件不公。
《焦点》	意大利官员发布即将签署"一带一路"谅解备忘录的消息后，美国立即做出了严厉的回应，声称"一带一路"是"中国徒劳的基础设施项目"，这"对意大利人民没有任何好处"； 意大利渴望向中国证明想要加深贸易关系、并吸引更多基础设施投资的意愿； 意大利正承受着沉重的债务负担，希望促进经济发展并与邻国保持同步。
《南德意志报》	意大利是第一个加入中国庞大而有争议的基础设施和贸易项目（"一带一路"）的西方大国； 意大利的独奏引起布鲁塞尔、华盛顿、巴黎和柏林的不满，罗马政府试图消除他们的疑虑； 中国用意大利这个"桥头堡"来进入欧洲中心？这听起来好像"特洛伊木马"； 据说中国人从不关心别人的利益，只关心自己的利益，他们故意将其合作伙伴带入基础设施项目的债务陷阱，以便夺走一切。

德国媒体	报道内容
《明镜》	"一带一路"被认为是有争议的，但意大利似乎没有任何担忧，成为首个加入"一带一路"的欧洲最重要的工业国； 欧盟的主要成员国和美国都对此表示担忧，批评该倡议缺乏透明度，存在不公平的竞争条件，他们还担心中国会进一步加强全球权力争夺； 许多欧洲国家已加入"一带一路"，包括希腊、波兰和匈牙利等欧盟国家。

（四）结论

中德主流媒体的"一带一路"传播框架在报道数量、报道视角、新闻主题、叙事方式、符号运用和立场倾向方面，均呈现出共性与差异兼有的特征。虽然德媒在报道数量、主题范围和叙事视角上不及中媒丰富多元，但对关键领域的传播力度仍可见其对"一带一路"议题的重视程度。中德媒体对"一带一路"的报道特征，体现出合作共赢与零和博弈的理念差异，多元融合与二元对立的思维差异，开放包容与个性批判的叙事差异，平实含蓄与喜用修辞的文风差异，正面和负面立场倾向的差异。

表39 中德主流媒体的"一带一路"传播框架对比

		中国主流媒体	德国主流媒体	中德媒体共性	中德媒体差异
主题框架	经济	合作共赢 振兴协作	经济威胁 债务陷阱 振兴协作	关注经济利益	合作共赢 vs 零和博弈
	政治	命运共同体 和平共建	战略扩张 政治野心 渗透分裂 隐瞒蒙蔽	关注政治意图	共同发展繁荣 vs 扩张与分裂
	意识形态		民族歧视 独断专行 和平发展	涉及和平理念	多元融合 vs 二元对立
	其他	文化/社会/环境等	文化（很少）	涉及文化领域	宽议题 vs 窄议题
叙事框架		包容框架	批评框架	叙事类型相同	开放包容 vs 个性批判

续表

	中国主流媒体	德国主流媒体	中德媒体共性	中德媒体差异
符号框架	文字＞图片＞视频 英文＞德文 客观严谨/平实朴素/ 含蓄凝练	文字＞音视频＞图片 德文＞英文 修辞丰富/个性张扬/ 不乏偏见	含图/文/视频 使用英文/德文	形式各有侧重 英文通用 vs 母语为主 平实含蓄 vs 善用修辞
报道体量	万余篇	千余篇	2017年后增多	中＞德
报道视角	世界各国共建"一带一路"的图景	"一带一路"在欧洲的实施情况	关注欧洲	世界 vs 欧洲
立场倾向	正面，中立	负面为主，中立和正面较少	含正面和中立	正面 vs 负面

"一带一路"在德国的传播，需要跨越中德两国在政治、经济、文化、语言、意识形态等多方面的差异，中德媒体传播框架的差异性是这些环境要素在媒体中内化的结果，是国际传播过程中不可避免的现实问题。我们要理性看待并理解中德媒体之间的共性和差异，对中国媒体现有对外传播策略进行优化与创新。

三、中国媒体对德传播框架的适用性与局限性

对比中德媒体的新闻框架，不难发现中国媒体在传播力度、报道视角、主题范围等方面均处于较高水平，必须肯定中国媒体传播力度大、议题设置宽、视角多元、元素丰富等优势。从长远来看，这些特点对提升对德传播效能有积极意义，应当继续保持并进一步完善。然而，中国媒体"强"传播下具有包容性的"和"与"合"理念，被德国媒体"弱"传播下的"独"与"分"理念所消解，使中国媒体的对德传播效能有所折损，积极的理念、进步的事实无法真正传播到德国受众之中。究其原因，尽管中国媒体的传播理念与策略在大方向上符合国际传播趋势，具有一定的适用性，但针对德国的具体情况，仍需要作出更为细致的适应性调整。

中德媒体对"一带一路"新闻建构的差异表明，中国媒体对德传播工

第七章 中德媒体"一带一路"传播框架对比分析

作仍面临三方面挑战：一是克服德国窄议题设置，增强"一带一路"宽议题落地；二是克服叙事风格差异，提升对德国受众的适应性；三是克服思维差异，理性看待负面舆论，力求形成认知共识。对此，中国媒体面临加强对德传播针对性的现实需求。

首先，要增强议题设置方面融通能力。由于德国媒体对"一带一路"议题范围的框限，中国媒体宽议题无法真正传到德国受众之中。对此，应当采用巧策略，将文化、民生、环保、气候等议题融入中德共享议题之中，逐渐打破德媒的议题框限，使德国受众习惯、接受并认同"一带一路"在政治、经济等领域外的其他形象，进而形成对"一带一路"形象客观、立体的认知。

其次，要在叙事策略上作出适当转变。德国受众长期接受并适应了德国媒体所建构的叙事逻辑和手段，对完全不同的叙事方式会产生天然的排斥，或至少是不容易接受。对此，中国媒体应灵活转变叙事方式，避免过多使用官方视角，注重民间视角叙事；从单一和直白的叙事方式向辩证叙事转变，从平铺直叙的表达方式向生动亲切的表达方式转变，将观点巧妙地嵌入符合德国受众习惯的叙事之中。

再次，要在明确中德思维差异的前提下理性看待德国媒体的负面报道倾向。思维差异导致看待问题视角的差异，进而产生报道倾向的差异。中国媒体需要从认知差异中寻找共识，譬如德国媒体的负面报道倾向源于对德国经济利益维护的动因，而"一带一路"恰恰是共赢战略，能够推动欧洲和德国经济发展，中国媒体可以抓住德国利益关切，加大力度报道德国媒体尚未关注到的利好方面，消除利益疑虑，增加认知共识，进而扭转媒体传播倾向。

此外，加大传播力度，就要增加媒体平台和智库人力的投入，因而需要增加专业人才储备。随着"一带一路"在欧洲的推进，德国作为欧洲举足轻重的大国，应成为我国精准化对外传播的重点对象，而精通德语、通晓中德关系、具有政治敏感度且精通国际传播的复合型人才储备仍需充实，因此加大专业人才培养力度、为国际传播工作蓄力成为当务之急。

中国媒体对德传播框架所面临的挑战，也是我国对德传播工作进入国际传播能力建设视野较晚所致，媒介公信力、国际话语权、民众认同度等对外传播的前期基础较为薄弱。

从传播信度看，中国主流媒体在德国的公信力有限。有调研表明，许多德国民众认为中国传媒关于中国的报道不可信，分析视角不全面、不独立、不准确、不公正，可读性不强。对中国传播媒介的固有偏见使得德国民众在选择接触中国信息的传播渠道时，自然地避开中国传媒，而倾向于选择本国传媒。在通过电子资源或网站获取中国信息时，也倾向于访问德国媒体的新闻网站，而不是中国媒体的德文网站[①]。这种偏见源于中西方思维差异，西方人的求异思维往往大于求同思维，独立自主意识较浓，对来自官方的权威信息常常持怀疑和批判态度，而对那些来自民间的基层的第一手信息则比较热衷，而中国人则往往相反。

从传播环境看，随着"一带一路"的实施及中国积极向世界传播中华文化、表达中国立场、提出中国方案，中国国际话语权建构初见成效，但相较于西方话语权依然处于弱势局面和被动地位，中国对外传播的能力与国际政治、经济地位并不相称，国家形象仍不时被误读、歪曲甚至丑化。中国话语的传播渠道不畅、传播面较窄，内容和表达方式缺乏创新和吸引力等问题是造成中国话语"发声"无力的原因[②]。

从传播效果看，中国"一带一路"对外传播走出去的程度与中国企业、人员依托"一带一路"走出去的情况并不完全匹配。因为纵向深度传播效果层面存在提升空间，中国方案、中国智慧和中国故事还没有真正影响和打动沿线所有群体，部分受众因尚未全面客观了解"一带一路"而难以产生认同和共鸣，"一带一路"的深入推进在民心相通层面还存在"最后一公里"的彻底打通。中国有关"一带一路"的对外传播，还需进一步优化媒体内容，以高质量内核塑造触动不同受众，激发其实现从"内心认

[①] 王昇虹，龙新蔚，江晓川. 中国文化软实力在德国的认知及接受度分析 [J]. 国外社会科学，2012 (5): 94.

[②] 高卓群，陈凤姣. "一带一路"背景下翻译与中国话语在非洲的传播 [J]. 毛泽东思想研究，2017，24 (4): 128.

同"到"主动宣传"的下意识转变①。

这些前期基础的改善并非一朝一夕之事,但未来正向发展的条件已经具备。

首先,中德/欧合作的现实基础和"一带一路"全球认同的提升,为"一带一路"在德国的传播打下了良好的舆论基础。"一带一路"推行至今已获得世界许多国家的认同,欧洲国家也陆续加入"一带一路",为其传播营造了认同基础;德国与中国的合作意愿和交流水平在欧洲国家中相对较高,中国是德国和欧盟最大的贸易合作伙伴,德国也是中国在欧洲最大的贸易伙伴,与中国合作对拉动经济和就业的利好显而易见,为其传播打下了现实基础。

其次,中国加强国际传播能力建设已取得一定成效。中国媒体顺应新闻传媒领域发展的客观趋势,已经开始在对外传播中探索融媒体的建设路径,为"一带一路"话语体系的建构形成现实助力。2018年新组建的中央广播电视总台,将中央电视台(中国国际电视台)、中央人民广播电台、中国国际广播电台三合为一,对外统一呼号为"中国之声",在推动广播电视媒体、新兴媒体融合发展,加快国际传播能力建设,向世界发出更强中国声音方面的作用不言而喻。中国国际电视台中国环球电视网也已打造融媒体中心,实时共享中央电视台所有电视和新媒体新闻资源②。中国还与"一带一路"沿线诸多国家共同成立"一带一路"新闻合作联盟,实现新闻传播领域的多国合作,扩大"一带一路"的新闻传播主体,建立更为便捷、高效的国际信息传播和共享机制。在具体的新闻媒体生产中,依托增强现实(AR)、虚拟现实(VR)、H5直播等新技术和新方式,真正实现全媒体、多平台、高质量的新闻报道,构建整体式、互文式传播效果③。

---

① 杨达,熊雪晖."一带一路"对外传播话语体系建构的融媒体路径[J]. 智媒时代,2020(20):22.

② 黄鹏. 外宣媒体的深度融合实践:以中国国际电视台为例[J]. 对外传播,2019(5):19.

③ 杨达,熊雪晖."一带一路"对外传播话语体系建构的融媒体路径[J]. 智媒时代,2020(20):23.

最后，本文通过 SWOT 分析来总结中国媒体对德传播"一带一路"的内部和外部环境（见图32）。

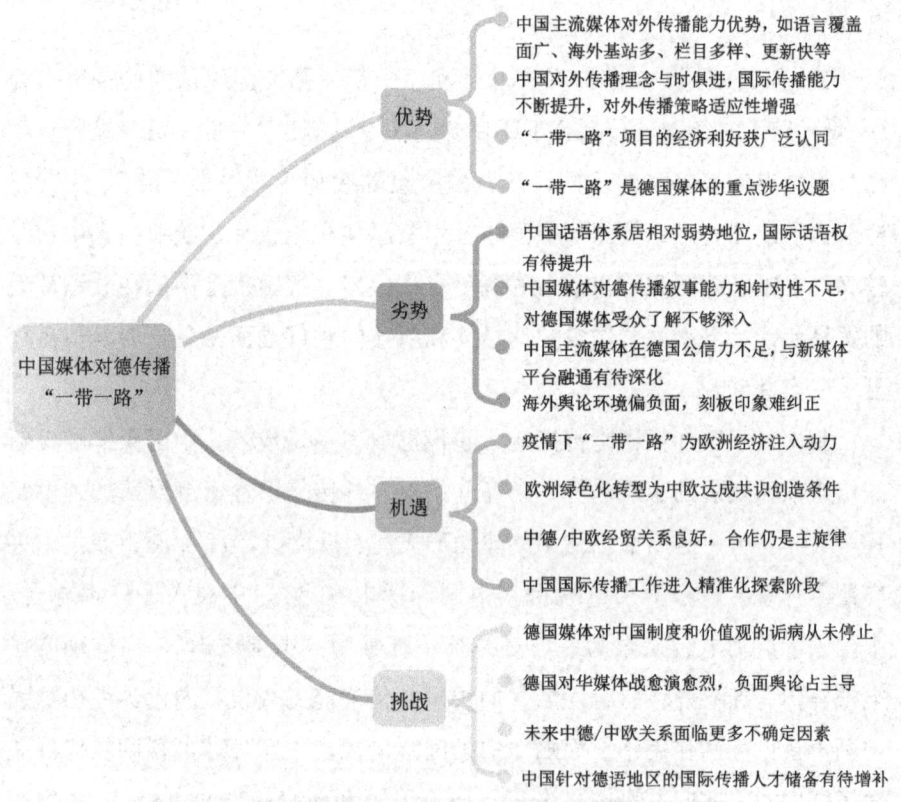

图 32 中国媒体对德传播"一带一路"的 SWOT 分析

第八章　推进"一带一路"倡议在德国的传播

作为构建人类命运共同体的重要实践平台,"一带一路"倡议从理念转化为行动,从愿景转化为现实,由"大写意"发展到聚焦重点、精雕细琢的"工笔画"①,现已跨入推进共建"一带一路"高质量发展阶段②,"一带一路"的国际传播工作也已进入精准化的实施阶段。我国主流媒体的多语种传播为"一带一路"贴近不同区域、特定国家的国际传播提供了媒介渠道保障。但我们也必须清楚地认识到,"一带一路"的国际传播环境日趋复杂。一方面,德国媒体通过新闻框架的建构及其产生的框架效应,把持着"一带一路"在德国传播的话语权,使得"一带一路"在德国长期面临话语困境和认同困境。另一方面,中国媒体传播策略对德国的针对性不足,中国话语的传播渠道不畅,对外叙事缺乏创新和吸引力③。要突破这种困境,推动真实、立体、全面的"一带一路"形象在德国落地,就必须直面质疑和挑战,从不同层面有选择、有针对性地回应德媒疑虑,同时要不断优化对德传播理念、明确传播原则、完善传播方式、创新传播策略,以提升国际传播效能。

一、"一带一路"对德传播基础

推动"一带一路"在德国的传播,首先必须坚定对外传播自信,充分

---

① 秦宁. 人民网评:"一带一路",从"大写意"到"工笔画"的生动实践[EB/OL]. (2019-04-23) [2022-03-23]. http://m.people.cn/n4/2019/0423/c25-12617412.html.

② 新华网. 习近平在第三次"一带一路"建设座谈会上强调 以高标准可持续惠民生为目标 继续推动共建"一带一路"高质量发展[EB/OL]. (2021-11-22) [2022-03-18]. http://www.cidca.gov.cn/2021-11/22/c_1211456721.htm.

③ 卓群,陈凤姣. "一带一路"背景下翻译与中国话语在非洲的传播[J]. 毛泽东思想研究, 2017, 24(4):128.

认识"一带一路"倡议在德国的传播有着良好的基础和广阔的前景。

第一,德国是最早对"一带一路"倡议表示欢迎的西方国家之一,是亚投行创始成员国和最大境外出资国,是中欧班列在欧洲的重要枢纽,德国认同"一带一路"对提振欧洲国家经济、拉动就业、维持社会稳定的积极作用,这为"一带一路"在德国正向传播奠定了认同基础。

第二,中德两国自建立全方位战略伙伴关系以来,合作广度和深度达到前所未有的水平,"一带一路"框架下合作依然是主旋律。正如墨卡托中国研究所所长韩博天所说,不管是从经济角度看,还是从安全政治角度看,"新丝绸之路"都是中国、德国以及欧洲首要的共同利益[①],这为"一带一路"在德国获得广泛认同奠定了利益基础。

第三,作为世界主要经济体,中德两国多年来在国际和地区事务中保持着密切沟通与良好合作,在追求和平发展、维护全球秩序等方面秉持相近的理念,在经贸交往、文化交流等方面建立了充分的信任,这为"一带一路"在德国的良性传播奠定了互信基础。

第四,"一带一路"蕴含和平、发展、包容、合作、共赢、绿色等理念,始终尊重欧洲一体化认同,无论从动机、目标还是推进方式上,都没有丝毫"分裂欧洲"的迹象,未来"一带一路"仍是中德合作的关键纽带。共建"一带一路"既符合国际社会的根本利益,也符合两国的大国使命,为推动"一带一路"在德国积极传播开辟了广阔前景。

此外,德国媒体对"一带一路"形象的框限在某种程度上体现的是其传播意图而非实际传播效果,而德国社会各界仍有相当一部分人士对"一带一路"持认同态度,并且网络媒体的普及已经充分提升了大众对媒体信息的判断和辨识能力,这为我国媒体正向传播奠定了舆论基础。

当前"一带一路"的对外传播困境在一定程度上是中国国际话语权缺失的必然结果,而在人类历史上,全球话语权的更替与经济实力的更替正相关,并且落后于经济实力的崛起,中国重塑全球话语权需要经历一个长期的过程。因此,我们不必过度放大困难,要在坚定"四个自信"的基础

---

① 吴江. 德国智库解读"一带一路"战略[EB/OL]. (2015-05-11) [2022-07-18]. http://www.scio.gov.cn/31773/35507/35515/35523/Document/1530275/1530275.htm.

上,进一步夯实双边互信基础。

二、"一带一路"对德传播理念

在坚定对德传播自信的基础上,我们还应顺应时代特征和发展需求,主动优化对德传播理念。首先应继承和发扬我国优秀传统理念,"以人为本",充分发挥"人"在对外传播中的作用;其次应当与时俱进,转变对外传播的心态,适应自媒体时代的传播格局;再次要扬长避短,充分利用现有对德传播优势,努力实现本地对接和融入。

(一)以人为本,重塑形象

"人"是对外传播群体中的最小单位,也是国家形象的组成部分。在全球化时代,国家形象已成为国家利益的重要内容,而国民形象作为国家形象的重要组成部分,直接影响他国国民对本国形象的认知。作为"一带一路"倡议的推动者、传播者和践行者,中国人对外代表国家形象,成为国际社会直接或间接了解中国及"一带一路"的窗口,进而影响"一带一路"倡议的海外传播。因此,"一带一路"的对外传播工作要遵循"以人为本"的理念。

以人为本,首先要优化海外国民形象,培养良好的国际舆论土壤。早期的中国人形象被西方社会丑化和妖魔化,后来随着中国国力的提升开始朝积极方向发展,不过海外民众眼中的中国国民负面形象依然存在,主要包括不文明的游客形象、奢侈消费的"暴发户"式形象、贫穷落后的形象、不遵守规则的形象[①]。可见,提升我国国民形象首先要不断提升国民素质,展现中国国民文明新形象。

改善我国国民的海外形象,要充分发挥各领域内中国杰出人物的海外"代言作用",展现积极正面、丰富多彩的国民形象。在诸多人物形象中,国家领导人最受媒体关注,不仅因为国家领导人是中国形象的缩影,更因为包括德国在内的西方媒体在对其他国家进行报道时,越来越关注该国领导人而非国家本身。特别是在两国价值观、政治制度、经济关系和地理距

---

① 张昆,张明新,陈薇. 国家形象蓝皮书:中国国家形象传播报告(2019)[M]. 北京:社会科学文献出版社,2020:115-116.

离相距越远时，西方媒体越容易将焦点聚集到国家领导人身上。国家领导人平民化，如卡通形象和个性的呈现，有助于国家形象的立体化传播；领导人漫画形象的出现，可以打破国家领导人的神秘感，拉近与受众之间的距离，传播效果和接受度更好；展示国家领导人个人生活事迹和性格爱好会让国家领导人和国家整体形象更加立体和丰满，与受众的关联性增强的同时，提升他们的好感度①。此外，还要关注意见领袖的培养，进一步提升我国在复杂国际环境中的话语投放能力。目前能够在西方主流媒体发言的国内意见领袖数量还偏少，语言运用水平还有待提升。相关主管部门应该继续做好国内相关专家学者的信息联络和发言保障机制，着力发掘一批有国际视野和发言活力的中青年学者②。

以人为本，还要充分调动普通国民的传播媒介功能，丰富国民形象的传播维度。首先，要挖掘普通国民的优秀品质和个性特点，展现亲切、立体的国民形象。普通人的故事更能打动包括德国在内的西方受众，讲好平凡的中国人的故事，充分挖掘"一带一路"项目中普通人物的真实事迹，可以增加故事的贴近感和共鸣度。其次，在互联网发达的全球化时代，每个国民都是中国形象的传播者，充分调动各行各业华人力量，尤其是海外自媒体和网络名人的影响力，基于他们对本地媒体和受众特性的了解，积极开展本地传播，对改善中国人在当地的形象有重要作用。再次，大力推动两国国民之间的文化交流和友好往来，可以促进民心相通，进而推动双边关系发展，而双边关系的发展会影响一国公众对他国国民形象的评价，所以推动普通国民交往，有助于改善国家的海外形象。

（二）与时俱进，转变心态

提升对外传播能力，需要革新理念，让"对外宣传"真正变为"对外传播"。从传播心理学的角度来看，个体大多不希望轻易被传者主观目的性很强的内容所说服，西方民众更是对具有传统宣传意味的内容持有警惕之心。传播则不同，它更强调互动、平等、沟通、互利，因此更为大众所

---

① 薛可. 中国对外传播的几个关键点 [J]. 人民论坛，2017（23）：131.
② 贾敏. 美国智库"中国观"波动成因及对策 [J]. 社会科学文摘，2016（1）：12.

接受，成为现代媒体的基本信息传输理念①。

当前我国对外传播主要依靠官方媒介体系，官本位意识在所难免。长期以来，在中国人眼中，官方意味着正统，意味着权威，党政媒体在国民心中有较强的权威性和很强的公信力。但是西方读者对政府有一种天然的不信任，一般民众对政府和官员持有一种本能的怀疑心态，官方话语的权威性远不如民间声音，没有官方背景的独立媒体的意见反而能够得到民众的认同和信任。德国民众基本上已经形成了质疑官方立场的思维定式，批判思维决定了他们容易对中国官方媒体的正面信息做出负面解读，这对于树立积极正面的中国形象是不利的。在这种情况下，民间传播机构、非官方传播渠道可能会产生官方渠道难以达到的效果②。

与时俱进，转变对外传播的心态，适应自媒体时代的传播格局，是提升我国国际传播能力的关键。我国媒体可考虑根据自身定位和目标去官方化，创新平台融合方式以提升国际公信力。首先，在新媒体时代背景下，要加强我国自媒体平台建设，丰富其传播形式，推动传播元素朝国际化方向发展，同时可针对不同的对象国孵化一批具有本地特色的自媒体平台，利用其互动性强、灵活度高等特点与官方媒体形成优势互补。其次，我国官方媒体可以通过制定德国受众欢迎的、平民化的媒体名称或图标，或建立官媒的小号，融合平台和渠道特色，采用不同于官媒的方式运营，增加传播方式的互动性和趣味性，来柔化官方角色特征。譬如通过举办讲"一带一路"外语故事或外国人短视频制作大赛，邀请德语作品参加，来丰富德国民众了解中国的渠道。再次，我国官方媒体要转变叙事视角和传播方式，一要避免一味地打官腔，以平等的姿态来讲述中国故事，以提高信服力③；二是不能只报喜不报忧，单纯做政府声音的传声筒；三要注重人性的共同点，减少大而空的叙事方式，从个体的遭遇和想法出发讲故事，从

---

① 朱鸿军，刘向华."走出去"到"走进去"：对外传播新境界的新媒体作为[J]. 对外传播，2017（9）：8-9.

② 徐明华. 中国国家形象的全球传播效果研究[M]. 武汉：华中科技大学出版社，2019：V-Ⅵ.

③ SAMOVAR L, PORTER R. Communication between cultures [M]. Beijing: Peking University Press, 2004: 15.

而弥合中西方文化差异造成的沟通鸿沟①。

(三) 扬长避短,软硬并重

提升"一带一路"对外传播效能,有必要厘清我国媒体在对外传播方面的优劣势。从中国媒体对德传播"一带一路"的 SWOT 分析结果来看,中国媒体对德传播之"长"主要体现在两方面,一是对外传播媒体硬件实力强,覆盖面广;二是中德关系中的优势部分为"一带一路"在德国的传播奠定了认同基础、利益基础、互信基础等。而中国媒体对德传播之"短"在于媒体"硬"基础不够完善,"软"基础不够深入。主要表现为:①当前中国媒体布局中对外传播主体仍以中央级媒体为主,主流媒体与新媒体平台融通尚待完善;②文化差异和思维差异对区域化、精准化的传播手段要求较高,而中国主流媒体的对外传播方式缺乏因地制宜的策略,对德传播效果边际效益递减;③中国主流媒体对外传播的分众化程度不高,对德国媒体受众了解不够深入,传播客体对象偏精英化,对普通民众的关注度不高;④中国主流媒体对实际传播效果和受众反馈的关注度不够。

除此之外,中国媒体面临的外部舆论环境一直不够友好。长期以来,中国话语体系居于相对弱势地位,中国媒体在国际上缺乏话语权。西方媒体普遍对包括"一带一路"在内的中国议题带有政治偏见,刻板印象难纠正,负面舆论占主导地位。长期负面的海外舆论环境,致使中国声音不能在世界范围很好地传播,甚至部分海外受众对中国社会的认知仍然停留在改革开放以前②。而正如前文所述,国际话语权的提升并非一朝一夕之事,中国的发展和"一带一路"倡议在沿线国家的实施已经获得广泛认同,只要共建"一带一路"的本质不变,偏见和误解就有机会化解,刻板印象也可纠正。但在此期间,我们不能被动等待海外舆论环境自行改变,而是要积极施策,迅速提高中国媒体对外传播的公信力和话语权。

为了达到这个目的,我们必须扬长避短,将软硬实力同步提升。首

---

① 朱鸿军,刘向华. "走出去"到"走进去":对外传播新境界的新媒体作为 [J]. 对外传播,2017 (9):9.

② 沈正赋. 对外传播中国声音的行动逻辑、内容框架与媒体策略 [J]. 中国广播,2017 (9):37.

先，在国内主流媒体强大的资源和平台优势基础上，孵化一批对外传播优势媒体，完善对外媒体布局。在中国主流媒体已有的平台、资源、基站等基础上，针对海外受众培养一批具有高度国际化特征的强势媒体，同时不断创新媒体融合路径，形成资源与平台的优势互补，增强对外话语的创造力和感召力，不断增强我国媒体信息的传播力和影响力。其次，要推动我国媒体与对象国媒体的对接与融入，以融合与融入实现分众化、精准化传播。譬如通过拓展中德媒体合作渠道和领域，丰富传播形态，完善传播效果评估机制，克服中国媒体在德国"水土不服"的问题，在此基础上制定本土化传播策略，实现中国媒体与德国受众的直接对接，最终用德国受众乐于接受的方式传播好中国声音。

三、"一带一路"对德传播原则

加强我国媒体对外传播的信度与效度，避免外媒的负面传播对我国政治、经济造成不利影响，需要遵循明确的传播原则，以提升传播策略的实施效果。不仅要明确增进理解的必要性，还要找准我国在国际传播方面的优势领域，构建"以经济为动力、以文化为支点"的传播战略，更要立足长远，重视人才培养对提升我国国际传播能力的重要意义。

（一）增进理解是前提

德国媒体对"一带一路"倡议的负面框架建构，本质上源于理解与认同的缺失。推进"一带一路"对德良性传播，有必要以增进理解、加深互信为首要原则。基于多年来中德、中欧关系中良好的互信基础，进一步增进文化交流，推动沟通机制的优化与完善，有助于弥合认知差异，突破认同困境，为"一带一路"国际传播环境的改善培育土壤。

如前文所述，"一带一路"在德国的正向传播已具备认知基础、利益基础和互信基础等，中德两国长期良好的双边关系也有利于增进双方对"一带一路"的理解。此外，中德两国在人文交流方面建立了长期的合作机制，同样增进了两国民众的相互了解，推动了不同文化与文明之间的深入交流，为跨越认知差异和价值观分歧、消弭认知偏差奠定了良好的精神基础。譬如中德高级别人文交流对话机制自2017年建立以来，在教育、文化、媒体、体育、青年等中德人文交流领域取得了丰硕的成果，是中德两国之间长期维护的一种积极有效的交流方式；2016 年两国已建立 91 对友好省州（市），中德人员往来超过 200 万人次，超过 4 万名中国学生在德国学习，德国在华留学生也达到 8200 人；德国共有 19 家孔子学院、5 所孔子课堂，作为中国文化对德传播的平台发挥重要作用①。

尽管前期互信基础良好，对德传播工作仍需注意塑造文化认同、跨越文化分歧。这是因为对外传播含有其内在的价值取向，完全脱离价值观的对外传播是不存在的。由于对外传播需要深入别的文化圈，就必须考虑其价值观是否为受众所理解、接受，这将直接影响到传播的质量和效果②。想让国际受众听懂中国故事，就要打通不同地区的文化差异、政治意识形态对立，就要求同存异，尊重各地文化习惯，站在人类共同价值观的高度上传播好中国声音③。概括而言，无论在国际关系还是国际传播领域，增进理解和互信都是推进"一带一路"对德传播的内在要求，中德双方在不同层面、不同领域的理解与互信的程度，与我国媒体对德传播的难易程度正相关。

（二）经济合作是动力

在当今国际社会，世界不再像冷战时期那样存在泾渭分明的意识形态划界，而是基本依据国际利益原则划分敌友④。中德双边关系中利益原则比意识形态原则灵活务实，纵横捭阖的空间更大。更重要的是"一带一路"对德国和欧洲的经济利好切实可见，德国是"一带一路"的受益者。尽管中德关系短期矛盾依然存在，但从长远来看，中德关系的基本盘不会动摇，仍是当前国际关系中最重要的双边关系之一，未来走向乐观⑤。中

---

① 人民网. 以心相交，中德人文交流结出新硕果［EB/OL］.（2017-07-08）［2021-07-26］. http://world.people.com.cn/n1/2017/0708/c1002-29391506.html.

② 陈律. 核心价值观的对外传播［N］. 光明日报，2013-08-24（11）.

③ 朱鸿军，蒲晓，彭姝洁. 中国对外传播 40 年回顾［J］. 对外传播，2018（12）：10.

④ 《文化纵横》编辑部. 乌克兰危机与中国的战略利益［J］. 文化纵横，2022（2）：4.

⑤ 于雪梅. 新政府上台三个多月，德国在对华问题上为何依然模棱两可［EB/OL］.（2022-03-23）［2022-04-13］. https://www.thepaper.cn/newsDetail_forward_17241549.

德两国长期以来在经贸领域保持着良好的合作关系，中国连续多年成为德国最重要的贸易伙伴，经济合作已是双边关系的重要支点。在全球疫情暴发后，"一带一路"框架下的中德和中欧合作展现了强劲的动力，这进一步说明"一带一路"是未来中德合作的主框架，经济合作是推动"一带一路"在德国传播的主动力。

中德经济合作是"一带一路"倡议在德国积极传播的重要现实素材。我国媒体通过议程设置突出"一带一路"的积极经济效应，或可推动德媒跳出意识形态局限，从不同的视角重新进行利益权衡，使其利益观随之转变，进而影响其报道倾向。目前中德经贸合作对德国媒体积极传播"一带一路"的推动效果有限，原因之一是经济主题报道的广度和深度不够，我国媒体应当加强这方面的传播力度，让德国人认识到，"一带一路"是帮助他们把蛋糕做大的重要举措①。我们还要意识到，在各种国际危机和国内变局的冲击下，德国亟须从外部经济合作中获取强大动力和有力支撑。有鉴于此，我们更有理由在对德传播中保持定力，以经贸合作为对外传播驱动力，秉持以合作促发展、以发展促认同的原则，用互利共赢理念书写"一带一路"。

（三）文化传播是支点

相比于中国经济和政治形象，德国民众对中国文化形象的好感度更高。虽然中国人和德国人的思维逻辑不同，存在灵活与严谨、含蓄与直接、从众与争辩等差异，但德国人对中国文化普遍有较大好感，对中国传统价值观如孝、仁、义、礼、恕、和而不同、以人为本等认同度较高②，对中国建筑与园林、中国哲学和功夫等文化元素兴趣浓厚。我们应该充分利用中国文化形象在德国现有的良好认同基础，在对外传播过程中注重"文化调适"，使中国传统文化成为"一带一路"在德国传播的支点。

在"一带一路"对德传播中，要充分挖掘中华文化的独特魅力和中国

---

① 王灏晨. 欧盟对中国-中东欧合作的态度、原因分析及我国的应对措施[J]. 发展研究，2018（7）：61.

② 王异虹. 刍议德国民众对中国负面看法的原因[J]. 北大新闻与传播评论，2014（1）：249-250.

文化价值的强大感召力。只有充分发掘传统文化精髓，从中提炼出具有当代价值和世界意义的价值观念在国际社会推而广之，才能构建充实有吸引力的话语内容，进而形成"一带一路"的"正确义利观""亲诚惠容"等体现东方文化的新理念，实现话语的历史逻辑、现实逻辑和理论逻辑的统一，更有效推动中国理念的海外认同①。

文化是国家形象立体化传播的重要环节②，文化中国的形象与故事在对外传播中是最具有吸引力的中国故事。我们要构建中华文化传统故事母题库、话语库、案例库，制定以"中国文化价值观国际话语权提升"为传播内容的整合传播战略，尤其把中国文化感召力作为国际共享价值观进行叙事推广③。此外，要"传得广泛、讲得精彩"，还需要"以文化产业来推动优秀中国故事的生产与传播"④，积极地把中国故事转化为文化产品，尤其是借助互联网时代的文化新业态在"内容为王""创意为王"上的产品优势，让国外民众能够在高质量、多样化的故事产品中感受我国"一带一路"倡议的发展贡献和价值理念⑤。

概括而言，中华文化是我国对外传播优势领域，我国媒体既要坚定文化自信，也要具备国际化传播视野，打通中德文化差异壁垒，根据德国受众偏好调整文化传播策略，实现以文化促理解、以理解增互信，为"一带一路"在德国的传播营造更好的文化氛围。

（四）人才培养是关键

国际传播人才数量和质量在很大程度上决定了对外传播的效果。要为"一带一路"的对德传播积累经验、打牢基础，人才培养是重要任务之一。针对当前对德传播困境，需要大力培养具备四种能力的复合型人才：一是语言能力，即中文、德文和英文的理解和表达能力；二是跨文化能力，即

---

① 何良. 提升新时代中国国际话语权 [J]. 红旗文稿, 2019 (17): 38.
② 薛可. 中国对外传播的几个关键点 [J]. 人民论坛, 2017 (23): 131.
③ 陈先红, 宋发枝. "讲好中国故事": 国家立场、话语策略与传播战略 [J]. 现代传播, 2020 (1): 45.
④ 石少伟. 文化产业是讲好中国故事的重要载体 [N]. 中国社会科学报, 2018-03-14 (8).
⑤ 卢文忠. 讲好中国故事: 基于"一带一路"叙事原型的对外传播策略 [J]. 苏州科技大学学报（社会科学版）, 2020, 37 (2): 11.

具有国际视野,了解对象国文化习俗、社会规范等,具备跨文化知识储备和交际能力;三是国际传播能力,即掌握国际传播知识和技能储备;四是政治敏感度,即了解对象国政策走向,能够正确把握意识形态方向和措辞尺度,具有政策意识。

当前我国国际传播复合型人才储备尚待补充,特别是熟悉海外国际传播政策,掌握全球文化差异,熟练使用西方话语进行国际传播的高端人才稀缺[1]。"一带一路"人才培养的一个重要问题是小语种人才少,人才培养的信息不畅通,供需对口、学习前景的问题没有协调好。若要做好对外传播和沟通工作,除了具备对象国语言技能之外,还要对"一带一路"覆盖地区各方面进行深入研究[2]。当前我国新闻媒体领域中德语人才较为分散,同时精通德语和德语国家政策和媒体制度的人才不多。

要向德国讲好"一带一路"故事,传播好中国声音,提升中国国际形象,需要打好学科基础,做好复合型专业人才储备。这是一项长期的工程,需要国内高校在专业设置、人才培养方案制定、应用渠道挖掘和协调上做足功课,还可以在人才交流与联合培养方面发力。通过联合制作、人才引进、外派学习等方式,提高中德两国在传播内容、人才和体制方面的互动交流,推动中国对外传播媒介及人才"走出去",增加中国媒体的曝光量,进而提升其国际影响力[3]。

四、"一带一路"对德传播方式

提升"一带一路"在德国的传播效能,需要充分利用一切传播资源,融通创新传播方式,因地制宜、顺势而为。因地制宜,就是根据实际需要加强智库交流,深化媒体合作,发挥合力的作用,量体裁衣制定多元化、本地化传播策略。顺势而为,就是顺应数字化时代特征,融通传播路径,发挥新媒体互动优势,开发多元化传播媒介;持续推动民间交流,充分调

---

[1] 何海翔. 中国在海外社交媒体的传播力建设困境与路径[J]. 青年记者, 2021 (24): 67.

[2] 陈力丹. "一带一路"建设与跨文化传播[J]. 对外传播, 2015 (10): 25-26.

[3] 张昆, 张明新, 陈薇. 国家形象蓝皮书:中国国家形象传播报告(2017—2018)[M]. 北京:社会科学文献出版社, 2018: 27.

动群众的力量,鼓励个性化表达,让"中国声音"和"一带一路"故事的讲述者更加立体多元,内容更加丰富有趣。

(一)加强智库交流机制

推动中德两国智库交流,是从根本上消弭误解和偏见的主动策略。德国智库对政府和民众同时具备较大影响力,它们是德国主流媒体表明对"一带一路"倡议公开立场的主要依据,而智库立场主要受国家利益因素影响。因此,推动双方智库就中欧、中德利益的最大公约数形成更多共识,是消除德媒疑虑、突破利益原则藩篱的深层路径。

构建中德智库交流机制,为增进双方理解互信打造平台,在和平与发展的时代主题面临严重挑战的动荡变革期显得十分迫切。一方面,智库精英影响着德国社会对"一带一路"的主流观点,通过中德智库的全方位交流,可以推动他们对"一带一路"核心内涵、基本原则、真实意图有更全面、深入的了解和认识,使之跳出意识形态局限,从不同的视角重新进行利益权衡,使主流媒体的利益观随之转变,进而影响德媒的报道倾向。另一方面,通过中德智库的沟通与交流,传递中国融入区域和世界经济、努力实现互利共赢的清晰信号,为"一带一路"建设营造良好的软环境。强调"坚持拆墙而不筑墙、开放而不隔绝、融合而不脱钩,推动构建开放型世界经济"①,让世界多边主义更加强大,是从认知角度根本上消除疑虑、深化理解的现实路径。

我国媒体还需加大对德国智库的研究力度,为摆脱"一带一路"在德国的传播困境提供切实有效的战略导向和策略指引。德国政府对中国的政治、社会和经济情况的了解在很大程度上取决于德国智库的涉华研究②。在当前复杂的国际环境影响下,加强对德国智库的"一带一路"相关报告及态度立场的研究,有利于从全局把握"一带一路"在德国的传播环境,对当前传播环境中的肯定性力量、风险和制约因素有所掌握,进而科学制

---

① 新华网. 习近平在2022年世界经济论坛视频会议的演讲(全文)[EB/OL]. (2022-01-17) [2022-03-12]. https://baijiahao.baidu.com/s?id=1722204600601280727&wfr=spider&for=pc.

② 于芳. 德国智库涉华研究的现状、问题及启示(2005—2018)[J]. 国外社会科学, 2019 (4): 88.

定与调整"一带一路"对德传播策略,为"一带一路"在德国的长远发展规划提供新启发、新思路。

(二) 深化媒体合作机制

在全球化时代,如何提升我国媒体在国际传播中的竞争力,从"走出去"实现真正"走进去",从而增进国际社会对中国的了解,为中国在国际舆论场上争取到主动权,是我国媒体对外传播能力建设的主要考验。这就需要在现有中国"一带一路"对外传播机制基础上,进一步加强中德媒体合作机制的建设,开发合作渠道、拓展合作范围、创新合作形式,借助当地媒体传播中国声音,拓展"一带一路"在德国的传播路径。

首先,要积极寻求中德媒体合作和对接的机会,加强传播从业人员之间的跨国对话,有助于增进中德媒体理解与互信,提高沟通效率与效果,搭建长期稳定的中德媒体互信与交流机制,为提升对德传播效能做长远规划。德国媒体是德国民众获取中国信息的主要渠道,受众对于中国的认知主要受到当地媒体影响,因此,本地传媒力量格局直接影响"一带一路"形象在德国的传播效果。要向德国讲好中国"一带一路"故事,需要加强中国媒体与当地媒体的合作传播能力,如推进信息资源共享机制、联合新闻采编和供版机制,保证稳定的供稿频次和供稿质量;聚焦互联网传播方式,提升新媒体合作比重,拓展信息传播新途径;增强合作传播内容的针对性,加大数字信息产品制作力度,丰富传播形态。

其次,要推进媒体智库建设,凝聚各方智慧资源,提升媒体研究能力,加大媒体分析的理论深度和战略厚度,提出科学严谨智慧的传播策略。媒体智库要通过密切关注重点国家的政策走向和媒体动向,把好两个脉:一是密切关注政策变化,追踪中德/中欧关系走向,把好国际关系的脉搏;二是密切关注德国媒体传播态势,深入了解其传播理念与机制、媒体与受众特性,把好国际传播的脉搏。在此基础上,可以在政府与媒体之间搭建桥梁,即建立第三方智库,以促进中国对外传播共同体的建设,实现资源利用和传播效果最大化。第三方智库可以淡化政府直接监管的色彩,有利于提升中国媒体在国际社会的专业化声望,有助于收集、分析国际主流媒体和中国媒体的资讯,为中国对外传播制定协同经营战略、评估传播效果①。

此外,要完善中国媒体对德国传播效果的评估体系。"一带一路"建设的稳步推进离不开德国民众对中国的客观认知。在阶段性总结、评估共建"一带一路"经验和已取得成果的同时,也需要对对象国民众对中国的认知、对"一带一路"对外传播的有效性和认同度等进行评估总结。通过舆情监测和民意调查等手段,常态化、机制化地对德国人的中国观进行评估,动态掌握一手情况和数据,可为进一步做好"一带一路"对外传播、引导国际舆论提供更多决策支持②。

(三) 融通媒体传播路径

媒体是沟通中国与世界的重要桥梁。在推进智库和媒体合作机制的基础上,还应顺应融媒体环境下新媒体技术的进步,对现有多样化平台和渠道进行有机整合与深度融合,打造具有强大引领力、传播力、影响力的国际新型主流媒体;同时要融通国内媒体传播路径,提升媒体的联动效率,加大投入社交媒体平台建设,为"一带一路"倡议的形象塑造、传播和舆论引导拓展渠道和空间,这会极大地提升对外传播效果。

随着数字技术的不断更新,媒体传播平台与渠道的日益多元化,融通媒体传播路径成为增强我国对外传播能力的重要方式。当前移动互联网大大加快了信息传播速度,拓展了传播空间,多元复杂的主体纷纷参与到传播活动中,成为对外传播的主要阵地。互联网时代的到来为我国对外传播工作带来新机遇,社交媒体的兴起为讲好中国故事提供了绝佳平台③。我们要充分利用互联网传播优势,对现有平台和渠道进行有机整合与深度融合,充分发挥传统媒体和新媒体的比较优势,全面整合数字技术、网络技术、移动技术,集中发力,创新对外传播方式。

我们要充分挖掘新媒体双向互动的特点和优势,利用新媒体传播速度快、传播壁垒少、信息量大等特点,对官方媒体的信息进行反复补充,以削减信息不对称造成的误读,同时增加"一带一路"传播互动性与友好

---

① 黄廓,姜飞. 国际主流媒体发展战略研究及其对中国国际传播的启示 [J]. 现代传播, 2013 (2): 50.

② 于运全,翟慧霞,王丹. "一带一路"沿线国家中国观调查分析报告 [J]. 对外传播, 2019 (3): 6.

③ 任仲文. 讲好新时代中国故事 [M]. 北京: 人民日报出版社, 2019: 115.

性。一方面,在新媒体环境下,中国主流媒体积极开发海外社交平台的传播功能,探索运用新手段、新方式讲述中国故事、传播中国声音。譬如《人民日报》、新华社、中央电视台等中国媒体在诸如 Twitter、Facebook、Youtube 等平台上聚集了上千万粉丝,赢得了良好的反响。另一方面,借助成熟的海外视频网站和社交媒体平台开展针对德国受众的新媒体业务,调动海外华人的积极性,鼓励个性化表达,随时随地分享与"一带一路"项目推进有关的"微"故事、"微"信息,可增加"一带一路"对外传播的交互性和阅读友好性,提高正面形象的曝光度。

此外,对外传播主要是大众传播,但实际更多的是人际传播、群体传播。利用大数据技术,针对德国受众精确推出符合其喜好的内容,准确把握其认知心理,"对症下药"制定对外传播策略,是提升对德传播效能的关键。随着传播技术不断更新,在传播议题设置上可以利用大数据进行词频统计,设置不同受众关心的议程,进行精准推送。在舆情关注方面,利用大数据进行监测,及时反馈、澄清事实,有助于避免被动的局面出现[1]。

(四)推动民间新闻交流

国之交在于民相亲,民相亲在于心相通。习近平主席在中国国际文化交流中心成立 30 周年之际作出重要批示,强调发挥民间往来优势推进人类文明交流互鉴。新闻交流的形式除了官方媒介和平台之外,还有多种多样的民间渠道和交流方式。在人人都有麦克风的时代,民间成为产制和发布新闻的最重要来源之一。在对外传播中,国与国之间民间新闻的交流最自然、戒备心最弱,传播效果更好[2]。习近平主席在亚洲文明对话大会开幕式上作主旨演讲时也强调,中国愿同各国加强青少年、民间团体、地方、媒体等各界交流,打造智库交流合作网络,创新合作模式,推动各种形式的合作走深走实,为推动文明交流互鉴创造条件[3]。

推动民间新闻交流,有利于融通民心,增进理解,消除误解,加深互

---

[1] 朱鸿军,蒲晓,彭姝洁. 中国对外传播 40 年回顾 [J]. 对外传播,2018 (12):10.

[2] 朱鸿军,刘向华. "走出去"到"走进去":对外传播新境界的新媒体作为 [J]. 对外传播,2017 (9):41.

[3] 新华网. 习近平在亚洲文明对话大会开幕式上的主旨演讲(全文)[EB/OL]. (2019-05-15)[2022-02-09]. https://www.ccps.gov.cn/xtt/201905/t20190515_131664.shtml.

信,进而营造良好的舆论氛围,为"一带一路"的顺利推进培育温润的土壤;推动民间新闻交流,有利于改善德国民众心目中陈旧的中国国民形象,让德国人的中国观与时俱进,看到受过良好教育的中国人,看到中国民众身上勤劳、善良、进取、朝气蓬勃的气质,将真实的中国国民和国家形象传递到德国。民间新闻交流具有信息量大、效率高、形式自由、覆盖面广等特点,是对外传播的有力手段,为中德人文沟通与交流搭起了宽阔的桥梁。

西方一些新闻媒体在此方面的做法值得借鉴。比如 CNN 的 iReport 激励受众自拍自编自传,经过 CNN 的编辑审核的优秀作品可以用于常规新闻报道。美国广播公司(ABC)、福克斯(Fox)等多家传统新闻媒体推出类似栏目。BBC 的 iPlayer 具有社交功能,促进了受众间基于媒体内容的互动。借助新媒体平台,BBC 世界新闻和 BBC 网站于 2010 年共同推出 BBC Super Power(超级网力)活动,运用同步网络翻译机,使讲阿拉伯语、汉语、英语、印尼语、波斯语、葡萄牙语和西班牙语的国际受众同时在线交流,打破语言和地域的束缚①。我国新闻媒体可借鉴上述案例,通过开设国际交流平台、创办国际交流活动等方式,促进中德民间新闻交流,为改善德国人眼中的中国国民形象和国家印象提供新的窗口。

五、"一带一路"对德传播策略

以人为本,不仅是我国对外传播的核心理念之一,也是制定对外传播策略的根本依据。人既是传播主体,也是认识客体。人作为媒介,作为国家间经济、政治、文化往来和民间交往的最小单位,在国际传播中扮演着思想承载者、信息传递者、关系建设者等重要角色。随着人的认知与观念的转变,国际传播环境也会发生变化。"一带一路"在德国传播所遇到的困境,亦是人为之困。因而推进"一带一路"在德国的传播,我国媒体要从人的本质入手,在思想、行动、机制层面与时俱进,不断优化传播理念、明确传播原则、创新传播方式,从人们关注的利益、价值观、话语权

---

① 黄廓,姜飞. 国际主流媒体发展战略研究及其对中国国际传播的启示[J]. 现代传播,2013(2):49.

等方面抓住痛点和难点，有针对性地采取具体策略，以小见大、循序渐进地克服当前对德传播中的阻力。具体而言，对德传播策略要从破局—布局—谋局的整体思路出发，通过消除疑虑、增进理解和认同来塑造正面形象，扭转认知偏差，进而提升国际传播话语权。

（一）适当回应关切，合理举证释疑

德国人对"一带一路"的关切主要聚焦于它对自身利益的影响，而长期以来中国媒体国际传播话语权的缺失以及事实和媒体之间的信息不对称，导致其中不乏误解和疑虑，这也是对德传播的痛点和难点。因此，制定对德传播策略的第一步就是破局，即打破信息差，消除误解和疑虑，让"一带一路"的真实形象走入人心。由前文可知，德国媒体的负面报道倾向主要源于对"一带一路"的诸多疑虑，反映的是社会各界关切，如果这些疑虑和关切得不到适当回应与引导，其负面效应就会不断放大。因此，必须通过合理举证来澄清事实，以共赢理念破解零和思维。

首先，针对德国人对"一带一路"利益影响的疑虑，一来可用真实案例来证明，共建"一带一路"为稳定欧洲经济、推动经济社会恢复与发展起重要作用。例如疫情下中欧班列逆势增长，截至2022年1月已铺画78条运行线路，通达欧洲23个国家的180座城市[1]，成为亚欧大陆之间名副其实的"生命之路"[2]和全球抗疫合作重要的"生命线""补给线"[3]，同时拉动了杜伊斯堡等港口城市的就业[4]；中国-中东欧合作旗舰项目——

---

[1] 李琰，王海林. 建设更紧密的互联互通伙伴关系（命运与共·全球发展倡议系列综述）[EB/OL]. (2022-05-01) [2022-05-26]. http://paper.people.com.cn/rmrb/html/2022-05/01/nw.D110000renmrb_20220501_1-03.htm.

[2] 彭大伟. 中国驻德国大使："一带一路"是"生命之路"，更是"机遇之路" [EB/OL]. (2020-07-08) [2020-11-26]. www.chinanews.com/gj/2020/07-08/9232208.shtml.

[3] 李琰，王海林. 建设更紧密的互联互通伙伴关系（命运与共·全球发展倡议系列综述）[EB/OL]. (2022-05-01) [2022-05-26]. http://paper.people.com.cn/rmrb/html/2022-05/01/nw.D110000renmrb_20220501_1-03.htm.

[4] FOKUS. Letzter Halt Duisburg: Chinas Weltmacht-Pläne reichen bis in den deutschen Westen [EB/OL]. (2019-03-27) [2022-04-26]. https://www.focus.de/finanzen/news/konjunktur/projekt-neue-seidenstrasse-letzte-haltestelle-duisburg-chinas-neue-weltmacht-plaene-reichen-bis-in-den-deutschen-westen_id_10511705.html.

匈塞铁路贝诺段 2022 年开通，成为连接匈塞两国及周边国家的"致富路"①。二来可通过换位叙事来阐明，"一带一路"并非对德国或欧洲的威胁。譬如，针对德国对中东欧利益板块的担忧，可尝试站在德国角度阐明，中国既没有德国与中东欧国家的历史渊源和合作基础，也没有教育和文化方面的互补性，且并未触及德国在中东欧的既得利益格局②，而且欧洲已经出台"一带一路"的互补性倡议，如"欧高亚运输走廊项目"（TRACECA）以及"向欧洲输送石油和天然气国家间项目"（INOGATE）等。

其次，针对"一带一路"给沿线国家造成"债务陷阱"等质疑，可用事实和数据来回应，阐明"一带一路"互利共赢的本质。譬如，国外学者研究证实"债务陷阱"之说只是美国提出的一种地缘政治猜测，但并未发现中国政府及其贷款机构采取这种策略的证据③；中巴经济走廊中巴方所持外债的 47% 来自国际多边金融机构，走廊的 22 个项目中只有 4 个使用的是中方优惠贷款④；中企投资承建美丽山二期特高压输电项目，将巴西北部的清洁水电源源不断地输送至东南部，为 2200 多万巴西民众提供稳定的电力保障⑤。

再次，针对部分德媒对新疆、西藏等意识形态议题的污蔑性报道，我国媒体应在避免陷入"话语陷阱"的前提下进行反驳。事实上，一些德国人对此有自己的判断力，通过研究证实了中国遭受着被德国媒体歪曲事实

---

① 李琰，王海林. 建设更紧密的互联互通伙伴关系（命运与共·全球发展倡议系列综述）[EB/OL]. （2022-05-01）[2022-05-26]. http://paper.people.com.cn/rmrb/html/2022-05/01/nw.D110000renmrb_20220501_1-03.htm.

② ZOU L. An analysis of Germany's suspicions about "16＋1 Cooperation" and China's possible countermeasures - From the perspective of European integration [J/OL]. Working paper of China-CEE Institute, 2018, 5：4. [2020-11-28]. https://china-cee.eu/wp-content/uploads/2018/08/Work_paper-201805.pdf.

③ BRAUTIGAM D. A critical look at Chinese "debt-trap diplomacy"：the rise of a meme [J]. Area development and policy, 2020 (1)：1-14.

④ 宋志辉. 共建"一带一路"的典范：中巴经济走廊建设成果丰硕 [EB/OL]. (2022-03-21) [2022-04-28]. https://m.gmw.cn/baijia/2022/03/21/35599554.html.

⑤ 陈威华，赵焱. 通讯：巴西电力专家眼中的中巴互惠合作 [EB/OL]. (2021-12-26) [2022-04-28]. https://baijiahao.baidu.com/s?id=1720178177860217370&wfr=spider&for=pc.

和刻意贬低的困境。德国媒体对意识形态议题的过度解读，一方面源于德国媒体中长期存在的关于西藏等议题的刻板印象，另一方面源于新闻工作者的个人态度和偏见①。

当然，我们不必事事回应，也不能笼统地一概而论，而应根据不同议题的重要性和受质疑程度来有选择、有区别地回应，做到掷地有声、张弛有度。由德媒新闻框架分析结果可知，经济议题有客观和中立性，回应空间较大；政治议题主观性较强，回应空间较小；意识形态议题污蔑性较强，应坚决予以反驳。总之，我们要找准德媒的重点关切，通过适当回应来澄清事实，以消除误解，增进认同，促进正向传播。

（二）主动设置议题，构建中国话语体系

如果说回应质疑属于防守策略，那么主动设置议题就是在引导舆论方面下"先手棋"，打"主动仗"，通过主动布局来构建中国话语体系，把握对德传播主动权。从德国媒体的议题范围来看，中国媒体报道的多样议题未能进入德国媒体的议程，而德国媒体窄化的议题设置决定了新闻框架的整体倾向性。不难看出，主动设置议题在国际传播话语体系构建中至关重要。如果说框架效应主要通过不同的叙事表达策略来影响公众的判断和决策，那么议题设定和启动效应则更多试图影响公众进行判断时所采用的依据②。若要提升中国媒体对德传播的有效性，就要通过分众化议题设置来吸引关注目光，引导舆论走向，进而改善舆论环境。

首先，德国的政治、经济和媒体精英是社会主流舆论的引导者，也是我们构建中国话语体系需要关注的重点受众。针对这类群体，我国媒体要主动设置"一带一路"框架下中德两国共同关注的议题，以增加中德媒体共识，进而影响德媒报道。具体而言，我国媒体可通过前瞻性研究，把握中德关系走向，从经济发展、科技进步、文化复兴等推动百年变局的深层

---

① RICHTER C, GEBAUER S, THOMAS H, et al. Die China-Berichterstattung in den deutschen Medien: Eine Studie von Carola Richter und Sebastian Gebauer mit Beiträgen von Thomas Heberer und Kai Hafez [M]. Berlin: Heinrich-Böll-Stiftung, 2010: 236.

② 李泉. 为什么中国的叙事越来越难以影响美国民众 [EB/OL]. （2022-04-15）[2022-04-24]. https://news.ifeng.com/c/8FDzoJAEX8Z.

因素中挖掘共性议题。譬如，绿色化、数字化、气候问题是当前中德两国的重要关切和未来合作的主要方向，前两项也是德国疫后经济复苏计划的工作重点①。我国媒体可通过设定这方面的议题，增加德国精英阶层对"一带一路"框架下中德共同目标和理念的认同。

2020年欧洲提出新的产业政策，向绿色化转型，这对我们既是机遇也是挑战。抓住此"机"，就是针对国际公共治理话语空间，加强对"一带一路"绿色发展理念的诠释，增加生态环境友好型项目的曝光度，为"一带一路"打上绿色共建的底色。与此同时，可增加报道《"象"往云南》②等升华了人与自然和谐共处主题的区域热点事件③，以提升德媒对这类议题的认同感和接受度。此外，还要加大力度阐述我国在支持发展中国家能源绿色低碳发展、推进绿色低碳发展信息共享和能力建设、深化生态环境和气候治理合作方面的努力，以加强中德在全球治理和环境保护层面的共识，让尊重自然、敬畏生命、爱好和平、有责任和担当的"一带一路"形象在德国落地。

其次，针对普通民众，要把握"一带一路"框架下德国民众对中国文化的喜爱和对民生问题的关切，主动设置受德国民众欢迎的议题，打造开放包容、友好互信的舆论环境。其一，文化无国界。不管是历史上还是现在，德国人始终对中国文化尤其是传统文化抱有浓厚的兴趣。德国普通民众大都喜欢中国水墨画、瓷器、刺绣等手工艺品、中餐、中国功夫、中医等④。随着中德文化交流的深入推进，中国文化在德国受到越来越多的关注和欢迎。我国媒体可多设置中国传统特色文化议题，以对多样文化的理

---

① 郑春荣. 德国大选中的两党差异：绿色化与数字化转型 [EB/OL]. (2021-07-09) [2022-03-18]. http://www.21jingji.com/article/20210709/a4ca1a97adb86d08639667e5f978e2b1.html.

② 2021年云南西双版纳亚洲象群成为"网红"，象群从北移到南返，一路游走都有精心管护，人象和谐的画面温暖了全世界。以此为议题的《"象"往云南》报道展现了人与自然和谐共生的美丽中国景象。

③ 刘玲玲，莽九晨，杨一，等. 构建人与自然生命共同体 [EB/OL]. (2021-12-24) [2022-03-18]. http://cpc.people.com.cn/n1/2021/1224/c64387-32315954.html.

④ 王昇虹，龙新蔚，江晓川. 中国文化软实力在德国的认知及接受度分析 [J]. 国外社会科学，2012 (5)：91-92.

解和认同为支点,加强对"一带一路"文化包容理念的阐释和文化交流活动的曝光度,从而消除文化偏见,打造友好互信的舆论环境。其二,民生工程是快速提升共建国家民众获得感的重要途径①。从不同视角报道"一带一路"为民众带来的福祉,可增加民众的认同度,营造开放包容、和平发展的舆论环境。例如27岁的老挝青年赛宋本参与了中老铁路项目建设,中老铁路通车后,老挝"陆锁国"变"陆联国"战略获得有力支撑,赛宋本一家看到了新的致富机遇,打算做家具生意②。

再次,要从宏观层面把握"一带一路"框架下对德传播的痛点和难点,做到扬长避短,适度规避敏感议题。鉴于中德语境存在较大差异,两国民众对"政府""党的领导""民主"等概念的理解也不尽相同,在议题设置方面要适度规避这种可能造成文化休克的文本,按照德国受众的普遍思维模式来设置传播议题并创作传播内容,遵循"少说政治,多谈经济;慎谈战略,多讲文明;反对地缘思维,多讲公共产品属性;避免军事色彩,强调开放包容"③ 的原则,以减少传播过程中的"噪音"干扰,达到更好的对外传播效果。总之,议题设置的背后是媒体立场与观点的输出,谁在议题设定上赢得主动,谁就会在国际话语体系建构中赢得优先权。构建人类命运共同体的全球中国话语体系,是我国媒体选择议题时遵循的底层逻辑。

(三)创新叙事方式,讲好"一带一路"故事

无论是回应德媒质疑,还是主动引领议题设置,都需要积极谋局,筹划合适的叙事方式和传播渠道。目前中国的话语实践仍存在话语权落差,如"想讲"与"想听"之间的落差,传播方式与接受方式之间的落差④。通过议

---

① 新华网. 习近平在第三次"一带一路"建设座谈会上强调 以高标准可持续惠民生为目标 继续推动共建"一带一路"高质量发展 [EB/OL]. (2021-11-22) [2022-03-18]. http://www.cidca.gov.cn/2021-11/22/c_1211456721.htm.

② 李琰,王海林. 建设更紧密的互联互通伙伴关系(命运与共·全球发展倡议系列综述)[EB/OL]. (2022-05-01) [2022-05-26]. http://paper.people.com.cn/rmrb/html/2022-05/01/nw.D110000renmrb_20220501_1-03.htm.

③ 王义桅. 世界是通的:"一带一路"的逻辑 [M]. 北京:商务印书馆,2016:117-119.

④ 陈先红,宋发枝. "讲好中国故事":国家立场、话语策略与传播战略 [J]. 现代传播,2020 (1):45.

题设置的调整可以协调我国媒体"想讲"与德国受众"想听"之间的落差，而叙事方式的创新则有助于协调我国媒体传播方式与德国受众接受方式之间的落差。

讲故事是人类最古老、最简单、最有效的话语实践，是文化软实力产生的源头之一①，也是国际传播的最佳方式②。在国际传播界特别是德国有一个口号，叫作"故事驱动国家"③。讲好中国故事不仅是一种提高中国国际传播能力的"传播术"，更是提升中国国际话语权的"巧战略"。讲好中国故事，传播好中国声音，阐释好中国特色，是党的十八大以来我国对外传播工作的重点。习近平总书记出席第三次"一带一路"建设座谈会时强调，要深入阐释共建"一带一路"的理念、原则、方式等，共同讲好共建"一带一路"故事④。自"一带一路"倡议提出以来，中国故事和中国声音逐渐被世界所熟悉和熟知。讲好"一带一路"故事，有助于提升中国的国际话语权，更好地为国际社会所理解，为实践提供更多助力⑤。

对德国讲好"一带一路"故事，首先要融通中外叙事方式和表现手法。一方面，我国媒体要区分对内和对外叙事方式，注重表达方式的转换和叙事风格的去官方化，避免将国内相关政策文件表述翻译腔式地直接输出。德国媒体偏好具象化、故事化的叙事方式和个性化的表达，通过以小见大的方式树立典范，挖掘"一带一路"相关国家、企业、个人的感人事迹，有助于讲好"一带一路"小故事。另一方面，要尊重德国媒体报道传统及其批评风格，直面"一带一路"基础设施建设项目推进过程中的一些堵点、痛点，避免"报喜不报忧"的单向报道思维，这是重新恢复中国政府的公信力以及国际形象的必要条件，也是让德国媒体受众"想听"的重要手段。这里的"报忧"多指通过深入调查分析展现项目规划初衷与项目

---

① 瑞安. 故事的变身 [M]. 张新军, 译. 北京：译林出版社，2017：82.
② 崔之进. "一带一路"视阈下讲好中国故事 [J]. 当代传播，2020（1）：59.
③ 赵启正. "中国威胁论"是当代最大的假故事 [EB/OL]. （2021-12-12）[2022-04-18]. https://house.ifeng.com/news/2021_12_12-54980628_0.shtml.
④ 新华网. 实打实、沉甸甸的成就：习近平总书记出席第三次"一带一路"建设座谈会侧记 [EB/OL]. （2021-11-21）[2021-12-16]. http://www.xinhuanet.com/politics/leaders/2021-11/21/c_1128084028.htm?articleId=482341.
⑤ 习近平. 决胜全面建成小康社会 夺取新时代中国特色社会主义伟大胜利：在中国共产党第十九次全国代表大会上的报告 [M]. 北京：人民出版社，2017：44.

第八章 推进"一带一路"倡议在德国的传播

建设现状之间的矛盾,最终目的是提出相应的改进方法,更好地推动"一带一路"互联互通。

讲好"一带一路"故事,还要运用现代科技和传播技术为新闻叙事赋能升级。故事的呈现形式主要由它所使用的媒介来决定,传播新闻的媒介不同,新闻的传播效果也会有较大的差异[1]。大多数传统媒体在推进自身新闻叙事策略创新的过程中,会借助多媒体技术及相关互动技术,实现单一新闻内容的多元化呈现[2]。可见,顺应融媒体环境下新媒体技术的进步,对现有多样化平台和渠道进行有机整合与深度融合,从而打造具有强大引领力、传播力、影响力的国际新型主流媒体,会极大地提升对外传播效果。此外,综合运用计算传播学和大数据、人工智能等技术,可以实现内容与用户之间的双向反馈,有助于贴近德国受众的特点和需要,不断优化和完善叙事内容及方式,提升分众化、精准化传播效能。

讲好"一带一路"故事,还要借力民间智慧,提高国际传播渠道多样性、互动性和可信度[3]。我国主流媒体在德国人眼中贴着官方标签,德国民众基本上已经形成了质疑官方立场的思维定式,因此很容易抵触官方媒体发布的信息[4]。如果切换叙事角色的身份,效果就会不同,CGTN主持人刘欣和美国福克斯主持人翠西·里根的跨洋电视辩论就是一个经典案例。支持、引导专家学者、公众人物、意见领袖、网红大V以个人身份参与国际对话,利用当事国或第三方传播平台就国际热点话题展开讨论、交流,接受访谈,有利于多层次、全方位地塑造中国"一带一路"形象[5]。

---

[1] 程远航. 融媒体时代新媒体新闻叙事策略的创新研究[J]. 新闻传播,2020(15):79.

[2] 陈月顺. 融媒体时代新媒体新闻叙事策略的创新路径[J]. 记者观察,2020(29):113.

[3] 张君昌. 从宣传中国、说明中国到引领构建国际传播新秩序:论新中国七十年广播电视国际传播跨越式发展[EB/OL].(2019-12-04)[2022-02-13]. http://media.people.com.cn/n1/2019/1204/c40628-31490046.html.

[4] 徐明华. 中国国家形象的全球传播效果研究[M]. 武汉:华中科技大学出版社,2019:Ⅴ-Ⅵ.

[5] 张君昌. 从宣传中国、说明中国到引领构建国际传播新秩序:论新中国七十年广播电视国际传播跨越式发展[EB/OL].(2019-12-04)[2022-02-13]. http://media.people.com.cn/n1/2019/1204/c40628-31490046.html.

简言之，要突破"一带一路"倡议在德国的传播困境，我国媒体必须克服话语权落差，推动新闻叙事手法和叙事策略创新，整合平台与技术，丰富传播渠道，采用国际上普遍能理解、受欢迎的方式来表达，这样才能实现"中国立场，世界表达"。

六、结语与展望

德国媒体如何传播"一带一路"，即建构怎样的"一带一路"新闻、塑造怎样的"一带一路"形象，是国家、社会和媒体层面多重因素长期共同作用的结果。"一带一路"在德国遭遇传播不力的困境既是历史问题，也是现实问题，需要通过长期的、有针对性的方法来化解，而未来走出这一困境的现实基础已经具备。一方面，"一带一路"多年来稳步扎实地推进，在包括欧洲在内的国际社会获得越来越多认同，为它在德国获得广泛认同奠定了基础；另一方面，随着"一带一路"对德传播重要性的显现，我国媒体加强对德传播针对性的脚步已经迈出。未来推动"一带一路"在德国的良性传播，一要基于中德关系中的优势领域，加强智库、媒体合作与民间交流，二要依托我国对外传播能力建设，从理念、原则、方式、策略方面不断优化我国对外传播战略，为"一带一路"在德国的良性落地做好铺垫。

"一带一路"倡议是在世界格局发生深刻变革的背景下提出的，展现了中国追求和平发展、合作共赢的真诚愿望，也显示出中国构建全球负责任大国的使命担当[1]。共建"一带一路"将给人类带来更多的文明成果，有助于构建世界和平新秩序，是中国、德国以及欧洲的首要的共同利益[2]。经历了历史反思和经济奇迹的德国，正在从欧盟经济领头羊迈向政治领导角色，未来寻求对华务实合作的动力依然强劲，同时在国际事务上寻求与

---

[1] 吴志成. "一带一路"倡议与中国-中东欧国家合作[J]. 统一战线学研究，2017 (6)：107.

[2] 吴江. 德国智库解读"一带一路"战略[EB/OL]. (2015-05-11) [2022-07-18]. http://www.scio.gov.cn/31773/35507/35515/35523/Document/1530275/1530275.htm.

第八章 推进"一带一路"倡议在德国的传播

中国合作的意愿始终存在,双方在推动多边主义、和平主义、环保主义等方面的价值取向具有较高一致性①。可见,中德两国始终是利益共同体、命运共同体,未来在"一带一路"框架下合作仍是双边关系的主旋律。习近平总书记于2018年为推进两国关系指明了方向:"中德两国要做合作共赢的示范者、中欧关系的引领者、新型国际关系的推动者、超越意识形态差异的合作者。"②中德合作潜力与中德关系的良好前景,为我国对德传播能力建设提供了有力支撑。

然而,当前国内外舆论相互渗透、彼此影响的趋势进一步加强,各种不确定、不稳定因素更为突出,中国迫切需要在国际舆论场中进行正面宣传和谣言反制。因此,构建中国特色国际传播体系是我们面临的时代课题和必然选择③,这也是提升我国对德传播能力的必由之路。我们一要加强国际传播媒体布局,开发好、利用好、维护好一切传播资源,注重新媒体与传统媒体的连接,深化媒体合作机制,吸纳国际传播鲜活力量;二要优化传播内容,通过回应德媒关切、主动设置议题、创新叙事方式,在深刻把握受众需求的过程中赢得市场和口碑;三要发挥智库和民间力量,站在理论高度构建属于自己的核心叙事体系,让民心相通为"一带一路"的顺利推进培育温润的土壤,使主流媒体的话语传播更具深刻性和说服力;四要增强传播自信,强化优势领域,培育传播人才,长期增势蓄能。与此同时,应始终秉持"亲、诚、惠、容"四字理念,充分理解德国的立场和疑虑的根源,按照"以诚相待"的原则,充分展示"一带一路"合作的善意和诚意,争取理解和支持,为消除德国的疑虑和误解、跨越认同障碍不懈努力,力图从根本上改善"一带一路"在德国的传播环境。

"一带一路"建设是一项伟大的事业,伟大的事业需要伟大的实践。道阻且长,行稳方能致远。围绕"坚持稳中求进",习近平总书记提出共

---

① 唐婧. 人类命运共同体理念对德传播的两大原则 [J]. 天津外国语大学学报, 2020, 27 (2): 38-44.

② 中国新闻网. 中德关系进入新时代 专家解读四个新方向 [EB/OL]. (2018-05-25) [2022-07-18]. https://www.chinanews.com.cn/gn/2018/05-25/8522989.shtml.

③ 张世涛. 构建新时代中国特色国际传播体系 [N]. 中国社会科学报, 2022-12-23 (10).

建"一带一路"必须抓好的七项重点工作之一,就是"加强改进国际传播,营造良好舆论氛围"①。党的二十大进一步强调要"加强国际传播能力建设,全面提升国际传播效能,形成同我国综合国力和国际地位相匹配的国际话语权。加快构建中国话语和中国叙事体系,讲好中国故事、传播好中国声音,展现可信、可爱、可敬的中国形象"②。为此,我们要用好各方面资源和力量开展国际传播,不断提升国际传播效能,更加积极主动地讲好中国故事、传播好中国声音,增强中华文明传播力影响力,努力突破西方话语体系的包围,积极构建政治互信、经济融合、文化包容的传播环境,形成同我国综合国力和国际地位相匹配的国际话语权,这是改善包括德国在内的"一带一路"海外形象的根本方法,也是提升我国文化软实力的必然要求。

"一带一路"是适应全球化发展的产物,是基于人类命运共同体、世界安全观等理念,致力于人类共同发展繁荣的积极方案。随着"一带一路"的扎实推进,我们有理由相信,其全面、立体、开放的姿态终将为世界所见、所感、所知,并以此加速中国话语体系自立于世界之林,为全面建设社会主义现代化国家营造有利的外部舆论环境,为推动构建人类命运共同体作出积极贡献。

---

① 新华网. 实打实、沉甸甸的成就:习近平总书记出席第三次"一带一路"建设座谈会侧记[EB/OL]. (2021-11-21) [2021-12-16]. http://www.xinhuanet.com/politics/leaders/2021-11/21/c_1128084028.htm? articleId=482341.

② 习近平. 高举中国特色社会主义伟大旗帜 为全面建设社会主义现代化国家而团结奋斗:在中国共产党第二十次全国代表大会上的报告(2022年10月16日)[EB/OL]. (2022-10-25) [2022-12-04]. http://www.gov.cn/xinwen/2022-10/25/content_5721685.htm.

参考文献

一、中文文献

[1] 阿特休尔. 权力的媒介 [M]. 黄煜, 裘志康, 译. 北京: 华夏出版社, 1989: 224.

[2]《文化纵横》编辑部. 乌克兰危机与中国的战略利益 [J]. 文化纵横, 2022 (2): 4.

[3] 蔡馥谣. 德国媒体视阈下的"一带一路"解读 [J]. 中华文化与传播研究, 2017 (2): 137-153.

[4] 蔡馥谣. 国际传播视角下的"中国梦": 德国媒体建构研究 [M]. 北京: 中国戏剧出版社, 2019: 193.

[5] 曹晚红. 电视传播制度创新的路径分析: 对德国双规电视制度模式的思考 [J]. 现代传播(中国传媒大学学报), 2010 (5): 159.

[6] 陈力丹. "一带一路"建设与跨文化传播 [J]. 对外传播, 2015 (10): 25-26.

[7] 陈律. 核心价值观的对外传播 [N]. 光明日报, 2013-08-24 (11).

[8] 陈先红, 宋发枝. "讲好中国故事": 国家立场、话语策略与传播战略 [J]. 现代传播, 2020 (1): 45.

[9] 陈阳. 框架分析: 一个亟待澄清的理论概念 [J]. 国际新闻界, 2007, 150 (4): 20.

[10] 陈月顺. 融媒体时代新媒体新闻叙事策略的创新路径 [J]. 记者观察, 2020 (29): 113.

[11] 程曼丽. 国际传播学教程 [M]. 北京: 北京大学出版社, 2006: 56.

[12] 程雪莹. 新闻话语背后的社会认知 [J]. 青年记者, 2015 (34)：56.

[13] 程远航. 融媒体时代新媒体新闻叙事策略的创新研究 [J]. 新闻传播, 2020 (15)：79.

[14] 崔之进. "一带一路"视阈下讲好中国故事 [J]. 当代传播, 2020 (1)：59.

[15] 但昭彬. 话语与权力：中国近现代教育宗旨的话语分析 [M]. 山东：山东教育出版社, 2008：9-10.

[16] 于运全, 翟慧霞, 王丹. "一带一路"沿线国家中国观调查分析报告 [J]. 对外传播, 2019 (3)：6.

[17] 杜涛. 框中世界：媒介框架理论的起源、争议与发展 [M]. 北京：知识产权出版社, 2014：45.

[18] 段鹏. 国家形象建构中的传播策略 [M]. 北京：中国传媒大学出版社, 2007：27.

[19] 迪克. 作为话语的新闻 [M]. 曾庆香, 译. 北京：华夏出版社, 2003：50-57.

[20] 高晓华. "一带一路"背景下国际新媒体的沟通与合作 [M]. 北京：中国商务出版社, 2020.

[21] 高卓群, 陈凤姣. "一带一路"背景下翻译与中国话语在非洲的传播 [J]. 毛泽东思想研究, 2017, 24 (4)：128.

[22] 郭庆光. 传播学教程 [M]. 北京：中国人民大学出版社, 2011：208.

[23] 哈尼施. 德国与中国"一带一路"倡议：初期评估 [J]. 黄萌萌, 译. 欧洲研究, 2018 (3)：117.

[24] 何国平. 改革开放 30 年来中国外宣思想的演进 [J]. 当代传播, 2008 (6)：95-96.

[25] 何海翔. 中国在海外社交媒体的传播力建设困境与路径 [J]. 青年记者, 2021 (24)：67.

[26] 何良. 提升新时代中国国际话语权 [J]. 红旗文稿, 2019 (17)：38.

［27］贺毅. 中西文化比较［M］. 北京：冶金工业出版社，2007：129.

［28］洪兵. 国家利益论［M］. 北京：军事科学出版社，1999：8-11.

［29］胡春阳. 话语分析：传播研究的新路径［M］. 上海：上海世纪出版集团，2007：222.

［30］黄惠萍. 媒介框架之默认判准效应与阅听人的政策评估：以核四案为例［J］. 新闻学研究，2003（77）：67-105.

［31］黄廓，姜飞. 国际主流媒体发展战略研究及其对中国国际传播的启示［J］. 现代传播，2013（2）：49-50.

［32］黄鹂. 外宣媒体的深度融合实践：以中国国际电视台为例［J］. 对外传播，2019（5）：19.

［33］黄萌萌. 德国外交文化解析：以德国的叙利亚政策为例［J］. 欧洲研究，2017（2）：146-153.

［34］贾敏. 美国智库"中国观"波动成因及对策［J］. 社会科学文摘，2016（1）：12.

［35］焦妹. 中国国家形象传播研究［M］. 北京：企业管理出版社，2015：133.

［36］金苗，自国天然，纪娇娇. 意义探索与意图查核："一带一路"倡议五年来西方主流媒体报道LDA主题模型分析［J］. 新闻大学，2019（5）：13-29.

［37］科勒-科赫，康策尔曼，克诺特. 欧洲一体化与欧盟治理［M］. 顾俊礼，潘琪昌，周弘，等译. 北京：中国社会科学出版社，2004：73.

［38］李彬. 传播学引论［M］. 北京：高等教育出版社，2013：166.

［39］李效东，赵景芳，李瑞景. 现代国际安全理论精要［M］. 北京：军事科学出版社，2015：67-70.

［40］廖盈盈. 从德国电视发展中得到几点启示［J］. 当代电视，2009（5）：56.

［41］刘琛，张玉宁，陈俊侠，等. 镜像中的中国国家形象［M］. 北京：中国人民大学出版社，2015：12.

［42］刘继南. 当前国家形象建构的主要问题及对策［J］. 国际观察，

2008 (1): 32.

[43] 刘潇. 从德国媒体发展现状看传统媒体产业转型 [J]. 中国市场, 2018 (17): 57.

[44] 路明. 德国广播电视双轨制 [M]. 北京: 中国国际广播出版社, 2012: 68-76.

[45] 卢文忠. 讲好中国故事: 基于"一带一路"叙事原型的对外传播策略 [J]. 苏州科技大学学报 (社会科学版), 2020, 37 (2): 11.

[46] 马苏. 浅析"一带一路"背景下汉语在中亚地区的传播现状: 以哈萨克斯坦为例 [D]. 西安: 西北大学, 2017.

[47] 麦奎尔. 麦奎尔大众传播理论 [M]. 5 版. 北京: 清华大学出版社, 2010: 142.

[48] 孟凡彬. 德国媒体法体系研究 [C] //中国传媒大学研究生院. 中国传媒大学第三届全国新闻学与传播学博士生学术研讨会论文集, 2009: 243-253.

[49] 彭枭. 公共外交中的媒体困境: 以德国媒体对华报道为例 [J]. 同济大学学报 (社会科学版), 2015 (4): 44.

[50] 任仲文. 讲好新时代中国故事 [M]. 北京: 人民日报出版社, 2019: 115.

[51] 瑞安. 故事的变身 [M]. 张新军, 译. 北京: 译林出版社, 2017: 82.

[52] 沈正赋. 对外传播中国声音的行动逻辑、内容框架与媒体策略 [J]. 中国广播, 2017 (9): 37.

[53] 石少伟. 文化产业是讲好中国故事的重要载体 [N]. 中国社会科学报, 2018-03-14 (8).

[54] 孙敬鑫. 西方智库的中国观 [J]. 领导文萃, 2022 (22): 30.

[55] 孙有中. 解码中国形象:《纽约时报》和《泰晤士报》中国报道比较 (1993—2002) [M]. 北京: 世界知识出版社, 2009: 89.

[56] 塔克曼. 做新闻 [M]. 麻争旗, 刘笑盈, 徐扬, 译. 北京: 华夏出版社, 2008: 30.

[57] 唐婧. 人类命运共同体理念对德传播的两大原则 [J]. 天津外国

语大学学报，2020（2）：38-44.

[58] 田海龙. 批评话语分析：阐释、思考、应用 [M]. 天津：南开大学出版社，2014：26-27.

[59] 王灏晨. 欧盟对中国-中东欧合作的态度、原因分析及我国的应对措施 [J]. 发展研究，2018（7）：58-61.

[60] 王沪宁. 比较政治分析 [M]. 上海：上海人民出版社，1987：143-144.

[61] 王念祖. 扎根理论三阶段编码对主题词提取的应用研究 [J]. 图书馆杂志，2018，37（5）：76.

[62] 王昪虹. 刍议德国民众对中国负面看法的原因 [J]. 北大新闻与传播评论，2014（1）：249-253.

[63] 王昪虹，龙新蔚，江晓川. 中国文化软实力在德国的认知及接受度分析 [J]. 国外社会科学，2012（5）：91-94.

[64] 王义桅. 世界是通的："一带一路"的逻辑 [M]. 北京：商务印书馆，2016：117-119.

[65] 维特罗夫索娃，哈尼施，刘露馨. 中国、欧盟和中东欧：一个未满足期待的三角关系？[J]. 国际论坛，2019（2）：92.

[66] 温特. 国际政治的社会理论 [M]. 秦亚青，译. 上海：上海人民出版社，2008：229.

[67] 吴志成. "一带一路"倡议与中国-中东欧国家合作 [J]. 统一战线学研究，2017（6）：107.

[68] 习近平. 决胜全面建成小康社会 夺取新时代中国特色社会主义伟大胜利：在中国共产党第十九次全国代表大会上的报告 [M]. 北京：人民出版社，2017：44.

[69] 希尔斯曼. 防务与外交决策中的政治 [M]. 曹大鹏，译. 北京：商务印书馆，2000：79-82.

[70] 肖伟. 新闻框架论：传播主体的架构与被架构 [M]. 北京：中国人民大学出版社，2016：109.

[71] 徐明华. 中国国家形象的全球传播效果研究 [M]. 武汉：华中科技大学出版社，2019：V-Ⅵ.

[72] 薛可. 中国对外传播的几个关键点 [J]. 人民论坛, 2017 (23): 131.

[73] 杨保军. 新闻价值论 [M]. 北京: 中国人民大学出版社, 2003: 217-291.

[74] 杨达, 熊雪晖. "一带一路"对外传播话语体系建构的融媒体路径 [J]. 智媒时代, 2020 (20): 22-23.

[75] 于芳. 德国智库涉华研究的现状、问题及启示 (2005—2018) [J]. 国外社会科学, 2019 (4): 88.

[76] 于芳. 文明力量理论与德国默克尔政府外交政策 [D]. 北京: 北京外国语大学, 2014: 164.

[77] 袁贵仁. 价值观的理论与实践: 价值观若干问题的思考 [M]. 北京: 北京师范大学出版社, 2006: 11.

[78] 臧国仁. 新闻媒体与消息来源: 媒介框架与真实建构之论述 [M]. 台北: 三民书局, 1999: 34-44.

[79] 张克旭, 臧海群, 韩纲, 等. 从媒介现实到受众现实: 从框架理论看电视报道我驻南使馆被炸事件 [J]. 新闻与传播研究, 1999 (2): 4.

[80] 张昆. 国家形象传播 [M]. 上海: 复旦大学出版社, 2005: 196.

[81] 张昆, 张明新, 陈薇. 国家形象蓝皮书: 中国国家形象传播报告 (2019) [M]. 北京: 社会科学文献出版社, 2020: 219-220.

[82] 张昆, 张明新, 陈薇. 国家形象蓝皮书: 中国国家形象传播报告 (2017—2018) [M]. 北京: 社会科学文献出版社, 2018: 27.

[83] 张清敏. 外交政策分析中文化因素的作用与地位 [J]. 国际论坛, 2003, 5 (4): 34.

[84] 张清敏. 中国的国家特性、国家角色和外交政策思考 [J]. 太平洋学报, 2004 (2): 48.

[85] 章吟. 德国《法兰克福汇报》(2000—2017 年) 涉华环境报道的论式话语分析 [D]. 杭州: 浙江大学, 2019: 2.

[86] 赵柯. 德国在欧盟的经济主导地位: 根基和影响 [J]. 国际问题研究, 2014 (5): 89.

[87] 郑春荣. 德国蓝皮书：德国发展报告 2020［M］. 北京：社会科学文献出版社，2020：9-11.

[88] 周孟璞. 马克思主义哲学全书［M］. 北京：中国人民大学出版社，1996：376.

[89] 周亭，程南昌. 全球多语种媒体视野中的"一带一路"传播研究［J］. 国际传播，2017（5）：13.

[90] 朱鸿军，刘向华. "走出去"到"走进去"：对外传播新境界的新媒体作为［J］. 对外传播，2017（9）：8-9.

[91] 朱鸿军，蒲晓，彭姝洁. 中国对外传播 40 年回顾［J］. 对外传播，2018（12）：10.

二、外文文献

[1] ADAY S. The framesetting effects of news：an experimental test of advocacy versus objectivist frames［J］. Journalism & mass communication quarterly，2006，83(4)：767-784.

[2] AHMAD W，ALI S，YASEEN Z. CPEC through the lens of print media：comparative analysis of English newspapers of Pakistan and China［J］. Gomal University journal of research，2020，36(2)：74-83.

[3] BATESON G. Steps to an ecology of mind［M］. New York：Ballantine Books，1972：177-193.

[4] BELLERS J. Politische Kultur und Außenpolitik im Vergleich［M］. Wiesbaden：VS Verlag für Sozialwissenschaften，1999：7.

[5] BIHK. Megatrends im Welthandel：Die neue Seidenstraße-Wachstumsregion zwischen Europa und Asien［M］. München：Oberländer GmbH & Co. KG，2019.

[6] BLUMER J. Mass communication research in Europe：some origins and prospects［J］. Media，culture and society，1980(2)：367-376.

[7] BMI. Der Verfassungsschutzbericht 2018［M］. Bexbach：Kern，2019：300.

[8] BMI. Der Verfassungsschutzbericht 2019［M］. Bexbach：Kern，

2020:291-295.

[9] BMVg. Die Verteidigungspolitischen Richtlinien für den Geschäftsbereich des Bundesministers der Verteidigungn[R/OL]. (1992-11-26)[2020-11-28]. https://zeitgedankenweb. files. wordpress. com/2017/09/verteidigungspolitische_richtlinien_1992. pdf.

[10] BMVg. Weißbuch 1994: Weißbuch zur Sicherheit der Bundesrepublik Deutschland und zur Lage und Zukunft der Bundeswehr [M]. Bundesministerium der Verteidigung, 1994:42.

[11] BMWi. 11. Nationale Maritime Konferenz: Deutschland maritim-gobal mart green[M]. Berlin: Vagedes & Schmid GmbH, 2019:12-58.

[12] BRAUTIGAM D. A critical look at Chinese "debt-trap diplomacy": the rise of a meme[J]. Area development and policy, 2020 (1):1-14.

[13] CALLAGHAN K, SCHNELL F. Framing American politics [M]. Pittsburgh: University of Pittsburgh Press, 2005:125.

[14] CHOMSKY A N. What makes mainstream media mainstream [EB/OL]. (1997-10-01)[2022-10-17]. https://chomsky. info/199710__/.

[15] COLLEY T, VAN NOORT C. Strategic narratives, ontological security and global policy: responses to China's Belt and Road Initiative [M]. Cham, Switzerland: Palgrave Macmillan, 2022.

[16] ENTMAN R. Framing: towards clarification of a fractured paradigm[J]. Journal of Communication, 1993, 41(4):51-58.

[17] FAIRCLOUGH N. Critical discourse analysis: the critical study of language[M]. London: Pearson Education, 2010:9.

[18] FANG C, NOLAN P. Routledge handbook of the Belt and Road [M]. London:Routledge,2019.

[19] FOUST C, MURPHY W. Revealing and reframing apocalyptic tragedy in global warming discourse[J]. Environmental communication, 2009, 3(2):151-167.

[20] FREYMANN E. Making the past serve the present: historical

revisionism in China's One Belt One Road Propaganda[J]. Asian affairs, 2021, 52(1):18-43.

[21] FULTON J. Regions in the Belt and Road Initiative[M]. London: Routledge, 2020.

[22] GAMSON W, CROTEAU D, HOYNES W, et al. Media images and social construction of reality[J]. Annual review of sociology, 1992(18):373-393.

[23] GAMSON W, MODIGLIANI A. Media discourse and public opinion on the nuclear power: a constructionist approach[J]. American journal of sociology, 1989, 95(1):1-37.

[24] GAMSON W, MODIGLIANI A. The changing culture of affirmative action[J]. Research in political sociology, 1987(3):137-177.

[25] GANS H. The messages behind the news[J]. Columbia journalism review, 1979(1-2):40-45.

[26] GARLICK J. The impact of China's Belt and Road Initiative: from Asia to Europe[M]. London: Routledge, 2019.

[27] GEINITZ C. Chinas Griff nach dem Westen: Wie sich Peking in unsere Wirtschaft einkauft[M]. München: C. H. Beck, 2022.

[28] GEORGE A L, KEOHANE R. The concept of national interests: uses and limitation[M]//GEORGE A. Presidential decision-making in foreign policy. Boulder: Westview Press, 1980:224.

[29] GHANEM S. Filling in the tapestry: the second level of agenda-setting[M]//MCCOMBS M, SHAW D, WEAVER D. Communication and democracy: exploring the intellectual frontiers in agenda-setting theory. Mahwah: Lawrence Erlbaum Associates, 1997:3-15.

[30] GITLIN T. The Whole world is watching: mass media in the making and unmaking of the new left[M]. Berkeley: University of California Press, 1980:6-7.

[31] GODEHARDT N. Chinas Vision einer globalen Seidenstraße[M]//PERTHES V. Ausblick 2016: Begriffe und Realitäten

internationaler Politik. Berlin: SWP, 2016:33-36.

[32] GOFFMAN E. Frame analysis: an essay on the organization of experience[M]. Boston: Northeastern University Press, 1986:21.

[33] GUO S, WANG D. News production and construal level: a comparative analysis of the press coverage of China's Belt and Road Initiative[J]. Chinese journal of communication, 2021, 14(2):211-230.

[34] HANSEN K. Essay über einige Stationen des „Völkerdiskurses"[J]. Zeitschrift für Kultur-und Kollektivwissenschaft, 2019, 5(1):135-158.

[35] HART C. Critical discourse studies in context and cognition — discourse approaches to politics, society and culture[M]. Lancaster: John Benjamins Publishing Company, 2011:1.

[36] HOFSTEDE G. Cultural dimensions in management and planning[J]. Asia Pacific journal of management, 1984(1):81-99.

[37] HOLSTI K. Toward a theory of foreign policy: making the case for role analysis [M]//WALKER S. Role theory and foreign policy analysis. Durham: Duke University Press, 1987:12.

[38] KAISER K. Die neue Weltpolitik: Folgerungen für Deutschlands Rolle [M]//KAISER K, SCHWARZ H P. Weltpolitik im neuen Jahrhundert. Baden-Baden: Nomos Verlagsgesellschaft, 2000:602.

[39] KIRSTE K, MAULL H. Zivilmacht und Rollentheorie[J]. Zeitschrift für internationale Beziehungen, 1996, 3(2):283-304.

[40] KRSTIĆ I. Slums on screen: world cinema and the planet of slums[M]. Edinburgh: Edinburgh University Press, 2022:91-114.

[41] KUTELEVA A, VASILIEV D. China's Belt and Road Initiative in Russian media: politics of narratives, images, and metaphors[J]. Eurasian geography & economics 2021, 62(5-6):582-606.

[42] LAZARSFELD P. Remarks on administrative and critical communications research studies[J]. Philosophy and social science, 1941, 9(1):2-16.

[43] LIU W D. The Belt and Road Initiative: a pathway towards

inclusive globalization[M]. London: Routledge, 2019.

[44] MALETZKE G. Interkulturelle Kommunikation: Zur Interaktion zwischen Menschen verschiedener Kulturen[M]. Opladen: Westdeutscher Verlag, 1996:23.

[45] MAULL H. Außenpolitische Kultur[M]//KORTE K R, WEIDENFELD W. Deutschland - Trendbuch: Fakten und Orientierungen. Bonn: Bundeszentrale für Politische Bildung, 2001:648.

[46] MAULL H. Germany and Japan: the new civilian power[J]. Foreign affairs, 1990, 69(5):91-106.

[47] MAULL H. Germany's leadership in Europe: finding its new role[J]. Rising powers quarterly, 2018, 3(1):87-111.

[48] MCQUAIL D, WINDAHL S. Communication models for the study of mass communications[M]. London: Routledge, 2015:105-106.

[49] MORGENTHAU H. Another "great debate": the national interest of the United States[J]. American political science review, 1952, 46(4):961-988.

[50] MORGENTHAU H. Dillema of politics[M]. Chicago: Chicago University Press, 1958:68.

[51] NOELLE-NEUMANN E. Return to the concept of powerful mass media[J]. Studies of broadcasting, 1973(9):67-112.

[52] NTOUSAS V, MINAS S. The European Union and China's Belt and Road: impact, engagement and competition[M]. London: Routledge, 2021.

[53] PAN Z D, KOSICKI G. Framing analysis: an approach to news discourse[J]. Political communication research, 1993, 10(1):55-75.

[54] PITLO L B. Philippine media portrayal of China's Belt and Road Initiative[J]. Asian politics & policy, 2019, 11(1):172-177.

[55] REESE S, GANDY O, GRANT A, et al. Framing public life: perspectives on media and our understanding of the social world[M]. Mahwah: Lawrence Erlbaum Associates, 2001:7-31.

[56] RICHTER C, GEBAUER S, THOMAS H, et al. Die China-Berichterstattung in den deutschen Medien: Eine Studie von Carola Richter und Sebastian Gebauer mit Beiträgen von Thomas Heberer und Kai Hafez [M]. Berlin: Heinrich-Böll-Stiftung, 2010:10-236.

[57] ROSENBERG J. The Belt and Road Initiative: the threat of an economic cold war with China[M]. Lanham: Lexington Books, 2022.

[58] SAMOVAR L, PORTER R. Communication between cultures [M]. Beijing: Peking University Press, 2004:15.

[59] SCHEUFELE D. Framing as a theory of media effects[J]. Journal of Communication, 1999, 49(1):103-122.

[60] SCHMEISSER W, KAZIULIA Y, ORTMEIER H, et al. Die neue Seidenstraße: Digitalisierung und strategische Herausforderungen [M]. Tübingen: UVK Verlagsgesellschaft GmbH, 2018.

[61] SIDAWAY J, WOON C Y. Chinese narratives on "One Belt, One Road" (一带一路) in geopolitical and imperial contexts[J]. The professional geographer, 2017, 69(4):591-603.

[62] STAHL G. China: Zukunftsmodell oder Albtraum? Europa zwischen Partnerschaft und Konfrontation[M]. Bonn: Verlag J. H. W. Dietz Nachf, 2022.

[63] SUM N L. The intertwined geopolitics and geoeconomics of hopes/fears: China's triple economic bubbles and the "One Belt One Road" imaginary[J]. Territory politics governance, 2018, 7(9):528-552.

[64] SUN Q R, GAO X Y, SI J J, et al. The evolution of the energy import dependence network and its influencing factors: taking countries and regions along the Belt and Road as an example[J]. Journal of business economics and management, 2022, 23(1):105-130.

[65] TANKARD J, HANDERSON L, SILBERMAN J, et al. Media frames: approaches to conceptualization and measurement [C]//The association for education. Journalism and mass communication. Boston: Massachusetts, 1991.

[66] USUNIER J C, WALLISER B. Interkulturelles marketing: Mehr Erfolg im internationalen Geschäft [M]. Wiesbaden: Gabler, 1993:74.

[67] VAN NOORT C. China's communication of the Belt and Road Initiative: Silk Road and infrastructure Narratives [M]. London: Routledge, 2021.

[68] VOLOšINOV V. Marxism and the philosophy of language[M]. NY and London: Seminar Press, 1973:12.

[69] WALTZ K. Theory of international politics[M]. New York: McGraw-Hill, 1979:97.

[70] WHITE D M. The "gate keeper": a case study in the selection of news[J]. Journalism quarterly, 1950, 27(4):383-390.

[71] WROBEL R, SELIGER B. Korea, the Iron Silk Road and the Belt and Road Initiative: soft power and hard power approaches[M]. Frankfurt am Main: Peter Lang GmbH, 2022.

[72] YU C J, YAN J. Research on the coverage of the Belt and Road Initiative and a community with shared future for mankind by mainstream media in the United States — taking the three major mainstream media in the United States as an example[J]. Journal of contemporary educational research, 2020, 4(8):72-78.

[73] ZENG J H. Narrating China's Belt and Road Initiative[J]. Global policy, 2019, 10(2):207-216.

[74] ZOU L. An analysis of Germany's suspicions about "16 + 1 Cooperation" and China's possible countermeasures — from the perspective of European integration[J/OL]. Working paper of China-CEE Institute, 2018, 5: 1-11 [2020-11-28]. https://china-cee.eu/wp-content/uploads/2018/08/Work_paper-201805.pdf.

[75] ZHANG D. The construction of national image of China by English world media in public health emergencies [J]. Journal of environmental and public health, 2022(4):1-8.

三、网络资料

[1] 陈威华,赵焱. 通讯：巴西电力专家眼中的中巴互惠合作 [EB/OL]. (2021-12-26) [2022-04-28]. https://baijiahao.baidu.com/s?id=1720178177860217370&wfr=spider&for=pc.

[2] 崔洪建. 透视欧洲的中国"制度威胁"幻象 [EB/OL]. (2020-10-12) [2020-11-21]. www.ciis.org.cn/yjcg/sspl/202010/t20201012_7554.html.

[3] 冯仲平. 新冠疫情下的欧洲战略困境与中欧关系 [EB/OL]. (2020-06-19) [2022-04-26]. eu.ahu.edu.cn/2020/0619/c13410a240417/page.htm.

[4] 环球时报. 意大利加入"一带一路"，欧洲完全无需担心！意大利迎来复兴机会 [EB/OL]. (2019-03-25) [2020-01-01]. https://baijiahao.baidu.com/s?id=16289174668662189228&wfr=spider&for=pc.

[5] 李泉. 为什么中国的叙事越来越难以影响美国民众 [EB/OL]. (2022-04-15) [2022-04-24]. https://news.ifeng.com/c/8FDzoJAEX8Z.

[6] 李琰,王海林. 建设更紧密的互联互通伙伴关系（命运与共·全球发展倡议系列综述）[EB/OL]. (2022-05-01) [2022-05-26]. http://paper.people.com.cn/rmrb/html/2022/05/01/nw.D110000renmrb_20220501_1-03.htm.

[7] 刘玲玲,莽九晨,杨一,等. 构建人与自然生命共同体 [EB/OL]. (2021-12-24) [2022-03-18]. cpc.people.com.cn/n1/2021/1224/c64387-32315954.html.

[8] 美通社. 德国媒体传播概况 [EB/OL]. (2019-02-18) [2020-07-26]. https://max.book118.com/html/2019/0218/8013065023002007.shtm.

[9] 奈. 网络时代"公民外交"的利弊 [N/OL]. 纽约时报,2010-10-04 [2021-01-05]. https://www.nytimes.com/2010/10/05/opinion/05iht-ednye.html.

[10] 彭大伟. 中国驻德国大使："一带一路"是"生命之路"，更是"机遇之路"[EB/OL]. (2020-07-08) [2020-11-26]. www.chinanews.

com/gj/2020/07-08/9232208.shtml.

[11] 秦宁. 人民网评: "一带一路", 从"大写意"到"工笔画"的生动实践 [EB/OL]. (2019-04-23) [2022-03-23]. m.people.cn/n4/2019/0423/c25-12617412.html.

[12] 任珂. 德国工商界人士: "一带一路"带来发展新机遇 [EB/OL]. (2019-09-06) [2022-07-26]. www.gov.cn/xinwen/2019-09/06/cont ent_5427852.htm.

[13] 人民网. 以心相交, 中德人文交流结出新硕果 [EB/OL]. (2017-07-08) [2021-07-26]. world.people.com.cn/n1/2017/0708/c1002-29391506.html.

[14] 宋志辉. 共建"一带一路"的典范: 中巴经济走廊建设成果丰 [EB/OL]. (2022-03-21) [2022-04-28]. https://m.gmw.cn/baijia/2022-03/21/35599554.html.

[15] 王建芬. 德媒体: 中国不是西方的敌人 [N]. 环球时报, 2006-10-09 (6).

[16] 吴江. 德国智库解读"一带一路"战略 [EB/OL]. (2015-05-11) [2022-07-18]. http://www.scio.gov.cn/31773/35507/35515/35523/Document/1530275/1530275.htm.

[17] 习近平. 高举中国特色社会主义伟大旗帜 为全面建设社会主义现代化国家而团结奋斗: 在中国共产党第二十次全国代表大会上的报告 (2022年10月16日) [EB/OL]. (2022-10-25) [2022-12-04]. www.gov.cn/xinwen/2022/10/25/content_5721685.htm.

[18] 习近平在中共中央政治局第三十次集体学习时强调 加强和改进国际传播工作 展示真实立体全面的中国 [N]. 人民日报, 2021-06-02 (1).

[19] 新华网. 实打实、沉甸甸的成就: 习近平总书记出席第三次"一带一路"建设座谈会侧记 [EB/OL]. (2021-11-21) [2021-12-16]. http://www.xinhuanet.com/politics/leaders/2021-11/21/c_1128084028.htm?articleId=482341.

[20] 新华网. 习近平在第三次"一带一路"建设座谈会上强调 以高

标准可持续惠民生为目标 继续推动共建"一带一路"高质量发展 [EB/OL]. (2021-11-22) [2022-03-18]. http://www.cidca.gov.cn/2021-11/22/c_1211456721.htm.

[21] 新华网. 习近平在2022年世界经济论坛视频会议的演讲（全文）[EB/OL]. (2022-01-17) [2022-03-12]. https://baijiahao.baidu.com/s?id=1722204600601280727&wfr=spider&for=pc.

[22] 新华网. 习近平在亚洲文明对话大会开幕式上的主旨演讲（全文）[EB/OL]. (2019-05-15) [2022-02-09]. https://www.ccps.gov.cn/xtt/201905/t20190515_131664.shtml.

[23] 于雪梅. 新政府上台三个多月，德国在对华问题上为何依然模棱两可 [EB/OL]. (2022-03-23) [2022-04-13]. https://www.thepaper.cn/newsDetail_forward_17241549.

[24] 张君昌. 从宣传中国、说明中国到引领构建国际传播新秩序：论新中国七十年广播电视国际传播跨越式发展 [EB/OL]. (2019-12-04) [2022-02-13]. media.people.com.cn/n1/2019/1204/c40628-31490046.html.

[25] 赵启正. "中国威胁论"是当代最大的假故事 [EB/OL]. (2021-12-12) [2022-04-18]. https://house.ifeng.com/news/2021_12_12-54980628_0.shtml.

[26] 郑春荣. 德国大选中的两党差异：绿色化与数字化转型 [EB/OL]. (2021-07-09) [2022-03-18]. http://www.21jingji.com/article/20210709/a4ca1a97adb86d08639667e5f978e2b1.html.

[27] 郑春荣. 德国为何再炒"对华过度依赖论" [EB/OL]. (2022-03-22) [2022-04-26]. https://opinion.huanqiu.com/article/47HsCuPdoAt.

[28] 中国新闻网. 中德关系进入新时代 专家解读四个新方向 [EB/OL]. (2018-05-25) [2022-07-18]. https://www.chinanews.com.cn/gn/2018/05-25/8522989.shtml.

[29] 中国政府网. 外交部部长：中德需要合作、能够合作的领域越来越宽广 [EB/OL]. (2017-05-26) [2022-07-06]. www.gov.cn/xinwen/2017-05/26/content_5197119.htm.

[30] ALEXA. Percentage overall site traffic from each channel[EB/OL]. (2020-10-17)[2020-10-17]. https://www.alexa.com/siteinfo/faz.net#section_competition.

[31] BOCKSCH R. Welchen Nachrichten vertrauen die Deutschen?[EB/OL]. (2020-05-28)[2022-07-24]. https://de.statista.com/infografik/21843/vertrauen-der-nutzer-in-nachrichten-portale.

[32] BUNDESREGIERUNG. Pressestatements von Bundeskanzlerin Merkel zum Treffen mit Präsident Macron, Präsident Xi und EU-Kommissionspräsident Juncker [EB/OL]. (2019-03-26) [2020-08-08]. https://www.bundesregierung.de/breg-de/suche/pressestatements-von-bundeskanzlerin-merkel-zum-treffen-mit-praesident-macron-praesident-xi-und-eu-kommissionspraesident-juncker-1594550.

[33] BUNDESREGIERUNG. Rede von Bundeskanzlerin Merkel beim Bergedorfer Gesprächskreis [EB/OL]. (2015-10-29) [2020-08-08]. https://www.bundesregierung.de/breg-de/suche/rede-von-bundeskanzlerin-merkel-beim-bergedorfer-gespraechskreis-am-29-oktober-2015-787664.

[34] BUNDESREGIERUNG. Regierungspressekonferenz vom 25. März 2019 [EB/OL]. (2019-03-25) [2020-08-08]. https://www.bundesregierung.de/breg-de/suche/regierungspressekonferenz-vom-25-maerz-2019-1593934.

[35] BUNDESREGIERUNG. Wir haben guten Grund, uns an der Entwicklung der Region zu beteiligen[EB/OL]. (2019-12-05)[2020-08-08]. https://www.bundesregierung.de/breg-de/suche/deutschland-trifft-kasachstan-1703994.

[36] CHINADAILY. What is the "Belt and Road" Initiative?[EB/OL]. (2015-07-16) [2022-07-17]. https://www.chinadaily.com.cn/silkroad/2015-07/16/content_21297594.htm & OMORUYI E. Belt and Road's journey to the west[EB/OL]. (2017-12-08)[2022-07-17]. https://africa.chinadaily.com.cn/weekly/2017-12/08/content_35257729.htm.

[37] DGAP. Diplomatie mit neuen Mitteln: „Chinas Neue Seidenstraße" sollte strategische Priorität der EU sein[EB/OL]. (2016-01-01)[2020-07-29].

https://internationalepolitik. de/de/diplomatie-mit-neuen-mitteln.

[38] DGAP. Gefährliche neue Welt: Wie können wir offene Gesellschaften schützen, wenn autoritäre Regime wie China Künstliche Intelligenz als Kontrollinstrument einsetzen? [EB/OL]. (2019-03-01) [2020-07-29]. https://internationalepolitik. de/de/gefaehrliche-neue-welt-0.

[39] DGAP. Häfen, Bahnen, Pipelines: China baut mit der neuen Seidenstraße auch seine Macht aus[EB/OL]. (2015-05-01) [2020-07-29]. https://internationalepolitik. de/de/haefen-bahnen-pipelines.

[40] DIE ZEIT. EU-Firmen finden keinen Zugang zu Seidenstraßen-Projekt [EB/OL]. (2020-01-16) [2020-11-28]. https://www. zeit. de/wirtschaft/unternehmen/2020-01/europaeische-wirtschaft-china-neue-seidenstrasse-handel.

[41] EUROPAUNION. Europa und die USA: Gemeinsame Interessen hervorheben, gemeinsame Werte verteidigen[EB/OL]. (2021-01-19) [2021-07-08]. https://www. europa-union-herne. de/meldungen/aktuelles/europa-und-die-usa-gemeinsame-interessen-hervorheben-gemeinsame-werte-verteidigen.

[42] FOKUS. Letzter Halt Duisburg: Chinas Weltmacht-Pläne reichen bis in den deutschen Westen[EB/OL]. (2019-03-27)[2022-04-26]. https://www. focus. de/finanzen/news/konjunktur/projekt-neue-seidenstrasse-letzte-haltestelle-duisburg-chinas-neue-weltmacht-plaene-reichen-bis-in-den-deutschen-westen_id_10511705. html.

[43] GIGA. China fordert Europa in Lateinamerika heraus - aber verdrängt es (noch) nicht[J/OL]. GIGA Focus Lateinamerika, 2018(1) [2020-07-29]. https://www. giga-hamburg. de/de/publication/china-fordert-europa-in-lateinamerika-heraus-aber-verdraengt-es-noch-nicht.

[44] GIGA. Chinas Seidenstraßen-Initiative trifft auf transeuropäische Infrastrukturpolitik[J/OL]. GIGA Focus Global, 2015(7) [2020-07-29]. https://www. giga-hamburg. de/de/publication/chinas-seidenstrassen-initiative-trifft-auf-transeuropaeische-infrastrukturpolitik.

[45] GIGA. Vision einer maritimen Seidenstraße: China und Südostasien

[J/OL]. GIGA Focus Asien, 2015(8) [2020-07-29]. https://www.giga-hamburg.de/de/publication/vision-einer-maritimen-seidenstrasse-china-und-sued ostasien.

[46] GODEHARDT N, KOHLENBERG P. Die neue Seidenstraße: Wie China internationale Diskursmacht erlangt[EB/OL]. (2017-05-18) [2020-07-30]. https://www.swp-berlin.org/publikation/die-neue-seidenstrasse-wie-china-internationale-diskursmacht-erlangt.

[47] GRZANNA M. Neue Seidenstraße: Das Billionen-Projekt[EB/OL]. (2019-04-25) [2022-07-25]. https://www.sueddeutsche.de/wirtschaft/neue-seidenstrasse-das-billionen-projekt-1.4418432

[48] HAUFLER D. USA und Europa: Gemeinsame Werte verlieren an Wert[EB/OL]. (2016-12-18) [2020-07-08]. https://www.berliner-zeitung.de/politik-gesellschaft/usa-und-europa-gemeinsame-werte-verlieren-an-wert-li.38844?pid=true.

[49] IFO INSTITUT. Handel zwischen Bayern und China steigt durch neue Seidenstraße um 8 Prozent[EB/OL]. (2019-05-29)[2020-07-29]. https://www.ifo.de/node/42653.

[50] IVW. Ab 4. Quartal 2012 sind in dieser Ausgabe ePaper-Auflagen enthalten[EB/OL]. [2020-11-10]. http://www.ivw.eu/aw/print/qa/titel/967?quartal%5B20201%5D=20201&quartal%5B20202%5D=20202.

[51] KOHLENBERG P. BRICS-Staatengruppe: Schleichende Transformation zu Pekings Gunsten[EB/OL]. (2017-09-27)[2020-07-30]. https://www.swp-berlin.org/publikation/brics-schleichende-transformation-zu-pekings-gunsten.

[52] KRUMBEIN F. China im Wettstreit mit den USA um globalen Einfluss[EB/OL]. (2019-04-25)[2020-07-30]. https://www.swp-berlin.org/publikation/china-im-wettstreit-mit-den-usa-um-globalen-einfluss.

[53] LANG K O. Gleise, Pipelines, Autobahnen: Die neue Geopolitik der Infrastrukturen im östlichen Teil der EU[EB/OL]. (2020-03-09)[2020-

07-30]. https://www.swp-berlin.org/publikation/die-neue-geopolitik-der-infrastrukturen-im-oestlichen-teil-der-eu.

[54] LI S X, SHAFI S, ZOU B, et al. PM2.5 concentration exposure over the Belt and Road region from 2000 to 2020[EB/OL]. (2022-03-01)[2022-07-08]. https://www.mdpi.com/1660-4601/19/5/2852.

[55] MERICS. Europa sucht seinen eigenen Weg in der China-Politik[EB/OL]. (2019-06-18)[2020-07-29]. https://merics.org/de/newsletter/europa-sucht-seinen-eigenen-weg-der-china-politik.

[56] MERICS. Forum zur neuen Seidenstraße: China will vor allem heimische Unternehmen mit Aufträgen versorgen[EB/OL]. (2019-04-24)[2020-07-29]. https://merics.org/de/pressemitteilung/forum-zur-neuen-seidenstrasse-china-will-vor-allem-heimische-unternehmen-mit.

[57] MERICS. Xi Jinping in Europa: Italien schließt sich ungeachtet wachsender EU-Kritik Chinas Seidenstraßen-Initiative[EB/OL]. (2019-03-21)[2020-07-29]. https://merics.org/de/newsletter/xi-jinping-europa-italien-schliesst-sich-ungeachtet-wachsender-eu-kritik-chinas.

[58] NIE Y, LIU Q J, LIU R, et al. The threshold effect of FDI on CO2 emission in Belt and Road countries[EB/OL]. (2022-03-16)[2022-07-22]. https://www.proquest.com/docview/2642410717/F88434ADB6114751PQ/2.

[59] RT DE. Welchen Medienanbietern vertrauen die Deutschen?-RT DE im Vergleich mit dem „Mainstream"[EB/OL]. (2021-07-11)[2022-07-24]. https://de.rt.com/inland/120402-welchen-medienanbietern-vertrauen-die-deutschen.

[60] SCHIEK S. Bewegung auf der Seidenstraße: Chinas „Belt and Road"-Initiative als Anreiz für zwischenstaatliche Kooperation und Reformen an Zentralasiens Grenzen[EB/OL]. (2017-08-04)[2020-07-30]. https://www.swp-berlin.org/publikation/seidenstrassen-initiative-anreiz-zu-kooperation-und-reformen-in-zentralasien.

[61] STATISTA. Anteil der befragten Internetnutzer, die folgende

soziale Netzwerke nutzen, in Deutschland im Jahr 2021/22 [EB/OL]. (2022-06-07) [2022-07-19]. https://de. statista. com/statistik/daten/studie/1026109/umfrage/beliebteste-soziale-netzwerke-in-deutschland.

[62] SUHR F. Welchen Medien die Deutschen vertrauen[EB/OL]. (2019-11-21) [2020-04-06]. https://de. statista. com/infografik/20039/umfrage-zum-vertrauen-in-medien.

[63] SZ. Angst vor dem Trojanischen Pferd[EB/OL]. (2019-03-22) [2020-11-28]. https://www. sueddeutsche. de/politik/china-italien-seidenstrasse-1.4377569.

[64] WAGENER N, ARITUA B, ZHU T. The new silk road: opportunities for global supply chains and challenges for further development [EB/OL]. (2022-03-30) [2022-07-22]. https://www. proquest. com/docview/2537690018?pq-origsite=primo.

[65] WEIDENBACH B. Ranking der Nachrichtenquellen in Deutschland, denen die Bürger am stärksten vertrauen im Jahr 2022[EB/OL]. (2022-07-15)[-2022-07-24]. https://de. statista. com/statistik/daten/studie/877238/umfrage/ranking-der-vertrauenswuerdigsten-nachrichtenquellen-in-deutschland.

[66] WIKIPEDIA. Süddeutsche Zeitung [EB/OL]. [2020-10-17]. https://de. wikipedia. org/wiki/Süddeutsche_Zeitung.

[67] XIE F J, FENG R C, ZHOU X Y. Research on the optimization of cross-border logistics paths of the "Belt and Road" in the inland regions [EB/OL]. (2022-01-13) [2022-07-22]. https://www. proquest. com/docview/2622088106/1963FA2F069A41AEPQ/1.

[68] YANG H, VAN GORP B. A frame analysis of political-media discourse on the Belt and Road Initiative: evidence from China, Australia, India, Japan, the United Kingdom, and the United States[EB/OL]. (2021-08-28) [2022-07-22]. https://www. tandfonline. com/doi/full/10. 1080/09557571. 2021. 1968794? af = R&utm_source = researcher_app&utm_medium=referral&utm_campaign=RESR_MRKT_Researcher_inbound.

[69] ZHANG Y, LE S, JIN W, et al. The impact of globalization on renewable energy development in the countries along the Belt and Road based on the moderating effect of the digital economy[EB/OL]. (2022-05-16)[2022-07-22]. https://www.proquest.com/docview/2670457258/63D5E3F9769C454APQ/1.

[70] ZÜFLE S. Die Seidenstraßeninitiative in Ostafrika: Auf dem Weg zu einer Hegemonie Chinas?[EB/OL]. (2022-06-25)[2022-08-21]. https://link.springer.com/book/10.1007/978-3-658-38280-3.